労働とインドの発展

もう一つのフィールドから

木曽順子

明石書店

はじめに

　ICT（情報通信技術）関連産業の発展や世界のあらゆる分野で活躍する人材の増加など、インドの躍動・変容は、多くの人びとが注目するところである。他方、人口規模は拡大を続けて今や世界一といわれ、BHN（Basic Human Needs）すなわち人間の基本的必要を充足できていない人びとはなお多く存在している。本書の目的は、インド経済の成長とその特徴を踏まえた上で、雇用・労働・人材育成という側面からインドの変化・発展を確認すること、そして都市インフォーマル・セクター労働者に焦点を絞り、そうした経済・労働市場の変化を背景に、彼らに生じた変化を傾向として確認するとともに、個々の人びとがどのような環境の中で変化を実現し、壁に直面してきたのかを資料として示すことである。

　そこでまず第1章では、インドの経済発展とその特徴、貧困緩和の進展、そして労働市場の変化を概説し、その背景についても簡単に述べる。第2章では、今も急速に増え続ける労働者をより「まともな仕事（decent work）」につなぐための取り組みとして、主に人材育成について検討したい。そして第3章と第4章では、本書の副題「もう一つのフィールドから」が示すように、さまざまな雇用・労働現場のうち、都市インフォーマル・セクターを対象としたフィールド調査から、その調査結果をまとめよう。第3章では、マクロデータが示す目覚ましい経済成長や、また貧困緩和が進む中で、彼らにどのような社会・経済的モビリティが生じてきたのかを、インドの先進州といわれるグジャラート州のアフマダーバードで行った労働者の追跡調査（2017/18年。初回調査は2010/11年）から紹介し考察する。そして第4章の「それぞれのストーリー」では、それら都市インフォーマル・セクター労働者・家族それぞれの経験・実態、および約7年間の変化を具体的に記述した。ややもするとデータ集計により埋もれてしまいがちな、個々の労働者の変化への取り組みと家族の歴史から、彼らの社会・経済的モビリティの具体的実態を記録に残したいと考えたからである。さまざまな仕事に従事し働く人びとの具体

像が、インドのみならず、開発途上国に多く存在する都市インフォーマル・セクター労働者の実態理解の一助になればありがたい。なお匿名性の担保には最大限の注意を払った。さらに最後の「補」では、世界で未曾有の事態となったコロナ禍の影響に触れた。インドが受けた被害も極めて深刻だったが、多様性と貧富の格差、膨大な人口を抱えるインドにおける政府の取り組みをごく一部だが述べるとともに、第4章で紹介した数人について、コロナ禍を経ての彼らの変化を記録している。

労働とインドの発展
もう一つのフィールドから

目　次

はじめに　*3*

第1章　経済成長と労働市場 ……………………………………… *9*
序　*9*
第1節　インドの経済発展と貧困緩和　*9*
　1．マクロ経済の変化　*9*
　2．製造業の発展とメイク・イン・インディア　*15*
　3．人口・貧困緩和・生活改善　*20*
第2節　労働市場の変化と現状　*24*
　1．労働市場の構造変化　*24*
　2．賃金・収入の変化と現状　*30*
第3節　労働者とは誰なのか　*32*
　1．個人属性と労働者　*32*
　2．労働者の教育レベル　*35*
結びにかえて―雇用なき成長　　*37*

第2章　ディーセント・ワークへの挑戦
　　　　　──人材育成と雇用・労働保障 ……………………… *43*
序　*43*
第1節　学校教育の進展　*44*
　1．教育制度と教育の普及　*44*
　2．初等教育の質と環境　*47*
　3．高学歴失業　*49*
第2節　人材育成（職業・技能訓練）の進展　*50*
　1．職業・技能訓練の普及　*50*
　2．取り組みの努力　*51*
　3．主要な職業・技能訓練　*52*
第3節　職業・技能訓練の成果と課題　*57*
　1．職業・技能訓練の事例研究　*57*

2．職業・技能訓練のむずかしさ　*60*
第4節　包摂のための労働法・スキーム　*61*
　　1．最低賃金法の役割　*62*
　　2．請負労働法と労働市場のフレキシビリティ　*64*
　　3．零細事業者とマイクロファイナンス　*65*
　　4．雇用機会の提供・創出スキーム　*66*
結びにかえて　*67*

第3章　インフォーマル・セクター労働者のモビリティ
　　——グジャラート州アフマダーバードの事例 ………… *71*

序　*71*
第1節　調査地経済の発展と労働市場　*72*
　　1．グジャラート州　*72*
　　2．アフマダーバード　*78*
第2節　インフォーマル・セクター労働者・世帯調査　*80*
　　1．調査方法と目的　*80*
　　2．2010/11 年調査結果の概要　*81*
第3節　7年後のインフォーマル・セクター労働者・世帯　*82*
　　1．回答者の概要　*82*
　　2．仕事と月収　*84*
　　3．世帯所得の変化　*86*
　　4．負債　*89*
　　5．子世代　*90*
　　6．生活環境の変化　*91*
　　7．変化への自己評価　*92*
結びにかえて　*94*

第4章　インフォーマル・セクター労働者の労働と生活
　　——それぞれのストーリー ……………………………… *97*

序　*97*
第1節　本章の執筆方針と目次　*97*
　　1．目的と注意点　*97*
　　2．職業名とキーワード　*99*
第2節　53のストーリー　*103*
結びにかえて—改めての「気づき」　*199*

補　コロナ・パンデミックを経て……………………………………… *207*

序　*207*

第1節　**COVID-19 と労働市場と支援策**　*207*

第2節　**インフォーマル・セクター労働者──COVID-19 を越えて**　*211*

結びにかえて　*219*

あとがき　*221*

文献リスト　*224*

索引　*238*

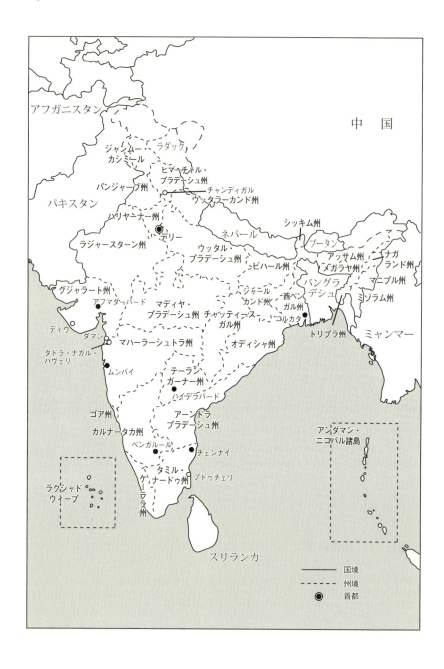

第1章

経済成長と労働市場

序

インドの経済成長には世界が注目してきた。急展開する ICT（情報通信技術）関連産業をはじめ新たな産業の発展、基盤となる経済インフラ開発の進展、また成長を支える豊富な「高度専門人材」の存在など、多方面でインドの変化は続いている。人口増が続く中でも1人あたり所得は伸び、貧困率の低下も報告されている。では、この経済成長や貧困緩和を雇用・労働面からみたとき、14億超といわれる人口を養うおよそ6億の労働者の雇用・労働の変化と現状は、一体どのようなものなのだろうか。

本章では、第1節でまず、マクロ経済の発展と構造、貧困緩和について整理する。そして第2節では労働市場の構造変化と賃金・収入の構造を、第3節では個人属性や教育レベルと就業との関係を確認しよう。そして最後に改めて、「まともな仕事（decent）」が伸び悩んできたという、インドの「雇用なき成長」の背景について再考する。

第1節　インドの経済発展と貧困緩和

1．マクロ経済の変化

(1) 経済成長と産業構造

まず成長率の変化を確認しておきたい。1990-91年度からの GDP（国内総生産）の対前年度実質成長率の変化を図表 1-1 からみると、2000年代には8%前後の年も多く、比較的安定した高成長が確認される。しかし 2016-17 年度をピークに低下傾向がつづいた後、新型コロナウィルス感染症（COVID-19またはコロナ）はインド経済にも大きな打撃を与えた。インドで COVID-19

図表 1-1　GDP と GVA の実質成長率

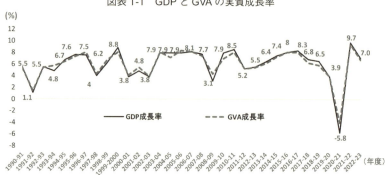

(注) 会計年度（4月〜翌年3月）。2011-12年度価格で求めた実質成長率で、図中に示した数値はGDPの成長率である。2022-23年度は一次改定値。
(出所) GoI (2024), Vol. 2, Table 1.5, Table 1.7 より作成。

対応の最初のロックダウンが発せられたのは 2020 年 3 月末（2019-20 年度末）と早く、2020-21 年度の対前年度成長率はマイナス 5.8％まで下がる。ただし、その翌年度は、前年度の落ち込みが激しかっただけに大幅に上昇し、つづく 2022-23 年度も若干の低下は見られるものの、7.0％（第一次改訂値）の成長と算定された。

約 10 年間の産業構造の変化を GVA（粗付加価値）比から示したのが図表 1-2 である。大きな変化はみられないが、やや目立つのが不動産・専門サー

図表 1-2　産業構造の変化（％）

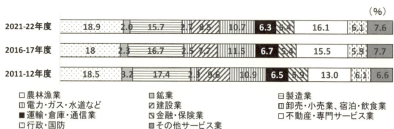

(注) GVA（時価ベース）の構成比。
(出所) MOSPI (2024), Statement 1.6A より作成。

第 1 章 経済成長と労働市場 *11*

図表 1-3 産業部門別 GVA の成長率

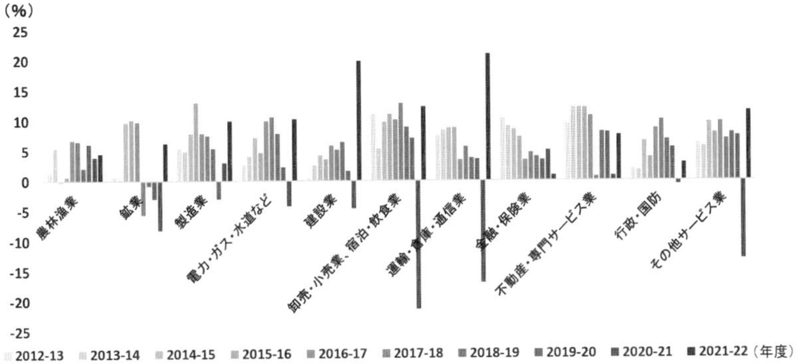

(出所) MOSPI (2024), Statement 1.6B より作成。

ビス業の拡大だろう。製造業のシェアはむしろ縮小している。ただし上で述
べたように、経済成長率はコロナ禍の時期を除きかなり良好であり、それ
は産業別の成長率からも確認できる（**図表 1-3**）。どの産業部門もほぼ毎年度
プラスの成長率を示し、中には 10％前後の成長率が続いてきた分野もある。
とりわけ不動産・専門サービス業や、卸売・小売業、宿泊・飲食業の成長率
は 2020-21 年度を除きほぼ一貫してかなり高い。その他、シェアの比較的大
きい製造業、運輸・倉庫・通信業も然りである。とくに、2020-21 年度に激
しい落ち込みを示した運輸・倉庫・通信業は、翌年度は実に 21.0％の高成長
を示した。他方、農業および建設業では比較的ゆるやかな成長が続いてきた
が、建設業は、コロナ期のマイナス成長を経た 2021-22 年度は 19.9％の高成
長となった。インドの建設ラッシュは、例えば工業団地造成、道路・鉄道な
どのインフラや、貧困層向け住宅を含む住宅建設などもあり、目に見える形
で進んでいる。

(2) 貿易と国際収支

他方、近年の国際収支の変化を示した**図表 1-4**からは、慢性的な経常収
支赤字が確認できる。コロナ禍の影響下、2020-21 年度に一旦黒字化するが、
2021-22 年度には再び大幅な赤字を計上し、翌年度の赤字幅はさらに大きく

図表1-4　国際収支

(100万ドル)

	2015-16	2016-17	2017-18	2018-19	2019-20	2020-21	2021-22	2022-23
経常収支	-22,088	-14,350	-48,661	-57,180	-24,550	24,011	-38,691	-66,984
貿易・サービス収支	-60,402	-44,098	-82,474	-98,342	-72,584	-13,587	-81,944	-122,008
貿易収支	-130,079	-112,442	-160,036	-180,283	-157,506	-102,152	-189,459	-265,291
サービス収支	69,676	68,345	77,562	81,941	84,922	88,565	107,516	143,283
第一次所得収支	-24,375	-26,302	-28,681	-28,961	-27,281	-35,960	-37,269	-45,923
第二次所得収支	62,690	56,050	62,494	70,022	75,314	73,558	80,522	100,948
資本移転等収支	41	150	-29	-163	-1,092	-1,075	-198	-118
金融収支	23,120	14,680	47,788	57,830	24,668	-22,589	38,430	68,126
誤差脱漏	-1,073	-480	902	-486	974	-2,595	459	-1,024

(出所) GoI (2022), Table 5.3B, GoI (2024), Table 5.3B より作成。

図表1-5　商品貿易

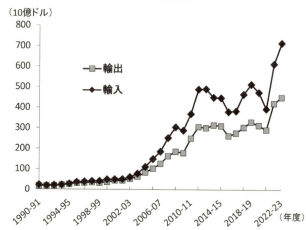

(出所) GoI (2024), Vol. 2, Table 6.1B より作成。

拡大した。貿易赤字の影響は極めて大きく、他方、ほぼ通信・コンピュータ・情報サービスからなるサービス収支は常に黒字で、海外出稼ぎ労働者・移民による厖大な送金を反映した第二次所得収支の黒字とともに、経常収支の赤字幅軽減に貢献してきた。

　そこで貿易の動きをもう少し長期的にみておく。図表1-5からわかるように、経済改革が始まり貿易の自由化が進められて以降、とくに2000年代に入ってからの商品輸出の急伸は目覚ましい。多くの輸出品で輸出額が伸びてきたのと同時に、輸出構造も変化してきた。ただし輸入が輸出を大きく上回っ

図表1-6 対内直接投資

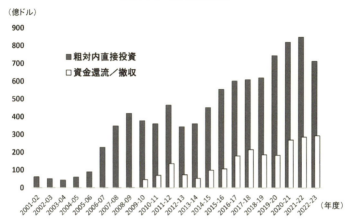

（原注）1. 2022-23年度は暫定値。
2. 1995-96年度以降は非居住者によるインド企業の株式取得を含む。
3. 海外直接投資に関するデータは2000-01年度から範囲を拡大して修正されてきた。
4. 2006-07年度は31億ドルの株式交換が含まれている。
（出所）Reserve Bank of India (2024), Table 149 より作成。

てきたため、既述のように大幅な貿易赤字を計上してきた。そして2010年代に入ると輸出入ともに伸び悩み、とくに2015-16、16-17年度に大きく低下する。いったん回復した後、2020-21年度にはコロナ禍の影響で再び落ち込んだ。そして2021-22年度、2022-23年度は輸出入ともに大きく上昇するが、とりわけ輸入額の上昇幅が大きく、貿易収支赤字幅をさらに拡大させることになった。また、対内直接投資のここ20年ほどの変化は、**図表1-6**に示した。粗対内直接投資額はほぼ増えつづけ、とくに2014-15年度からの上昇幅は大きい。しかし資金還流や投資の撤収も増え続けているため、それを差し引いた純投資額はやや伸び悩みが見られる[(1)]。

(3) 支出面からみたGDP

次にGDPを支出面から確認しておきたい。**図表1-7の（A）**は2017-18年度と2021-22年度のGDP（名目）の需要項目別構成比を示しているが、この間構成に大きな変化はなく、インド経済における内需、とくに民間最終消費支出の重要性がわかる。また（B）図からは、コロナ禍の影響で大幅なマイ

図表 1-7　支出面からみた GDP

（A）需要項目別構成比と輸出依存度

年度	2017-18	2021-22
		(%)
内需		
民間最終消費支出	58.7	61.0
政府最終消費支出	10.8	10.5
国内総固定資本形成	28.2	29.6
在庫変動	1.4	0.9
貴重品	1.4	1.6
外需（財・サービスの純輸出）	-3.2	-2.6
誤差	2.7	-0.9
輸出の対 GDP 比		
財	11.4	13.4
サービス	7.4	8.0

（B）成長率と項目別寄与度

凡例：
- 民間最終消費支出
- 政府最終消費支出
- 総固定資本形成
- 純輸出
- 在庫・誤差
- - - GDP

(注)　表（A）は名目 GDP の項目別構成比を、図（B）は 2010-11 年度基準の GDP 実質成長率、
　　　および項目別寄与度を示している。
(出所)　GoI（2024）、Table 1.6, 1.7 より作成。

ナス成長となった 2019-20 年度を除き、GDP 成長（実質）が内需の伸びに依
存してきたことが確認できよう。例えば 2021-22 年度には、9.7％の成長に
対し、民間最終消費支出が 6.7％ポイント、総固定資本形成が 5.5％ポイント、
プラスに寄与した。既述の貿易赤字のため、サービス輸出は黒字ながらも
外需（財・サービスの純輸出）の寄与度は低いまたはマイナスとなってきた
が、経済成長における海外需要の重要性は言うまでもない。2021-22 年度の財、
サービスの輸出額は、それぞれ対 GDP 比 13.4％、8.0％であった。

(4)　財政構造

　財政については、中央政府の赤字は続いている。2010 年代に対 GDP 比 4％、
5％台から 3％台まで低下していたが、コロナ禍等の影響を受けて 2020-21
年度には 9.2％まで上がった。その後下がってはいるが、2022-23 年度も 6.4％
となっている［GoI 2020; GoI 2024］。なお支出面では、経済インフラの大規模
開発や経済特区の増設・発展など、近年ますます投資環境の整備・改善に力
が注がれている。また教育や健康など社会インフラに向けた支出額も年々
増えている。社会サービス支出額の総支出額に占める割合は 2017-18 年度以
降だいたい 25％前後で推移し、2022-23 年度も微増が見込まれていた［GoI

2023, 147-148]。

インド経済は、こうした構造上の特徴を伴いながら高成長を実現してきた。そして人口増加が続く中で、1人あたりGNI（国民総所得）も2011-12年度の7万980ルピーから2021-22年度には16万8,066ルピー（2011-12年価格で10万6,822ルピー）へと上昇している。10年間で名目2倍以上に、実質50%の上昇である［MOSPI 2023, Statement 1.2］。とはいえ3項で述べるように、国内の所得格差は極めて大きい。十分な所得を得ていない者も多く、その意味でも内需拡大の潜在的可能性は大きく制約されているというのが実態だろう。

2．製造業の発展とメイク・イン・インディア

先述のように、インドの製造業部門は一定の成長を遂げてきたものの長期にわたってそのシェアに大きな変化はない。こうして、経済躍進途上のインドで「脱工業化」の可能性が指摘されてきた。この点を次節以降で述べる雇用との関係で補足しておきたい。

まず雇用構造の変化から世界とインドの経験を確認しよう（図表1-8のA・

図表1-8　世界の産業別就業構造の変化

(A)
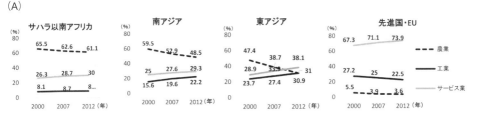

(B)

（注）（A）図の南アジアには、インド、アフガニスタン、バングラデシュ、ネパール、パキスタン、スリランカなどが含まれ、東アジアには中国、韓国、台湾などが含まれている。
（B）図の第一次産業とは農林漁業。
（出所）国際労働機関(2014), p.99, Institute of Applied Manpower Research (2009), p.184, NSSO (2011), p.81, NSSO (2013), p.87, NSO (2021), p.55, NSSO (2023b), p.14より作成。

B)。2000 年から 2012 年という短い期間だが、(A) からはそれぞれの国別グループ内での雇用構造が経済成長にしたがって変化し、通説どおり発展段階に応じて主要産業が第一次産業、第二次産業、第三次産業と移っていることことがわかる。そしてその後の時期を含むより長期間のインドの変化を示したのが (B) 図である。2000 年代以降 2011-12 年までは左の南アジア全体の変化と同じく第二次産業比率が拡大してきた（とはいえ後述するように、主に建設業就業者の割合の拡大を反映した）。しかし、この変化も 2011-12 年以降はゆるやかになり、先進国・新興国のこれまでの経験とは違った様相が窺われる。UNDP の『人間開発報告書 2015』は、1990 年以降、製造業の資本集約度、技術集約度が高まる中、多数の後発国が「未成熟な脱工業化、すなわち大幅に低い所得水準で工業の雇用がより速くしぼんでいく現象」に直面していると指摘した [UNDP 2016, 92]。また Kujur and Goswami (2021) は、GVA に占める製造業シェアは同様に低くとも、2011 年、15 年、19 年と拡大傾向を示しているバングラデシュやベトナムと比べても、インドの「脱工業化」の傾向は顕著だと指摘する。

　製造業部門の成長が思うように進まないインドでは、国民会議派率いる UPA（統一進歩連合）政権期の 2011 年、新製造業政策が発表された。製造業の成長率を高め GDP への貢献を増やすとともに、雇用への貢献の必要性等を強調するものであった (2)。そして現モディ政権（2014 年から現在第 3 期）は、2014 年に「メイク・イン・インディア」のスローガンのもと、改めて製造業の振興、具体的には製造業の GDP 比を 25％に引き上げ 5 年間で 1 億人の雇用を製造業で創出すること、また輸出拡大による貿易赤字の縮小等を目標として提示する。1 億人の雇用創出は、2011 年製造業政策でも 2022 年までの目標として掲げられたもので、組織部門・非組織部門を問わないとされた。つまり次節で詳しく述べるように、労働者は概ねその権利が主要な労働・社会保障法によって守られてきた組織部門の労働者と、それ以外に大別されるが、両者の違いを問わず対象とし、製造業の雇用創出に期待を寄せたのである。とはいえ、インドで従来強い危機感をもって論じられた「雇用なき成長」とは、失業問題というより「まともな」仕事・雇用の圧倒的不足という問題であり、したがって組織部門雇用の拡大は常に重要な課題となって

図表1-9 製造業（Corporate sector）の付加価値（2011-12年度価格）の変化

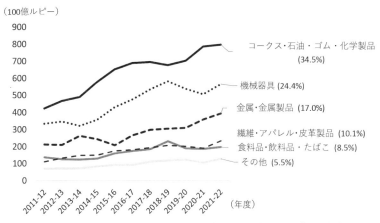

（注）　2011-12年度価格で表示。かっこ内は2021-22年度の製造業GVAに占める割合。
（出所）MOSPI (2023), Statement 8.6.1 より作成。

きた。そこでまず、製造業組織部門の成長と構造変化を、続いて製造業品輸出（組織・非組織いずれの部門も含まれる）の構造変化を確認しておきたい。

　図表1-9には、製造業部門のうち法人部門（Corporate sector）の付加価値の変化（2011-12年価格）を示した。つまり、工場法登録工場を軸に組織部門製造業の成長を示していると言ってよい。ここから、付加価値の上昇に貢献してきたのがコークス・石油・ゴム・化学薬品、機械器具、金属・金属製品などであったこと、そして典型的な労働集約的産業である繊維・アパレル・皮革製品や食料品・飲料品・たばこの成長はゆるやかなものであったことがわかる。製造業総付加価値（2021-22年度、名目）の35％を占めたコークス・石油・ゴム・化学薬品には、世界有数の生産・輸出を誇るジェネリック薬など「医療品・薬用化学品および植物性薬品」をはじめ、「それ以外の化学品および化学製品」「コークスおよび精製石油製品」「非金属鉱物製品」が含まれ、また24％を占めた機械器具の5割弱は、今やインドが世界の主要生産国となっている二輪車や三輪車、急速に生産を伸ばしている自動車を含む輸送機器であった。10％を占めた繊維・アパレル・皮革製品の場合、7割強が紡績・織物製造である。また、ASI（年次工業調査）が扱う工場部門全体につい

図表 1-10　上位 10 の製造業　2021-22 年

(%)

GVA 比上位 10 の製造業		就業者比率上位 10 の製造業	
第一次金属	16.7	食料品	11.1
化学品及び化学製品	10.9	織物	9.6
基礎医療品及び医薬調合品	8.4	衣類	6.9
食料品	6.9	第一次金属	7.4
自動車、トレーラ及びセミトレーラ	6.6	自動車、トレーラ及びセミトレーラ	6.8
コークス及び精製石油製品	6.3	その他非金属鉱物製品	6.0
他に分類されない機械器具	5.5	化学品及び化学製品	6.0
織物	4.8	他に分類されない機械器具	6.0
その他非金属鉱物製品	4.7	ゴム及びプラスチック製品	5.5
ゴム及びプラスチック製品	4.3	基礎医療品及び医薬調合品	5.2
その他	24.9	その他	29.6
製造業（計）	100.0	製造業（計）	100.0

（注）　NIC-8 の 2 桁分類で上位 10 の製造業。なお就業者には直接雇用のブルーカラーとホワイトカラー、間接雇用の請負労働者、わずかだが無給の家族労働者も含まれている。
（出所）NSSO（2024）、Statement 5A より作成。

図表 1-11　製造業組織部門の成長と雇用の伸び（2001-02 年度＝ 1）

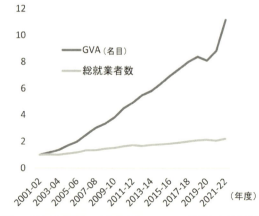

（注）　2001-02 年度を 1 としたときの、GVA（名目）と総就業者数の変化を示している。総就業者にはブルーカラー、ホワイトカラーの直接雇用の労働者、関節雇用の請負労働者、またわずかだが無給の家族労働者が含まれている。
（出所）NSSO (2018), Table 1, NSSO (2019), p.S2-3, NSO (2024), Statement 3A より作成。

て、もう少し詳しく NIC（インド産業分類）-8 の 2 桁分類で主要 10 製造業の GVA 比と雇用割合を示したのが、**図表 1-10** である。トップ 10 製造業が

GVA の 4 分の 3 を、5 製造業が約 2 分の 1 を占める。他方、就業者数でもトップ 10 の製造業はほぼ重なるが、順番は大きく異なり言うまでもなく労働集約的製造業の貢献度が大きい。そこで改めて同じ ASI データ（**図表 1-11**）から、2000 年代の組織部門製造業の成長と雇用の変化をみると、GVA は名目値の変化だが、その飛躍的成長に比べて、総就業者数の伸びが極めて緩やかだったことがわかる。なお、総就業者数にはブルーカラー、ホワイトカラー両方の直接雇用の者だけでなく、請負人や派遣会社を通して調達される間接雇用の労働者も含まれているが、次節で述べるように、間接雇用労働者の割合は大きく拡大してきた。こうして、組織部門製造業の成長に伴い、とりわけ知識・技術・技能重視の部門・職の人材活用は確実に進んできただろうが、成長の中心は、未熟練労働者の雇用機会が限定される資本集約的産業であったことがわかるだろう。

さらに、輸出増を支えた製造業品目の変化もみる。**図表 1-12** には、2000-01 年度時点で輸出総額の 2% 以上の割合を占めていた製造業 11 品目を取り

図表 1-12　主要な輸出品目

年度	2000-01	2010-11	2021-22
農産物	13.5	9.7	11.9
鉱石・鉱物	2.6	3.4	2.0
製造業品	78.0	69.0	67.8
皮革・皮革製品	2.9	1.0	0.6
宝石・宝飾品	16.6	16.1	9.3
医薬品・精製化学品	4.3	4.3	1.1
金属製品	3.6	3.4	6.0
機械・器具	3.7	4.7	8.0
輸送機器	2.4	6.4	5.4
一次および半製品の鋼鉄	2.0	1.6	5.4
電子製品	2.4	3.3	3.4
綿糸・布製品など	7.9	2.3	3.2
衣類縫製品	12.5	4.6	3.8
手工芸品	3.1	0.1	0.5
原油・石油製品（石炭を含む）	4.2	16.8	16.4
その他・分類不能	1.7	0.9	1.9
合計（%）	100.0	100.0	100.0
輸出総額（100 万米ドル）	44,560	251,136	422,004

（注）　製造業品目については、2000-01 年度に 2% 以上の割合を占めていた項目をあげている。
（出所）GoI（2003, 2013, 2023）より作成。

あげた。11品目以外の製造業品の割合がなおかなりある点に注意が必要だが、輸出額のまだ低い2000-01年度は、宝石・宝飾品、衣類縫製品、綿糸・布製品、皮革・皮革製品（皮革履物は含まれていない）、手工芸品といった労働集約的な5品目だけで輸出総額の43％を占めていた。しかし、輸出額が大きく伸びてきた10年後には、とくに衣類縫製品の割合が低下するなど、同5品目の割合は24％まで低下する。この時期には、原油・石油製品の輸出割合の拡大も目立った。さらに2021-22年度になると、同5品目の割合は17.4％まで下がり、中でもインドの重要輸出品となってきた宝石・宝飾品は、割合・額ともに低下している。他方、より技術・資本集約的な残り6品目の割合は、合わせて18.4％から23.7％へ、そして2021-22年度には29.3％と拡大した。また時期は少し遡るがD'Souza and Naik（2018）は、グローバル・バリューチェーンへのサプライヤーとしての参入に出遅れたインドの輸出構造に着目した。要素集約度により輸出財を天然資源集約的、単純労働集約的、技術集約的、人的資本集約的に4分類して構造変化を示しているが、技術集約的製品は1991～95年の18％から2010～15年の41％へ、人的資本集約的製品も20％から25％に拡大し、逆に単純労働集約的製品は同期間に54％から29％に縮小した。輸出額は2000年代にどの範疇でも上昇してきたが、こうした構造変化をインドの比較優位に矛盾すると述べる。

「メイク・イン・インディア　2.0」が2020年に発表され、その核となるPLI（生産連動インセンティブ）スキーム [3] が打ち出された。製造業の成長や輸入依存軽減への効果だけでなく、低技能から高技能まで、大量に存在する幅広い労働者の雇用創出・拡大につながるのか、それが雇用面で問われる課題だろう。

3．人口・貧困緩和・生活改善

成長産業はより豊かな層を着実に増やし、そのさらなる豊かさを実現してきた。同時にさまざまな形で貧困層の底上げも進んでいる。次に人口増加の特徴、貧困緩和と格差、生活インフラの変化をみておこう。

第 1 章　経済成長と労働市場　　*21*

図表 1-13　人口の変化

年	総人口 （10 万人）	人口増加率 （%）	出生率 （1000 人当 たり）	死亡率 （1000 人当 たり）	都市人口 の割合 （%）
1981	6833.3	2.22	33.9	12.5	23.3
1991	8464.2	2.14	29.5	9.8	25.7
2001	10287.4	1.97	25.4	8.4	27.8
2011	12108.5	1.64	21.8	7.1	31.1

（出所）Institute of Applied Manpower Research (2009), p.11, MOHFW (2022a), pp.6, 21 より作成。

(1)　人口増加と人口ボーナス

　インドの人口は大きく増え続けてきた。**図表 1-13** からわかるように、出生率、死亡率ともに低下してきたが出生率はなお高い。この結果 1981 年に 6 億 8,000 万超だった人口は、続く 30 年間でおよそ 5 億 3,000 万人増えて、2011 年には推定 12 億 1,000 万人に達していた。その後人口センサスはコロナ禍で延期され、2024 年 8 月現在まだ実施されていないが、2023 年には 14 億を超えて世界一の人口規模になったといわれている。そしてこの過程で、年齢階層別人口構造は典型的なピラミッド型から徐々に形状を変えつつあり、生産年齢（15 ～ 64 歳）人口の割合拡大によって「人口ボーナス」の到来が議論されるようになった。2020 年時点の生産年齢人口比は推計 70.0％で、農村の 68.4％に対し都市では 73.2％に達したとされる［MOHFW 2020a］。この生産年齢人口に労働対価が十分に保障される雇用機会があれば、生産・貯蓄・消費いずれの面でも経済成長への彼らの貢献は大きく、まさに人口ボーナスの実現に繋がるのだろう。その実情は次節以下で述べていく。

(2)　貧困率の低下と格差

　図表 1-14 には、UNDP『人間開発報告書 2021/2022 年版』より人間開発指数（HDI）や多次元貧困等の現状をまとめた。インド、バングラデシュ、パキスタン、同 3 カ国を含む南アジア地域（ここでは注に示した 9 カ国）、人間開発高位グループ（66 カ国）、および世界全体を比較している。インドを含む南アジアの 1 人あたり GNI（2017 年購買力平価）や HDI は、人間開発高位グループに比べて今も大きく劣る。2021 年 1 人あたり GNI はインドは米ドルベースで 6,590 ドル、出生時平均余命は人間開発高位グループの 78.5

年に対してインドは 11 年短い 67.2 年、平均就学年数（25 歳以上人口）は前者の 12.3 年に対してインドはなお 6.7 年であった。ただし次章で述べるように、インドでも若い世代ほど教育年数は着実に上がっている。また、HDIはここにあげた 3 カ国、南アジア全体ともに、2000 年時点に比べても大きく上昇したことがわかる。所得に加えて教育、健康、生活水準といった側面も含む多次元貧困状態の人口の割合は 2015-16 年が 27.9％だが、2005-06年の 55.1％から大幅に低下しており、さらに 2019-21 年には 16.4％まで低下したとされている(4)。また多次元貧困状況に近い人口は、2005-06 年の18.2％から 2015-16 年に 19.3％になった［UNDP 2016, Table 6; UNDP 2022, Table 6］。

　ジニ係数は調査時期に幅があるが、バングラデシュやパキスタンに比べてインドの不平等度は大きい。さらに憂慮されるのは、*World Inequality Report 2022* 序文で、インドは民間主導の成長に舵を切るなか世界でもっとも不平等な国の一つとなり、中国もそうなるリスクがあると述べられた点だろう［Chancel, Piketty, Saez, Zucman et.al 2022］。同報告書のデータによると、2021 年時点のインドでは、所得レベルでトップの 10％が所得の 57.1％を占め、**図表 1-14** にも示されたように最高位 1％だけで 21.7％を占めていた。対して下位 50％はそれを下回る 13.1％を占めるにすぎず、残り 29.7％を中位が占めている。資産の不平等度はさらに深刻で、最高位 1 ％、この 1 ％

図表 1-14　人間開発・社会開発の国際比較

年	1人当たりGNI (2017年PPP米ドル) 2021	人間開発指数（HDI）			出生時平均余命（年） 2021	平均就学年数（年） 2021	最富裕1％の所得シェア（％） 2021	ジニ係数 2010-21	多次元貧困人口の割合（％） 2009-20	所得貧困線以下の人口（％）	
		値		ランク						国内基準	国際基準（1日1.9ppp ドル）
		2000	2021	2020						2009-19	2009-19
インド	6,590	0.491	0.633	130	67.2	6.7	21.7	35.7	27.9	21.9	22.5
バングラデシュ	5,742	0.485	0.661	128	72.4	7.4	16.3	32.4	24.6	24.3	14.3
パキスタン	4,624	0.441	0.544	161	66.1	4.5	16.8	29.8	38.3	24.3	4.4
南アジア	6,481	0.500	0.632		67.9	6.7	20.3	--	29.0	22.9	19.2
人間開発最高位グループ	43,752	0.826	0.896		78.5	12.3	15.8	--			
世界	16,752	0.645	0.732		71.4	8.6	17.4				

（注）(1) 多次元貧困人口割合の調査年は国ごとにズレがあり、インド 2015-16 年、バングラデシュ 2019 年、パキスタン 2017-18 年。ジニ係数はここではパーセンテージ表示（ジニ指数）で示されている。
　　　(2) 南アジアには 9 カ国—アフガニスタン、バングラデシュ、ブータン、インド、イラン、モルディブ、ネパール、パキスタン、スリランカ—が含まれている。また、人間開発最高位グループには日本など 66 カ国が該当。
（原注）1. 出生時平均余命とは、出生時における年齢別死亡率のパターンが終生続くものとして、新生児に見込まれる余命年数。
　　　2. 平均就学年数とは、25 歳以上の人々が受けた教育年数で、各教育レベルの公式の教育期間を用いた習得レベルから算定。
（出所）UNDP (2022), Table 1 ～ 6 より作成。

を含む上位 10％、中位 40％、下位 50％が占める割合は、それぞれ 33.0％、64.6％、29.5％、5.9％だという。

(3) 生活インフラの改善

　上述の多次元貧困指数の指標ともなる基礎的な生活インフラの改善状況について、もう少し詳しくみておきたい。**図表 1-15** からわかるように、まず改善された水源を利用している世帯の割合は 2005-06 年時点で約 88％を占め、2019-21 年には 96％まで上昇した。とはいえ、自宅への水道給水がある世帯の割合は、都市では半数を超えるが農村ではまだ低く、全国でなお33％である。残りは公共水栓や管井戸等々さまざまな給水源を利用している [5]。トイレの普及も、2014 年 10 月開始の「クリーン・インディア」政策 [6] の影響を受け短期間で急速に進んだ。農村、都市を合わせた全体では、改善された専用トイレのある世帯が 3 割弱から約 7 割へと 15 年ほどの間に大きく拡大し、逆に外での排泄の割合は著しく低下した。とくに 2005-06 年時点には、農村世帯の約 4 分の 3 が屋外での排泄だったが、その割合は 26％まで低下している。第 3 章以降で紹介する事例研究でも明らかなよ

図表 1-15　世帯の基礎的な生活インフラ　2005-06 年～ 2019-21 年の変化

(％)

		2005-06 年			2015-16 年			2019-21 年		
		都市	農村	全体	都市	農村	全体	都市	農村	全体
飲料水源	改善された水源	95.0	84.5	87.9	91.1	89.3	89.9	98.7	94.5	95.9
	自宅への水道給水	50.7	11.8	24.5	52.1	18.4	30.1	53.6	22.6	32.9
	公共水栓	20.3	16.1	17.5	16.9	15.3	15.9	12.2	13.9	13.3
	管井戸か試掘用の穴	21.3	53.2	42.8	17.4	50.9	39.2	16.1	45.9	36.0
	その他	2.7	3.4	3.1	4.7	4.7	4.7	16.8	12.1	13.7
	未改善の水源	4.8	15.4	11.9	8.7	10.6	9.9	1.0	5.1	3.7
	その他	0.2	0.1	0.0	0.2	0.1	0.2	0.3	0.4	0.4
トイレ	改善された専用トイレ	52.8	17.6	29.1	70.3	36.7	48.4	80.7	63.6	69.3
	共同トイレ	24.2	5.3	11.5	14.9	6.0	9.1	10.5	7.4	8.4
	未改善のトイレ	5.6	3.0	3.8	3.7	3.1	3.3	2.2	2.9	2.6
	外での排泄（設備なし）	16.8	74.0	55.3	10.5	54.1	38.9	6.1	25.9	19.4
	その他	0.6	0.2	0.3	0.5	0.1	0.2	0.5	0.2	0.3
調理用燃料	LPG ／天然ガス	58.7	8.2	24.7	78.3	23.0	42.3	88.6	42.3	57.7
	薪	22.0	61.7	48.7	12.0	55.7	40.5	7.5	43.7	31.7
	牛糞	2.8	14.4	10.6	1.5	10.2	7.2	0.6	5.7	4.0
	その他	16.5	15.7	16.0	8.2	11.1	10.0	3.3	8.3	6.6

（出所）MOHFW（2007, 2017, 2022b）より作成。

うに、都市スラムでもトイレ設置は急速に進んできた。ただし改善された専用トイレの利用割合は富の五分位（所有する耐久消費財等の種類や数、住居設備環境などが基準）によって異なり、格差はまだ大きい。2019-21 年時点で上位 2 割にあたる第五分位の利用率は 95.6％だが、順番に 86.9％、73.3％、57.5％、37.5％と下がる［MOHFW 2022b, 34］。調理用燃料については、LPG／天然ガスの利用率が大きく上がり、とりわけ都市では 9 割に達しようとしている。他方、農村では薪、牛糞など旧来の燃料を使用している世帯もなお多い。

第2節　労働市場の変化と現状

　では、生産年齢人口が大きく増え、経済の成長・構造変化、また貧困緩和や格差拡大が進む中、労働市場はどう変わってきたのだろうか。インドの労働者数は、推定人口と労働力率（ここでは就業者と失業者を合わせた労働力の総人口に占める割合）から 2022-23 年に約 5 億 8,640 万人で、1999-2000 年の推計 4 億人と比べても大きく増えてきた [7]。労働市場の構造変化と特徴を以下で整理する。

1．労働市場の構造変化

(1)　産業別就業構造
　図表 1-16 には、産業別就業構造（8 分類）の変化を示した。データ蒐集方法が 2019-20 年や 2022-23 年とそれ以前とでやや異なる点に注意が必要だが [8]、この 20 年強でも急速に変わってきたことがわかる。とくに農林漁業就業者の割合は、1999-2000 年の 62％から、2022-23 年の 46％まで 13 年間で 16％ポイント低下している。逆に拡大の目立つのがまず建設業で、卸売・小売業、宿泊・飲食業やサービス業でも一定の拡大傾向が見られる。労働者総数が大きく拡大してきた中で、それぞれの産業分野の就業者数が増え、集中産業はさらに多くの労働者を吸収しているといえる。一方。GVA 比 16％弱（2021-22 年度）の製造業は、就業者の割合でも 11％強（2022-23 年）に留まっている。

第 1 章　経済成長と労働市場　25

図表 1-16　産業別就業構造の変化

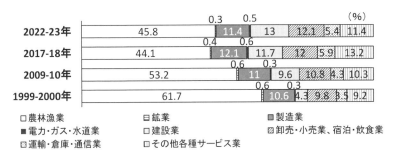

(出所) Institute of Applied Manpower Research (2009), p.184, NSSO (2011), p.81, NSO (2021a), p.55, NSSO (2023b), p.14 より作成。

(2)　職業別就業構造

職業別の就業構造変化は**図表 1-17**から確認できる。ホワイトカラー職には管理職、専門職、技術・準専門職、事務職が含まれ、その割合は 2009-10 年の 13.6％から、2017-18 年には一旦 18.6％まで拡大し、その後 2022-23 年には 12.9％へと縮小している。ブルーカラーの中では、2009-10 年に比べ 2022-23 年にはサービス・販売職と農林漁業職の割合が拡大し、単純作業の割合は大きく縮小した。単純作業職の割合低下は、次に述べる日雇い雇用者の割合縮小とも関連していよう。

図表 1-17　職業別就業構造の変化

(出所) NSSO (2011), p.91, NSO (2021a), p.56, NSSO (2023b), pp.A79-A81 より作成。

(3)　従業上の地位別変化

また就業者は、「従業上の地位」により自営業者、常用雇用者、日雇い雇

図表 1-18　従業上の地位別就業構造の変化

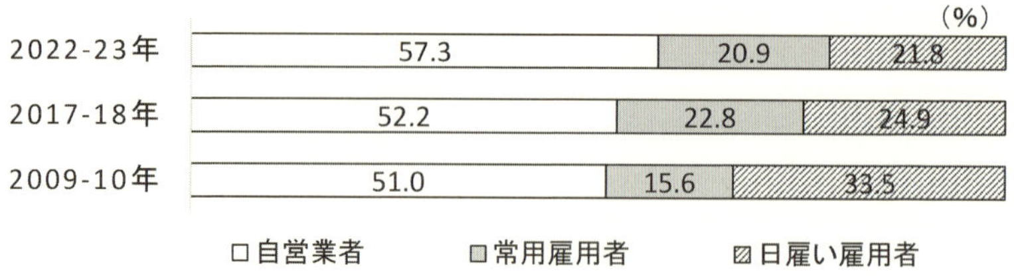

(%)

年	自営業者	常用雇用者	日雇い雇用者
2022-23年	57.3	20.9	21.8
2017-18年	52.2	22.8	24.9
2009-10年	51.0	15.6	33.5

□自営業者　　■常用雇用者　　▨日雇い雇用者

（出所）NSSO (2011), p.71, NSO (2021a), p.53, NSSO (2023b), p.12 より作成。

用者に大きく3つに分けられる。2022-23年 *PLFS*（定期労働力調査）（**図表 1-18**）によると、同時点で自営業者は57.3％、常用雇用者は20.9％、日雇い雇用者の割合は21.8％で、自営業者が半数以上を占めていた。データ蒐集方法はやや異なるが、13年前の調査時にはそれぞれ51.0％、15.6％、33.5％であったから、常用が拡大し、日雇いの割合が大きく低下してきたことになる。なお、常用雇用者とはいえ、雇用条件の保障されていない労働者も多く含まれていると言われてきた。常用雇用者で書面による雇用契約のない者が、2004-05年に60％、2011-12年に65％を占め、また両時期ともその割合は公的部門では低いが、民間組織部門では半数以上、次に述べるインフォーマル・セクターでは9割近くを占めていた［Mamgam and Tiwari 2017］[9]。さらに2021-22年の *PLFS* によると、非農業部門の常用雇用者のうち、書面契約のない者は62％、疾病や妊娠時の有給休暇の保障がない者は49％、年金・保険などの社会保障給付の資格がない者は53％に上った［NSSO 2023a, pp.60-61］。

図表 1-19　事業所レベルと雇用形態別就業者の内訳

(1,000万人)

		組織部門	非組織部門	計
2011-12年	フォーマル労働者	3.71 (7.8)	0.16 (0.3)	3.83 (8.1)
	インフォーマル労働者	4.47 (9.5)	38.95 (82.4)	43.46 (91.9)
	計	8.18 (17.3)	39.11 (82.7)	47.29 (100.0)
2019-20年	フォーマル労働者	5.09 (9.5)	0.80 (1.5)	5.89 (11.0)
	インフォーマル労働者	4.46 (8.3)	43.19 (80.7)	47.64 (89.0)
	計	9.55 (17.8)	43.99 (82.2)	53.53 (100.0)

（注）　かっこ内は構成比（％）。元データは2011-12年雇用失業調査と2017-18年定期労働力調査の個票データ。
（出所）GoI (2020, 2022) より作成。

第 1 章　経済成長と労働市場　　27

(4)　組織部門とインフォーマル・セクター

　ここで改めて、インドの労働市場の実態を考える上で欠かせない、組織と非組織、フォーマルとインフォーマルという基準で状況を確認しておこう。『経済白書』（*Economic Survey*）では、**図表 1-19** に示したように、事業所レベルで組織部門（＝フォーマル・セクター）と非組織部門に、そして労働者レベルでフォーマル労働者とインフォーマル労働者に分け、各カテゴリーの労働者の数と割合の変化を示している。ここでは NCEUS（非組織部門に関する国家諮問委員会）の定義に基づき、事業所レベルでは民間の個人・家内企業を含む雇用規模 10 人未満が非組織部門の、労働者レベルでは雇用・労働保障の欠如がインフォーマルの基本的な分類基準となっている。こうして組織部門で働いていても多くの派遣・請負や日雇いはインフォーマル労働者に、また自営業者は非組織部門に入る。つまり「組織部門のフォーマル雇用」が、雇用労働条件が保障されかつ安定した雇用だといえ、その割合は 2019-20 年時点でインド全労働者の 9.5％と算定されていた。また組織部門労働者は 2011-12 年の 17.3％から 17.8％に、フォーマル労働者は 8.1％から 11.0％にわずかに拡大した。さらに 2022-23 年 *PLFS* の推計では、非農業部門に限った場合として、インフォーマル・セクター労働者の割合が 2020-21 年の 71.4％から 2022-23 年の 74.3％に拡大している [10]。また雇用の非正規化は、工業年次調査（*ASI*）からも確認できる。組織部門製造業（工場法登録工場）の生産労働者のうち、請負労働者の割合が、1992-93 年には 11.2％だったが、21.5％（2001-02 年）、33.9％（2010-11 年）と拡大を続け、2021-22 年には 40.2％になっていた［Labour Bureau 1998, 2004, 2014; NSO 2024］。さらに *ASI* データから加工組立型の 12 産業を分析した内川（2023）も、とくに大規模工場が雇用を急速に増やしてきたこと、しかし人件費節約と労使紛争の回避を目的として、派遣の割合が 2006 年度の 33.3％から 2017 年度には 50.3％に上昇したと指摘する。

　加えて、組織部門就業者数とその内訳の変化を 2012 年までの 30 年ほどについて示したのが**図表 1-20** である。『経済白書』がそれまで掲載してきた統計データによると、組織部門雇用は 1990 年代末頃までは緩やかながら増加し、その後一旦停滞した後、同データ最新の数値では増加に転じていた。ま

図表 1-20 組織部門雇用の変化

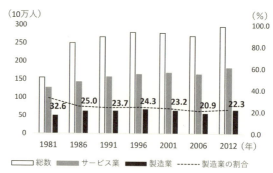

(注) 図表の数値は、製造業部門就業者の割合（％）である。
(出所) GoI (1995), pp.S54-S55, GoI (2008), p.A52, GoI (2019), p.A65 より作成。

た注目されるのは、組織部門でもサービス業就業者数はほぼ一貫して増加傾向だったが、製造業では既述のように組織部門の成長が資本集約的部門を軸に進んだことを背景に、就業者数はこの間伸び悩んできた点だろう（ただし**図表 1-10、1-11** とデータ源は異なる）(11)。そして、上でみた第三次産業就業者の増加は、組織部門就業者の増加の反映でもあったということだ。

ただ、組織部門・非組織部門による就業者の統計的把握には注意も必要である。上述のように組織部門雇用は、元来、公企業および雇用規模一定以上の民間事業所など統計的に把握できる就業者と捉えられてきたため、高度専門職であっても自営業者ゆえに、また優良企業でも小規模・零細ゆえにその従業員が、非組織部門雇用にカウントされ得る。また大企業の非正規社員は組織部門のインフォーマル雇用となるからである。そこで、以上でみてきた就業者の量的変化を、常用雇用者、ホワイトカラー、組織部門就業者という3つの指標で長期的に示したのが**図表 1-21** である。それぞれのカテゴリーはいくらか重なり得るが、重ならない部分もあると考えてよい。データ源が変わってきたことに注意が必要とはいえ(12)、長期にわたり、就業者数の増加に比べて緩やかながら、いずれのカテゴリーの労働者も増えてきたこと、とくに常用や組織部門の労働者は2019-20年に少し目立った増加を示したことが確認できよう。それでもやはり変わらないのは、圧倒的多数がこうした

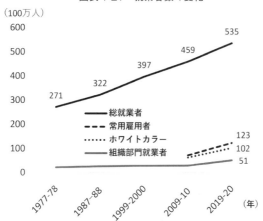

図表 1-21　就業者数の変化

(注)　2010年までの組織部門就業者を除き、表示年前年から1年間（2023年4～6月）の数値。期間が等間隔でないことに注意。組織部門就業者（1977-78～2009-10年）は3月時点の数字である。また、2019-20年の組織部門就業者とは、組織部門の正規雇用（フォーマル）労働者。
(出所)　Institute of Applied Manpower Research (2009), NSSO (2011), NSO (2021a), GoI, *Economic Survey* 各年度版より作成。

比較的恵まれた労働者以外の労働者だということである。つまり、生産年齢人口の数・割合がともに拡大し、経済成長が続いてきた一方で、よりまともな仕事・雇用は十分に増えてこなかった。その意味で、「雇用なき成長」は、今もつづくインド労働市場のひとつの深刻な現実であり、それが先に見た格差や貧困の重要な原因であることは間違いない。

図表 1-22　従業上の地位別にみた1カ月当たりの賃金・収入　2023年

(ルピー)

	農村 男性	農村 女性	農村 計	都市 男性	都市 女性	都市 計	全国 男性	全国 女性	全国 計
常用雇用者（月）	17,274	13,825	16,482	24,243	19,308	23,011	21,026	16,926	20,039
日雇い雇用者（上段は日当、	416	287	388	515	333	493	432	291	403
下段は日当×26）	10,816	7,462	10,088	13,390	8,658	12,818	11,232	7,566	10,478
自営業者（月）	13,831	5,056	11,612	22,357	8,589	19,807	15,763	5,637	13,347

(注)　2022-23年調査のうち第4四半期（2023年4～6月）の数値である。常用雇用者は1カ月当たり平均賃金・俸給、日雇い雇用者（公共事業以外）は日当で、下段数値は日当に26日をかけたものだが、日雇い労働は雇用の継続性を欠いているので、ほぼ最大の推定月収額と考えてよい。自営業者（current weekly status）は直近30日間の平均粗収入。なお、調査日に先立つ1週間について就業者と見なされた者を対象としたデータである。
(出所)　NSSO (2023b), Table 24, Table 25, Table 26 より作成。

2．賃金・収入の変化と現状

次に、賃金・収入の現状を簡単に述べておく。PLFS は、COVID-19 の影響で 2020 年 3 月に中断され同年 6 月に再開された。**図表 1-22** には COVID-19 の直接的影響がなくなった 2022-23 年第 4 四半期（2023 年 4 〜 6 月）調査時の 1 カ月あたりの収入を就業者の従業上の地位別に示している（注参照）。回答者当人の回答に基づくデータである。農村でも都市でも、また男女を問わず、常用雇用者の平均賃金がもっとも高く、日雇い雇用者がもっとも低い。日雇い雇用者の日給は全国平均が 403 ルピー（同時期、1 ルピー = 1.6 〜 1.7 円）で、男性は 432 ルピー、女性は 291 ルピーに過ぎず、さらに男女ともに都市よりも農村の方が低い。都市男性の場合は自営業者の平均月収もかなり高いが、自営業者には露天商や行商人など零細で低収入の労働者群から、専門職の高額所得者層までが含まれ、その収入格差がかなり大きい点を反映していると考えてよいだろう。一方で女性の場合、農村でも都市でも自営業者の収入は日雇い並みかまたはそれよりも低く、職種が雑業的なものに偏っていることの反映だろう。

さらに**図表 1-23** には、日雇い雇用者の日給の変化を示した。各時期の水

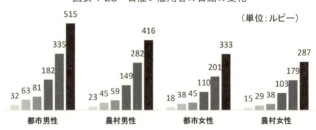

図表 1-23　日雇い雇用者の日給の変化

（単位：ルピー）

■ 1993-94年　■ 1999-2000年　■ 2005-06年　■ 2011-12年　■ 2017-18年　■ 2022-23年

（注）　1．1993-94 年、2005-06 年は公共事業を含み、それ以外は含んでいない。
　　　 2．2017-18 年、2022-23 年は第 4 四半期（2018 年と 2023 年の各 4 〜 6 月）のみの数値である。
　　　 3．1999-2000 年〜 2011-12 年は 15 〜 59 歳の労働者だが、それ以外についてはとくに年齢に関する記述なし。なお全国 CPI（消費者物価指数、新シリーズ）は、2010-11 年度= 100 として、2017-18 年度、2022-23 年度に、農村では 151、195、都市では 146、193 と変化している。

（出所）Institute of Applied Manpower Research (2009), NSSO (2000, 2008, 2013, 2023b), NSO (2019a), GoI (2024) より作成。

準をみるため名目賃金で表示したが、2022-23年までの30年間で大きく上昇してきたことがわかる。とくにこの10数年は実質的にも上昇し（図表の注参照）、この変化には、物価上昇はいうまでもなく、次章で述べる法定最低賃金も一定の影響を与えてきたといえよう。仕事内容が異なるとはいえ、平均額は男女ともにどの時期でも農村より都市の方が高く、農村・都市いずれでも女性より男性の方がかなり高い。

次に、男・女、農村・都市すべてでもっとも平均賃金の高い常用雇用者の賃金の状況を、*PLFS* の2021-22年版からもう少し詳しくみておく。**図表1-24** は、常用雇用者全体の平均月収1万8,945ルピーを1とし、他をその相対比で示した。ホワイトカラー職とブルーカラー職の差は大きく、また同一職種でも農村と都市、男女間でかなり差がある。平均月収がもっとも高い職種は、全体、農村、都市、男女を問わず言うまでもなく管理職労働者であり、もっとも低いのは同様にすべての区分で単純作業労働者である。なお、常用雇用の割合は前の**図表1-18** で確認したように20％前後という状況が続いてきたが、ブルーカラー職は常用であっても月収が低い。

そこで、製造業の組織部門に限定して、賃金変化と労働分配率の低さにも触れておきたい。Roy（2016）は、*ASI*（工業年時調査）データを用い、1980-81年から2011-12年までを5期に分けて労働分配率の変化を分析している。

図表1-24　常用雇用者の職業別平均月収の比較　2021-22年

（ルピー）

	職業	全体	農村	都市	男性	女性
ホワイトカラー	管理職	2.0	1.2	2.3	2.0	2.1
	専門職	1.6	1.4	1.8	1.8	1.3
	技術・準専門職	1.3	0.9	1.5	1.4	0.9
	事務職	1.1	0.9	1.2	1.1	0.9
ブルーカラー	サービス・販売職	0.7	0.6	0.8	0.8	0.4
	農林漁業職	0.7	0.7	0.7	0.8	0.4
	手工芸製造・販売職	0.7	0.6	0.8	0.7	0.5
	機械操作・組立	0.7	0.6	0.8	0.8	0.5
	単純作業	0.5	0.5	0.5	0.6	0.3
	全体	1.0	0.8	1.1	1.1	0.8

（注）　調査日に先立つ1週間について常用雇用と分類された者のデータ。全体の平均月収1万8,945ルピーを1とし、その相対比で示している。
（出所）　NSSO (2023a), pp. A464-A470 より作成。

各期間、粗付加価値や粗固定資本形成の上昇率に比べて実質賃金の上昇率は極めて低く、とくに 2005-06 年〜 2011-12 年はその差が顕著であること、粗付加価値に占める賃金シェアが 30 年間にわたって縮小してきたことを指摘した。耐久財を取り上げ、その需要が最上位の消費支出階層にのみ集中していることから、低賃金が製造品需要を大きく制約していることも示唆する。さらに Basole and Narayan（2020）は、やはり *ASI* データを用いて 2016-17 年までの 34 年間を分析している。実質賃金は大体 90 年代半ばまで上昇し、その後の伸び悩み・低下を経て 2005-06 〜 2016-17 年の時期に上昇した。加えてこの時期は、資本集約度とともに雇用量・賃金が上昇した点に注目し、同時に資本集約化は、生産性の引き上げほど実質賃金の上昇には繋がらなかったと述べる。労働分配率（名目賃金の対粗付加価値シェア）は、1982-83 年が 27％で、2007-08 年は 9.3％、2016-17 年は 13％と算定された [13]。

つけ加えると、先に見た『人間開発報告書 2015 年』によると、労働分配率は先進国に比べて開発途上国は大きく下回る。しかも 1990 〜 2010 年にはいずれでも低下傾向が見られ、とくに途上国の低下幅は大きかった。経済グローバル化とデジタル革命の中で、資本と高技能労働者の取り分が拡大していると指摘し [14]、こうして程度の差はあれ上記の傾向はインドに限らない。とはいえ、膨大な数の人口を抱え内需拡大も重視するインドにとり、非組織部門や日雇い雇用者などの低賃金はいうに及ばず、組織部門や常用でも上昇の余地を大きく残したこの賃金レベルが、消費需要や貯蓄率の上昇を大きく制約しさらなる経済成長の足枷になっていることは確かだろう。

第3節　労働者とは誰なのか

1．個人属性と労働者

次に示すのは、労働者の個人属性である。2021-22 年の *PLFS*（定期労働力調査）によると（図表1-25）、15 歳以上人口の労働力率は約 55％で、男性は 4 分の 3 超が労働力としてカウントされているのに対し、女性は 3 分の 1 程度である。男女差は農村・都市どちらでも大きいが、男女ともに労働力率は都市の方がいく分低い。全年齢層の労働力率は 15 歳以上人口に比べると当

第 1 章　経済成長と労働市場　　33

図表 1-25　労働力率、就業者率、失業率　2021-22 年

(%)

| | | 全国 | | | 農村 | | | 都市 | | |
		男	女	合計	男	女	合計	男	女	合計
15 歳以上人口	労働力率	77.2	32.8	55.2	78.2	36.6	57.5	74.7	23.8	49.7
	就業者率	73.8	31.7	52.9	75.3	35.8	55.6	70.4	21.9	46.6
	失業率	4.4	3.3	4.1	3.8	2.1	3.2	5.8	7.9	6.3
全年齢層	労働力率	57.3	24.8	41.3	56.9	27.2	42.2	58.3	18.8	39.0
	就業者率	54.8	24.0	39.6	54.7	26.6	40.8	55.0	17.3	36.6
	失業率	4.4	3.3	4.1	3.8	2.1	3.3	5.8	7.9	6.3

(注)　労働力率は当該人口に占める労働力（就業者＋失業者）、就業者率は当該人口に占める就業者の割合、失業率は労働力のうち失業者の比率。
(出所)　NSSO (2023a), Table 16, 17, 18 より作成。

然下がり、失業率（労働力に占める失業者の割合）に両者の差は殆どない。15歳以上人口の失業率を確認すると、農村より都市の失業率が高く、また都市の女性の失業率がとくに高いことがわかる。

　さらに、男女別、宗教・社会集団別に就業の状態を示したのが**図表 1-26**

図表 1-26　宗教・社会集団別にみた男女（全年齢層）の労働力率・失業率・就業構造
　　　　　2021-22 年

(%)

| | | 労働力率 | 失業率 | 就業者の従業上の地位別構成 | | |
				自営業者	常用雇用者	日雇い雇用者
男性	ヒンドゥー教	57.6	4.3	53.6	23.8	22.3
	イスラーム	54.6	4.5	53.5	21.2	25.3
	キリスト教	56.6	5.3	45.1	28.6	26.3
	シーク教	60.6	5.7	48.2	23.8	28.0
	ST	59.0		53.3	15.0	31.7
	SC	56.9		39.6	21.0	39.4
	OBC	56.6		57.3	22.3	20.5
	その他	58.1		56.5	31.6	11.9
	計	57.3		53.2	23.6	23.2
女性	ヒンドゥー教	26.1	3.1	62.0	16.2	21.8
	イスラーム	15.0	3.8	74.8	12.4	12.8
	キリスト教	34.2	6.5	47.2	28.4	24.3
	シーク教	19.8	8.0	50.8	32.7	16.5
	ST	39.3		67.0	8.3	24.7
	SC	25.0		47.9	16.9	35.2
	OBC	24.3		66.2	14.8	19.1
	その他	19.8		63.5	27.4	9.1
	計	24.8		62.1	16.5	21.4

(注)　ST：指定部族、SC：指定カースト、OBC：その他後進諸階級。
(出所)　NSSO (2023a)、Statement 34, 38, 40, Table 51, 54 より作成。

である。どの宗教、社会集団でも女性の労働力率は男性に比べて低い。また男性の労働力率は宗教や社会集団間であまり差がないが、女性の場合イスラーム教徒でとくに低く ST（指定部族）で高い。就業形態は、男性の場合、キリスト教徒で常用の割合が高いことを除き、宗教間の差は目立ちにくい。他方、女性ではイスラーム教徒に自営業者が多く、キリスト教徒やシーク教徒で常用の割合が高いといえる。また社会集団間の違いとして、男女ともに SC（指定カースト）で日雇いの割合が目立って高く「その他」では低いこと、逆に常用は男女ともに「その他」で高く、ST でもっとも低いことがわかる。

　加えて、常用でも内実は社会集団により異なる。Rajendra and Tiwari (2017) の NSSO 雇用失業調査データを使った分析では、就業先を公、民、インフォーマル・セクターの 3 部門に分類すると、2011-12 年に SC、OBC（その他後進諸階級）、ムスリム（イスラーム教徒）は、常用であっても半数以上が勤務先はインフォーマル・セクターであった。SC や ST の場合は留保政策により公的部門の割合も高いとはいえ、民間の割合は低い。さらに平均賃金は、常用という点は同じでも公、民、インフォーマル・セクターの順番で下がる。社会集団間の賃金格差はどの部門でもみられ、賃金ルールがより徹底される公的部門で比較的小さかった [Mamgain, Rajendra and Tiwari 2017]。

　また木曽（2012）第 5 章によると、日雇い雇用者の多い未熟練建設労働者は多くが ST であった。データ源はグジャラート州アフマダーバードの複数の「寄せ場」での日雇い建設労働者に関する無作為サンプル調査（2010 年）だが、殆どが農村出身者であり、ST が未熟練男性労働者の 58.1% を、未熟練女性労働者の 56.6% を占めた。他方、熟練男性労働者は OBC がもっとも多く、ST は 23.3% だった。季節的移住労働者については、雇用のインフォーマル化を軸に分断的労働市場と社会的差別を論じた Srivastva（2019）によると、5 分の 2 以上が SC と ST で、とくに女性の季節移住者は SC と ST が約 60% を占めたという。多くが建設業や農業に非正規で従事し、低賃金を特徴とする。

　こうして労働市場における社会集団との相関はなお強いが、言うまでもなく、そこには職業的世襲、社会的排除、逆に制度的包摂だけでなく、教育レベルや収入の格差など多様な要因が絡まり影響していよう。社会・経済の底

辺からの脱却（モビリティ）の実態とその難しさは、本書4章で具体例によっ
て示したい。

　なお2021-22年の *PLFS* 推計によると、宗教別人口構成はヒンドゥー教
82.8％、イスラーム12.6％、キリスト教2.3％、シーク教1.4％であり、社会
集団別構成は ST 9.8％、SC 20.0％、OBC 45.8％、「その他」24.4％であっ
た［NSSO 2023a］。

２．労働者の教育レベル

　インドの標準的な教育制度は、初等（1～5学年）、後期初等（6～8学年）、
中等（9～10学年）、後期中等（11～12学年）とつづき、その後、高等教育
となる（第2章参照）。**図表1-27** に示したように、労働者の教育年数は年齢
層、農村・都市間、男女間で異なっている。15歳以上で識字の労働者の正
規（formal）教育平均年数をみると、2021-22年時点で男性が9.8年、女性が9.0
年で、男女ともに農村の方が都市より短く、女性は農村の方が約3年短かっ
た。より若い15～29歳層に絞ると、教育年数は男・女、農村・都市どのカ
テゴリーでも上昇する。

図表1-27　15～29歳および15歳以上の識字労働者の平均正規教育年数　2021-22年
（年）

	15～29歳			15歳以上		
	男性	女性	計	男性	女性	計
農村	9.9	9.5	9.8	9.2	8.3	9.0
都市	11.2	12.7	11.5	10.9	11.2	11.0
全国	10.3	10.3	10.3	9.8	9.0	9.6

（出所）NSSO (2023a), Statement 32.

　そして就業、失業、非労働力、また就業者の雇用状態は教育レベルによっ
て異なる。**図表1-28 A・B** には、識字である15歳以上人口の正規教育年数
ごとの活動状態（2021-22年）をまとめたが、ここから主に次の点が指摘で
きよう。①女性は男性に比べ、労働者でも失業者でもない非労働力の割合が
どの教育レベルでも著しく高い [15]。②男性では、教育年数が短いほど自営
業者と日雇いの割合が顕著に高くなり、逆に教育年数が長いほど常用雇用の
割合が増えている。とくに③教育年数が18年以上と長くなると、男女とも

図表 1-28A　15 歳以上識字人口の正規教育年数別の活動状況
男性　　　　　　　　　　　2021-22 年

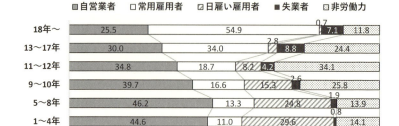

図表 1-28B　15 歳以上識字人口の正規教育年数別の活動状況
女性　　　　　　　　　　　2021-22 年

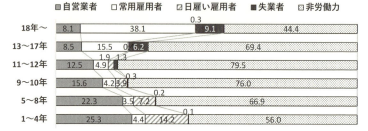

（注）　日雇い雇用者に MGNREGS（第 2 章参照）公共事業の日雇いは含まれていない。
（出所）NSSO (2023a), pp.A30, A31 より作成。

に常用で働いている者が多い。高い教育レベルは明らかにより安定した職の確保につながっている。他方で、④男女とも教育年数が長いほど失業者の割合は上昇し、18 年以上でとりわけ高い。次章第 1 節で述べるように「高学歴失業」の問題は深刻である。高学歴化が進む一方で、知識集約的な産業の成長が高学歴層に十分な雇用機会を提供できていないこと、そして失業が選択肢に含まれる層では、労働市場の需給ミスマッチが失業として表面化していると言えるだろう。さらに、⑤日雇いは教育年数 18 年以上の者でゼロに近くなるが、自営業に就いている者は一定割合存在する。ただし、自営業として括りは同じでも、低学歴者の多くが集中している自営業と高学歴者が従事している自営業の内実は、全く異なると言ってよい。つまり、前者の場合

図表 1-29　9 産業組織部門における労働者の教育レベル　2021 年

(%)

	正規の常用雇用者の割合	教育レベル			
		SSC 以下	後期中等以上カレッジ卒未満	カレッジ・大学卒以上	不明
製造業	82.0	37.5	34.7	22.6	5.3
建設業	71.6	26.7	35.0	35.0	3.3
商業	90.4	29.7	37.6	30.3	2.4
輸送	91.8	16.0	46.5	35.4	2.1
宿泊・レストラン	82.0	29.5	43.6	24.4	2.6
IT/BPOs	97.7	2.4	5.4	91.6	0.6
金融サービス	85.9	16.1	21.8	59.8	2.3
教育	91.8	26.4	26.4	44.8	2.3
保健	89.4	18.8	34.4	43.8	3.1
全 9 産業	87.0	27.8	30.7	37.8	3.6

(注)　組織部門とは、ここでは雇用規模 10 人以上の企業。また教育産業の場合は教員スタッフが、保健の場合は医療スタッフが除かれている点に注意が必要である。
(出所) Labour Bureau (2021), Table 2.11 ～ 2.13 より作成。

は多くが露天商、行商人、製造・修理業等々の零細事業者、すなわちインフォーマル・セクターであり、後者は高度専門・技術職などの自営業者を多く含んでいると考えてよいだろう。

　図表 1-29 には、組織部門就業者の産業ごとの教育レベルを示している。ここに挙げた 9 産業全体で、回答者の 87％は正規の常用雇用者である。約 38％がカレッジ卒以上、それを含む約 72％が後期中等以上の教育レベルであり、インド労働市場全体に比べて割合は高いだろう。産業別にみると、SSC（中等教育者修了認定）以下の割合が高いのは製造業、次いで商業やホテル・レストラン業だが、同一産業内でも職務による差も大きいだろう。とくにホワイトカラー職が中心の IT ／ BPOs や金融サービスでは、カレッジ・大学卒以上がそれぞれ 92％、60％に及び、組織部門の中でも典型的な高学歴者集中産業だといえる。

結びにかえて──雇用なき成長

　以上、本章では、経済成長と社会開発の進展、そして他方で続く格差や厳しい労働市場の状況を整理した。最後にこうした雇用・労働状況が生み出さ

れてきた背景を改めて考え、本章の結びにかえたい。なお、農業・農村経済の影響は論じておらず、非農業分野に偏った説明であることを断っておく。

　労働市場は、グローバルな環境変化、技術革新、時代の影響を受けて変化してきた。例えばインドの「未成熟な脱工業化」は、外資受け入れにしのぎを削り、グローバル経済の潮流に乗った東アジア等の国々と異なり、インドの労働集約的産業がグローバル・サプライチェーンへの組み込みに遅れたという、世界的また時代的環境の影響は大きいだろう。そして近年「メイク・イン・インディア」が唱えられながらも、製造業の資本集約化が一層進行し、組織部門雇用の拡大が容易でないことは見てきたとおりである。同時に、世界でIT化が急進展し、ICTを利用したサービス輸出など、サービス産業はインド経済成長の画期となった。しかし、こうした知識集約的産業、また技術革新とともに需要の増えた高技能職は、「高度専門人材」の市場を拡げてきた一方、大量に存在する「低技能」労働者の直接雇用拡大には十分繋がってこなかったといえる。

　そして産業政策や労働政策・制度の影響である。かつて『2012-13年度経済白書』では、当時議論が高まっていた「人口の配当」（＝人口ボーナス）論を視野に、一つの章を割きその実現可能性が論じられていた。生産年齢人口が増え、低生産性の農業から他産業に労働力が移動しても、創出されてきたのが相変わらず低生産性の仕事であったこと、また成長を牽引しているサービス産業が、付加価値の成長ほどには雇用機会を生み出せない現状がここでも指摘され、背景が論じられたのである。まず、膨大な数の労働者を吸収し、多くが零細・非組織部門に含まれるMSMEs（中小・零細企業）が、なぜ設備投資や労働者のスキルアップに無関心なのか、煩雑な規定や資金難などの原因、対する政府の取り組み・奨励策、その効果とともにそれが却って足枷になり得る矛盾を指摘した[16]。また議論はあるとしつつ、組織部門製造業では雇用保護的な厳しい労働法が、労働より資本への依存度を高める資本集約化、小規模化（＝雇用規模を法の適用対象外に止める）、非正規雇用の利用を促し、雇用規模に影響してきた可能性が論じられている［GoI 2013, Chap.2］。

　組織部門の中でも製造業部門における雇用伸び悩みやその背景は、木曽(2003)の第1章でも検討した。分析対象時期はほぼ1990年代末までだったが、

当時の伸び悩みを、停滞業種の存在や、とくに雇用創出が期待される成長業種における労働節約化・資本集約化に加え、労働節約化傾向の背後にある賃金変動、解雇規制はじめ労働者に対する保護・保障法の適用回避、などの影響から考察している。そして経済危機、90年代の経済改革、政労使の攻防が続く中、工場閉鎖や雇用リストラが制度的に、またそれを越えて進行し、組織部門雇用に深刻な影響を与えたことは、事業再構築を望む経営側の選択の前に、法と労働者が無力化する可能性も示すこととなった［同上書、第7章］。実際、筆者が1991年に調査していた工場労働者の追跡調査から期せずして浮かび上がったのも、伝統的工業都市で雇用流動化が進んだ現実だった。工場閉鎖、人員整理、希望退職などを経て、1998年追跡調査までに回答者の45％が［同上書、第8章］、さらに2006年の追跡調査時までにはほとんどの回答者（約85％）が失職（一部は非労働力化）を経験していた［木曽、2012　第3章］。失職後インフォーマル・セクターへの転職や雇用の非正規化を余儀なくされた者は多く、明らかになったのは、時代の変化を受け組織部門や正規雇用への再参入が極めて困難となった雇用流動化だったといえる。そして本書の第3章で述べる調査（2010年代）では、インフォーマル・セクター労働者側からその影響が改めて確認されることになった。

　とはいえ、インフォーマル・セクターやインフォーマル労働者が生み出す安価で融通の利きやすい財・サービスへの需要が、広く存在してきたことは確かである。本書第4章の個別事例からも浮かび上がるように、例えば家事使用人などを典型に、中間層以上の家計に多い需要もあれば、市場・行商での小売り、運送サービス等々、組織部門就業者の各層が利用するインフォーマル・セクターの財・サービスも、多様な形で存在する。また生産・流通面では、極めて零細な下請・孫請として、あるいは運搬・販売などサービス面で、最末端から組織部門にリンクしている場合も多くあろう。また中心的また周辺的作業を問わず、組織部門でも日雇いや請負・派遣という形での非正規雇用への依存度は高い。建設日雇い労働者（インフォーマル労働者）は、殆どが建設産業の底辺にあって、急速に展開するインフラ建設や、超高層オフィスビル・住宅など多様な建設現場を支えている。そしてインフォーマル・セクター家計の需要は、貧しければ貧しいほどインフォーマル・セクターの財・

40

サービスに限られる。

　付け加えると、その意味で組織部門が生み出す国内市場向け財・サービスの需要は高価格になるほど制約されている。富裕層を含む中所得以上の人口は絶対数ではかなりの規模になるが、公的部門を除く組織部門への消費需要は、とくに高度財・サービスを中心にほぼ彼らに限られ、その市場の外にいる者は多い。

　最後に、社会階層の影響にも触れておく。第3節では教育・社会集団と仕事のリンクを指摘した。強く絡んでいるがゆえに社会生活上も労働市場でも分断が残り、モビリティを損なっている可能性が考えられる。近代工業の発展は、労働者のかつての世襲的また伝統的な仕事からの離脱にもつながった。しかし知識・資本・技術集約的な産業が成長を牽引する「雇用なき成長」という状況下、逆にその社会的または文化的環境が、教育・社会階層とリンクした労働市場の変化を遅らせる一因ともなっているのではないだろうか。

　さて、世界一の人口大国となったインド。生産年齢人口比が上昇し、それが成長に貢献する「人口ボーナス」が論じられるようになって久しい。しかし増え続ける生産年齢人口は、まずはまともな仕事や雇用機会を伴ってこそ「人口ボーナス」の効果を発揮する。また、労働力需要に応える労働力の質の向上も欠かせないだろう。次章で述べる人材育成や雇用・労働保障の取り組みは、まさに労働者の開発・変化、より適切なその評価によって壁を崩す挑戦ともいえる。

　注
(1) 伸び悩みの背景については次が参考になろう。熊谷（2024）。
(2) 以下参照。木曽（2012）、第6章。
(3) 国産化を目指す製造業14分野で、基準を満たした企業に対し補助金や税控除などの優遇措置がとられる。対象分野は医薬品、携帯電話、自動車及び自動車部品、食品、繊維など。分野の詳細やこれまでの成果については、GoI（2024）, pp.364-365 参照。
(4) 2005-06年、2019-21年の数値は GoI（2023）p.150。原典はこれも UNDP 報告書だが、2015-16年の数値は27.7％となっている。
(5) 水道設備の状況も多様だろう。都市スラムにおける改善や個別の実態は、本書の第3章、第4章で示した事例からもわかる。またインドの生活用水供給に関する実態や取り組みについては佐藤（2017）に詳しい。
(6) 第3章以降で事例研究として扱うアフマダーバードでは、ずっと以前から展開。

Bhatkal, Avis and Nikolai（2015）参照。

(7) 2022-23 年の人口 13 億 8,300 万人［近藤・辻田 2023, p.501］、労働力率 42.4%（15 歳以上人口の労働力率が 57.9%）［NSSO, 2023b, p.vi］から算定。1999-2000 年は Institute of Applied Manpower Research（2009）, p.97 より。

(8) NSSO（全国標本調査機関）が長い間定期的に行ってきた *EUS*（雇用失業調査）と新たに実施されることになった *PLFS*（定期労働力調査）では、サンプリング・デザインや調査方法に違いがある。したがって比較の際には注意が必要。この点は GoI（2020）でも再三述べられている。

(9) データ源は NSS の個票データ。

(10) NSSO（2023b）, p.15. ここで大まかにインフォーマル・セクターとは、世帯所有の非法人企業。

(11)『2019-20 年度経済白書』は、工業年次調査（*ASI*）の数値から、製造業組織部門における労働者数・就業者数の増加を指摘。社会保障計画（従業員退職準備基金、従業員国家保険、国家年金計画）の適用範囲拡大により、労働市場のフォーマル化が進んできたと述べ［GoI 2020, pp.285-6］、「メイク・イン・インディア」の成果が強調された。また Thomas（2020）も、工業年次調査から、製造業組織部門の推定雇用者数が 2004-05 年の 820 万から 2017-18 年には 1430 万人まで増加したと指摘している。

(12) 2012 年（または 2011-12 年）まで、組織部門就業者のデータは『経済白書』の統計データに、組織部門就業者以外のデータは、第 68 回（2011-12 年）で中断された NSSO の *EUS*（雇用失業調査）による。しかし 2019-20 年の数値はデータ源がすべて異なっている。つまり、組織部門就業者を含む全ての項目について、政府機関 NSSO と CSO を合併し結成された NSO が新たに始めた *PLFS* がデータ源である。したがって注 8 でも述べたように、比較の際には注意が必要である。

(13) なお木曽（2003）では、1983 〜 98 年を分析対象とし、純付加価値値に占める賃金総額の割合の大幅な低下を指摘している（p.30）。

(14) UNDP（2016）, pp.118-119. Basu（2019）も複数の高所得国、新興国における賃金の対 GDP 比の変化から同様の状況を指摘した上で、インドの実態に懸念を示している。

(15) 女性の低い労働力率については、例えば木曽（2022）でも考察されている。

(16) MSMEs は設備投資額によって零細、小規模、中規模に分類されている。同書では阻害要因として、ビジネス開始・発展・撤収のための手続き等の複雑さ・煩雑さ、資金調達や道路・公共設備といったインフラの壁などを指摘する。そこで政府は MSMEs に対して金融・非金融の奨励策を提供してきた。ところが、むしろそれが各スキームの対象枠に残るため、また成長による税負担回避のため、却って成長への足枷となっている可能性が指摘された。

第2章

ディーセント・ワークへの挑戦
——人材育成と雇用・労働保障

序

　インドは急速な経済成長を続け、成長産業をリードする高技能人材を多数生み出し、経済的に豊かな層の拡大も進んできた。一方で、多くの労働者が雇用・労働保障を欠き、その労働の対価が極めて低い仕事に従事している。そして、「まともな仕事（decent work）」の機会が伸び悩んできた原因は多様であり、対応が一筋縄でいかないことは、前章で述べたとおりである。とくに、グローバル経済の動きを見据えつつも、組織部門であれ正規であれ、まともな雇用への需要増を伴う産業政策や産業構造の変化は大前提だろう。同時に、その需要に見合う労働者の知識・技術・技能の向上、また多くが零細な自営業者の経営・技術力の向上もかかせない。人材育成は、労働生産性の上昇や労働の評価向上に資して、労働者の仕事・雇用の可能性を高め、労働対価の上昇につながり得ると期待されるからである。さらにそれは、彼らの購買力や貯蓄力を高めることで、内需拡大の制約を緩和し経済成長にも貢献するだろう。そこで本章では、労働供給面での取り組みとして、人材育成を取り上げる。また、まともな仕事・雇用につなぐための幾つかの他の制度的・政策的取り組みにも簡単に触れたい。

　まず第1節で、インドにおける学校教育の進展を概観する。そして第2節と第3節では、本章の主題となる、仕事・雇用のための人材育成すなわち職業・技能訓練の取り組み、問題点や可能性について事例を紹介し、考察しよう。そして最後の第4節で、インフォーマル・セクターおよびインフォーマル労働者に向けた包摂のための他の取り組みとして、労働法・スキームをい

くつか紹介する。

第1節　学校教育の進展

1．教育制度と教育の普及

インドにおける教育政策の画期は、1986年の「国家教育政策（NPE）」の策定といわれる（1992年に改訂版）。すべての子どもへの初等教育の普及を重要課題とし、政府の基本的な教育政策が示された。しかし、6～14歳のすべての子どもが教育を受ける権利を有すると憲法に明記されるのは、2002年の憲法改正によってであり、権利・義務が憲法で定められるまで多年を要した。そして2009年、「無償義務教育に関する子どもの権利法（RTE法）」が制定される。子どもたちが1～8学年までの無償義務教育を受ける権利がようやく具体的に法制化されたのである[1]。さらに近年、NDA（国民民主連合）政権下で「国家教育政策（NEP）2020」が策定され、新たな教育制度・政策の行方が注目されている。

「NEP 2020」は学校教育の開始年や学年内訳の再構築を目指しているが、従来インドの標準的な教育制度は、無償の義務教育となった初等の1～5学年と後期初等の6～8学年、これに中等9～10学年、後期中等11～12学年がつづき、その後高等教育となってきた。とはいえ初等～中等の10年間の内訳は、なお州間の違いも残っている。そして中等と後期中等の修了時には統一試験が実施され、試験に合格するとSSC（中等教育修了認定）とHSC（後期中等教育修了認定）を有することになる。後で述べる職業訓練校（ITI）では、SSC以上を受講条件とする場合が多い。

では、教育普及の現状はどのようなものだろうか。無償義務教育の法制化を経て、総就学率（当該教育段階の年齢人口に占める、実際の就学者数の割合）は、時期はやや古いが、2017-18年全国標本調査によると初等が101.2％、後期初等が94.4％に達していた。男女間の差は殆どない［NSO 2019a］。**図表2-1**に示したのは、15歳以上人口の教育レベル別構成である（2021-22年）。非識字の者は男性の16％、女性の31％だから、それぞれ84％と69％が識字である。非識字の割合は都市より農村、男性より女性で高いことがわかる。しか

図表 2-1　15 歳以上人口の教育レベル別構成比　2021-22 年

(％)

	農村 男	農村 女	都市 男	都市 女	全国 男	全国 女
非識字	19.2	36.4	8.2	18.0	15.9	31.0
識字または（前期）初等まで	17.6	17.7	12.6	14.1	16.1	16.7
後期初等まで	24.7	19.0	20.1	18.0	23.3	18.7
中等以上	38.5	26.9	59.1	49.9	44.6	33.6
うちカレッジ卒以上	8.9	5.7	24.8	21.1	13.7	10.3

(注)　教育レベルとは、各年数の課程を修了した最終学歴のことである。
(出所)　NSSO (2023a), Table 8 より作成。

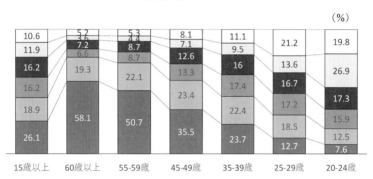

図表 2-2　年齢階層別教育レベル　2017-18 年

(注)　教育レベルとは、各年数の課程を修了した最終学歴のことである。中等、後期中等、カレッジ卒以上には、それぞれわずかだが履修コース修了者が含まれている。
(出所)　NSO (2019a), p.A-129 より作成。

し教育の普及が進んできたことを反映し、中等以上の教育を受けた者は男性の 45％、女性の 34％に及んでいる。とくに男性の約 14％、女性の 10％が大学院修了を含むカレッジ卒以上の学歴であり、高等教育への進学増も際だつ。そうした変化が確認できるのが、時期は 2017-18 年とやや古いが、教育レベルを年齢層別に示した**図表 2-2** である。年齢層が若いほど、ひいては時代が下るほど教育水準は上昇している。例えば中等以上の学歴の者の割合は、全体では 38.7％だが、年齢層が若いほど上がり、とくに 20〜24 歳層で 64％に達する。またカレッジ卒以上の高学歴層は、60 歳以上では 19 人に 1 人

過ぎないが、25 〜 29 歳層では 5 人に 1 人を超えていた。

　このように、若年人口が急増し人びとの教育指向も高まる中、初等教育の普及や高学歴化は顕著に進んできた。そして初等教育の普及や就学継続の背景には、先述の教育の無償化のみならず、無料の学校給食や奨学金の提供といった要因もあろう。例えば 2017-18 年の全国規模のサンプル調査によると、公立の初等学校生徒の約 15%、後期初等学校生徒の約 22%、中等学校生徒の 25% が奨学金／給付金／償還を受け、また、いずれも対象者の 45% ほどが SC（指定カースト）・ST（指定部族）であった ［NSO 2020］。またインド教育省の全国インド高等教育調査（オンライン）によると、同調査に登録した大学、カレッジ数は、2017-18 年のそれぞれ 903 校、3 万 9,050 校から、2021-22 年には 1168 校と 4 万 5,473 校へと大きく増加した。博士課程までを含む推定学生数も、2017-18 年の 3,664 万から、2021-22 年には 4,327 万弱へと増えている ［Ministry of Education 2022a］。学校での学びが子どもの権利として保障され、より広く実現されていること、さらに高等教育も質の問題は軽視できないとしても [2]、その展開が、国内外で活躍する優れた人材を多く生み出していることは言うまでもない。

　とはいえ 7 歳以上人口全体をみると、就学の実情は今も平等とは言えない。**図表 2-3** からわかるように、同じ宗教や社会集団でも男女間で教育レベルは異なっている（男性の方が総じて高い）。また、宗教や社会集団により差があり、

図表 2-3　宗教別・社会集団別にみた 7 歳以上人口の教育レベル　2017-18 年

(%)

		全体	宗教				社会集団			
			ヒンドゥー教	イスラーム	キリスト教	シーク教	ST	SC	OBC	その他
男性	非識字	15.3	14.9	19.4	11.8	12.7	22.5	19.7	15.6	9.2
	識字または前期初等まで	30.7	29.8	37.4	29.6	27.3	35.6	33.2	31.8	25.6
	後期初等まで	17.0	17.0	17.2	18.0	15.6	18.1	18.0	17.5	15.1
	中等以上	37.0	38.2	25.9	40.6	44.5	23.7	29.2	35.1	50.3
	うちカレッジ卒以上	7.0	7.4	3.3	11.0	9.2	2.7	3.5	5.6	13.2
女性	非識字	29.7	30.0	31.2	17.8	24.1	38.7	36.1	31.1	19.4
	識字または前期初等まで	29.0	28.2	34.8	29.2	24.4	31.6	30.1	29.3	26.8
	後期初等まで	13.8	13.8	13.9	15.4	13.1	13.2	13.8	13.7	14.2
	中等以上	27.6	28.0	20.0	37.6	38.4	16.7	20.0	25.6	39.6
	うちカレッジ卒以上	7.0	7.4	3.3	11.0	9.2	2.7	3.5	5.6	13.2

（注）　ST：指定部族、SC：指定カースト、OBC：その他後進諸階級。
（出所）　NSD (2020), pp.A91 〜 A111 より作成。

その傾向は男女でほぼ共通している。つまり宗教別にみると、教育レベルが比較的高いのはキリスト教徒で、低いのはイスラーム教徒である。社会集団別には、高等教育に留保枠や奨学金制度があってもなおSCやSTの場合高学歴者率は相対的に低く、教育を十分受けていない者の割合が高い。逆に「その他」の社会集団では、非識字の割合は低く、中等教育以上の割合や高学歴率は他の集団より目立って高い(3)。

次に、就学率上昇だけでは見えない教育に関わる問題をいくつか指摘しておきたい。初等教育の質と環境、そして高学歴失業の問題である。

2．初等教育の質と環境

図表2-4が示すのは、学力の不十分さである。ASER（NGO）は2022年にも農村地域で大規模調査(4)を実施しており、ここに挙げたのは、その一部である算数、国語、英語のテスト結果である。まず、どの科目も学年が上がるに従い学力は上昇している。しかし、割り算ができたのは8年生でも半数を切り、「2年生レベルの文章が読める」者が5年生で半数に届かず、8年生でも7割という状況であった。なお算数、国語ともにこうしたレベルに男女間の差は殆どない。また、ほぼどの学年でも2018年調査時〔ASER Centre

図表2-4　初等学校生徒の学力（農村地域　2022年）（%）

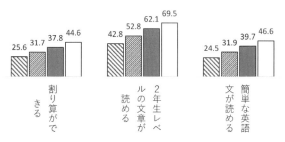

（注）1万9,060の村の69万9,597人の児童（3～16歳）を対象にしたサンプル調査の結果である。ここには5～8年生のテスト結果のみ示した。
（出所）ASER Centre (2023), pp.64～66より作成。

図表 2-5　公立学校の施設・設備の状況

(%)

	2010 年	2014 年	2018 年	2022 年
訪問日に給食が提供されていた	84.6	85.1	87.1	89.5
飲料水設備があり水が得られる	72.7	75.6	74.8	76.0
使用できるトイレがある	47.2	65.2	74.2	76.2
使用できる女子用トイレがある	32.9	55.7	66.4	68.4
電気がつながっている			75.0	93.0
生徒が使えるコンピュータがある	15.8	19.6	21.3	22.7

（注）　初等教育部門があり各サンプル村で最も大きな公立学校を訪問し、調査している。
（出所）ASER Centre (2023), Table 19.

2019] より割合の低下がみられ、国語力はわずかだが、算数は学年によって約 3 ～ 8％ポイントの低下がみられた。英語力は、5 年生で約 25％が簡単なセンテンスを読むことができるなど、英語教育の成果が認められるが、ここには読むことはできても意味がとれない者も含まれている。算数、国語、英語すべての科目で公立校と私立校で成績の差は大きく、後者の方が達成度は高かった。このように、就学率が上昇する一方で基礎学力の不十分さや格差は残っており、解消が課題となっている。

　十分な学力がつかない背景には、さまざまな原因があろう。個々の生徒・家庭の事情だけでない。教員・教育の質、学校の立地、教育提供体制の問題や、学校の施設・設備の不十分さといった教育提供側の問題もあろう。例えば学校の施設・設備については、ASER の調査でも農村部公立学校（初等部がある公立校のうち各調査村で最大の学校で調査）を対象に調べられている。2022年までの変化を図表 2-5 から確認すると、まず、改善は急速に進んでいることがわかる。トイレの普及は 10 年強で 47％から 76％まで進み、女子用トイレも 33％から 68％へと変化した。電気がつながっている学校は 4 年前の調査より 18％ポイント拡大し 93％に達している（訪問日に電気が使えたのはそのうち 85％）。給食は訪問時に 9 割弱の学校で提供されていた。それでもなお約 4 分の 1 弱の学校に使用できるトイレがないなど、改善の余地は大きい。飲料水設備があり、かつ水が得られる学校の割合も 76％で、改善は緩やかだ。生徒が使用できるコンピュータを供えている学校はまだ少なく 2 割強であった。

第２章　ディーセント・ワークへの挑戦　　49

　付け加えると、ASER の調査は農村公立校のものであり、状況は都市の方がよく、公立より私立の方が優れているだろう。教育省が全国の初等・中等の教育機関を対象に実施してきた調査は、学校側の回答に基づくという点で精度は留保されているが、2021-22 年についてはるかに良い状況が報告されている。質量の問題は措くとして、例えば使用可能な飲料水設備、電気、トイレ設備、女児用トイレ設備がある学校は、それぞれ 87％、96％、97％、95％に達し、コンピュータも 48％が備えていたという (5)。

3．高学歴失業

　教育レベルと就業の関係はすでに前章で述べたが、**図表 2-6** には、2017-18 年、2022-23 年の 15 歳以上人口の労働力率と教育レベル別の失業率（労働力に占める失業者の割合）を示している。2017-18 年に比べて 2022-23 年には、労働力率は男女ともに上昇し、失業率はどの教育レベルでも低下した。それでも教育レベルによる失業率の差はなお大きい。つまり、失業率は、教育レベルが低い者では極めて低いが、教育レベルが一定以上になると上昇し、高学歴層で極めて高い。非識字や初等教育レベルの者は、まともな仕事・雇用の有無に関係なく、自身と家族の生存維持のため働く以外選択肢のない貧しい者が多く、低失業率はその反映と考えるのが妥当だろう。他方、時代が下るにつれて高等教育に進む者が急増し、また知識・技術集約的な新産業がインドの成長をリードし、たしかに多くの雇用機会を生みだしてきた一方

図表 2-6　15 歳以上人口の労働力率と、労働者の教育レベル別の失業率

(%)

年	全体		男		女	
	2017-18	2022-23	2017-18	2022-23	2017-18	2022-23
労働力率	49.8	57.9	75.8	78.5	23.3	37.0
失業率	6.0	3.2	6.1	3.3	5.6	2.9
非識字	1.2	0.2	1.8	0.3	0.2	0.0
識字または前期初等	2.7	0.5	3.2	0.7	0.8	0.2
後期初等	5.5	1.7	5.8	2.1	4.0	0.8
中等以上	11.4	7.3	9.9	6.4	18.5	10.3
うちカレッジ卒	17.2	13.4	14.7	11.2	27.5	20.6

(注)　各教育レベルは、その課程を修了した最終学歴。「うちカレッジ卒」に大学院卒は含まれていない。
(出所)　NSO (2019a), pp.A65, A138-A146, NSSO (2023b), pp.A21, A70-A78 より作成。

で、労働市場の分断が強く残る中、高学歴層とくに多くの若年高学歴層が行き場を失っているという状況がある。安定した公務員職への就職希望者の殺到、極端な高倍率も近年報じられてきた。選択の余地のまだある高学歴層の高失業率によって、様々な高技術・技能職における人材需給ギャップの問題が顕在化していると言っていいだろう。ただし、大卒以上の高学歴若年層の失業率の高さは、世帯の所得水準に殆ど関係なくなっているとのデータもある［ILO and Institute for Human Development 2024］。また、いわゆる「高度専門人材」には、活路を求めて先進国など海外に出て行く者も多い。

第2節　人材育成（職業・技能訓練）の進展

次に、職業・技能訓練の実態をマクロデータと事例研究からみていく。

１．職業・技能訓練の普及

図表2-7 によると、15 ～ 59 歳人口のうち正式の職業・技術訓練 [6] を受けた者は、2021-22 年時点で3.4％である。今も低いが2017-18 年の2％［NSO 2021a, p.68］よりは上昇している。この正式職業訓練の経験者が集中していたのが、農村、都市、男女いずれでも IT & ITES の分野で、21 産業分野（「その他」を含む）全体の28.6％に及んでいた。女性は同分野が26.6％、2 番目のアパレルが24.2％であり、正式職業訓練経験者の半数強がこの2 分野に集中していたことになる。他方、男性は1 番の IT & ITES に30.1％、2 番の電気、電力・電子機器に17％、3 番目の機械工学に6.2％で、この3 分野に

図表2-7　15 ～ 59 歳人口の職業・技術訓練の経験　2021-22 年

(%)

	男	女	合計
正式の職業訓練	3.7	3.0	3.4
正式以外の職業訓練	22.7	9.3	16.1
世襲	6.4	3.2	4.8
自己訓練	5.6	3.0	4.3
オンザジョブ・トレーニング	9.4	2.2	5.8
その他	1.3	0.9	1.1
いずれも受けたことがない	73.6	87.7	80.5

（出所）NSSO (2023a), Statement 28.

半分以上が集中していた［NSSO 2023a, p.72］。また、世襲、自己訓練、OJT（オンザジョブ・トレーニング）など正式以外の職業訓練の経験者は男性 22.7%、女性 9.3% で、全体の 16.1% であった。ただし、いわゆる組織部門に限ると、企業内訓練がより積極的に進められている。2021 年の調査によると、16.8% が正式の技能開発プログラムを、24.3% が OJT を実施していた[7]。

　なお以下で述べるように、訓練制度の改革・変更が続いてきた上に、個人や団体レベルの非制度的訓練等も含むとなると、正確な実態の把握は容易ではないだろうが、少なくとも統計的に把握されている数値は低い。

２．取り組みの努力

　職業・技術訓練の経験者率は、今述べたように統計データ上なお低水準だが、インドでも多様な取り組みが行われ、その機会は拡大してきた。

　とくに 2000 年代に入り第 11 次五カ年計画（2007-08 ～ 11-12 年度）では、「人口ボーナスは、技術向上と雇用機会拡大に成功してこそ、グローバル市場で勝利するための競争力になる」と述べられ［Planning Commission 2008, p.76］[8]、政府は訓練制度改革に着手した。正式の制度的職業訓練の柱となってきた ITI（産業訓練所）の改革が進められるとともに、2007 年には、そうした正式の職業訓練制度から漏れがちな若者を対象に SDIS（技能開発イニシアティブ・スキーム）が開始され、2009 年には NSDP（国家技能開発政策）が始まった。また 2013 年末には、職業訓練機会の拡充だけでなく、NSQF（国家技能資格枠組み）が内閣委員会で正式に承認された。背景には、従来、ITI や徒弟訓練制度で学んだ者は、NCVT（国家職業訓練審議会、1956 年設置）が実施する検定の受験資格が認められ、合格者には国家職業認定証（National Trade Certificate）が与えられてきたが、多くの労働者が正式の制度的訓練を受ける機会のないまま非組織部門で働き、仕事のなかで養った技能を評価する仕組みを欠いてきたという事情があった。そこで NSQF は、制度的か非制度的かを問わず、すでに身につけた知識・技能・素養のレベルに応じて資格を体系づける、人材の質的保証の枠組みとして考えられた。所轄は NSDA（国家技能開発庁）である。

　さらに前章で述べたように、第一次モディ政権は 2014 年に「メイク・イ

ン・インディア」を発表した。製造業の振興と5年間で1億の新規雇用の創出を掲げ、2015年7月には「スキル・インディア」ミッションが始まる。技能形成によって若者の雇用可能性を拡大するべく、前年の2014年には、MSDE（技能開発・企業家省または技能開発・起業促進省）が設立され、それまでMOLE（労働雇用省）が管轄していた人材育成の諸計画は同省下に移管されていた。これに伴いNSDPの改訂版も開始された。そしてミッションの目玉的取り組みとして、若者に市場の需要に応じた技術訓練や資格認定を行なうことを謳いPMKVY（首相の技能開発スキーム）が2015年に始まった[9]。2018年末にはNCVTとNSDAの合併が通知され、その後NCVET（国家職業教育訓練審議会）が創設され、2020年の8月から機能し始めている。NCVETは、長期、短期の職業教育訓練に従事している実施体の機能を規定し、こうした実施体の機能の最低基準を確立する権限をもつ［MSDE 2021, p.20］。人材育成は経済成長と雇用拡大を担う重要政策と位置づけられ、関係制度は改変が続いてかなり流動的になっている。

　こうした流れの中、政府、民間企業、NGOなどは連携し、また独自で多様な職業・技能育成の取り組みを行なってきた。次に、職業・技能訓練のスキームや制度いくつかについて詳細を紹介する。その上で事例研究をもとに訓練の効果について考えよう。なお、ここで述べるスキームの内容は主として2021年までのものである[10]。

3．主要な職業・技能訓練

(1) 職工訓練制度

　インドにおける職業訓練の核ともいえるのが、職工訓練制度である。独立直後の1950年に設けられ、その年50のITIがつくられた。しかし、ITIが提供する技術の種類・質・量と産業界の需要や訓練生が求める仕事とのミスマッチ、その背景にある古く旧式化した設備や訓練コースなどの問題が指摘され、十分な成果が上がらない中その改革が模索されてきた。

　例えば2005-06年度予算演説では、500 ITIを世界標準の多能工育成のための「拠点訓練所」に格上げするという計画が発表され、世界銀行の援助資金も投入されて進められた。産業界の積極的関与を促し、官民連携を進める

第 2 章　ディーセント・ワークへの挑戦　53

図表 2-8　職業訓練所数と受入可能人数の変化

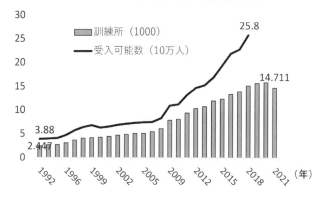

（注）　公・民両職業訓練所に関するデータである。1995 年と 2006 年のデータは欠けている。また、近年は同じ年でも年次報告書間で数値にやや差がみられる。
（出所）　MOLE (2015), MSDE (2019, 2021) より作成。

ことを特徴とする。また 2007-08 年度には、その他公立 ITI の運営に民間活力を導入する計画が発表された。2014 年には産業界との連携を視野に、既存の政府系 ITI をモデル ITI として格上げ・改革する計画が承認され、当初の予定（3 年間）を延長して実施される。DGT（訓練局）のウェブページによると、27 州で 29 の ITI が対象となってきた。

こうした動きを受けて、**図表 2-8** が示すように ITI 数の急増が報告されてきた。とくに増加速度が高まったのは 2008 年頃からである。公営・民営の ITI は、改革前の 1992 年時点から 2008 年には 2.5 倍、受入可能数は 2.1 倍に、さらに 10 年後の 2018 年にはそれぞれ 6.2 倍、6.6 倍にまで増えている。2021 年現在 1 万 4,711 校を数え、民営が増加し 8 割を占めるまでになっていた。

なお訓練生の入学資格は、年齢 14 歳以上、最低学歴は 8 学年の場合もあるが、多くの職種（trade）が SSC（中等教育修了認定）としてきた。留保枠があり SC、ST、OBC、障がい者、女性に対しては、各州・連邦直轄領ごとに定められた割合で入学枠が設けられている。訓練期間は 1 年か 2 年で、MSDE の 2020-21 年の年次報告書によると、NSQF に準拠した 137 職種が訓練対象になっている［MSDE 2021, p.94］。

(2) 徒弟訓練制度

1961年に制定された徒弟法（Apprentices Act 1961）は、既存の産業設備を活用して実践的訓練を与えることを目的とし、徒弟訓練制度は同法のもとで施行されてきた。法改正はそれ以前も行われていたが、制度の活用が依然として進まない中で2014年にふたたび改正され、制度改革が進む。低学歴者も対象になり短期コースも可能で、産業界と連携したOJTによる人材育成制度である［MSDE 2021, pp.99-107］。

訓練は、訓練所等での基礎訓練（外部委託可）と企業現場での実地訓練からなる。期間は職種によって異なるが、基礎訓練が3カ月、全体で6カ月～3年である。訓練生には給付金が支給され、その額は教育レベル、実習経験、取得資格などによって異なる[11]。負担するのは使用者である。14歳以上に参加資格があり、危険分野の職種の場合は18歳以上である。また学歴は10+2学年制度を基準に5学年から12学年の修了者で、これも職種によって異なる。徒弟訓練修了後は関係機関や企業で査定を受ける。契約条件に含まれていないかぎり、使用者による修了後の採用義務や訓練生の就職義務はない。

2019年の規則（Apprenticeship Rules）改正ではより積極的活用が目指された。企業は労働者数4人以上で訓練生受入の資格を有し、労働者数30人以上で受入が義務となること、会計年度に、総人員（契約スタッフを含む）の2.5～15％[12]に相当する訓練生を受け入れること（全体の最低5％は新規とスキル認定の訓練生枠）などが定められた。参加企業を増やすために、2016年8月からNAPS（全国徒弟訓練促進計画）を開始し、使用者への補助金を定めている[13]。

こうした改革・促進策をうけて、登録事業所数や徒弟訓練参加者数は顕著に増加した。2015-16年度から2021-22年度にかけて、登録事業所数は累計5,657から11万9,168に、徒弟訓練参加者数は11万1,000人から23万7,000人（2020年12月まで）に増えたという[14]。技術変化に対応した既存の設備を利用し、現場で需要のある技能を育成できるとすれば、今後の成果が期待されよう。

(3) SDIS（技能開発イニシアティブ・スキーム）

SDIS は、2007 年に当時の MOLE（労働雇用省）下で開始されたスキームである。2010 年の実施マニュアルで、目標は、中途退学者、在職労働者、ITI 修了生などの就業可能性を改善するため、政府、民間、産業界の施設を適切に使い、彼らに職業訓練を提供すること、既得技能のテスト・認定を行うこととされた。また、能力評価基準、カリキュラム、査定基準等に関する能力構築も目的としている。その必要性の背景は大略次のように述べられていた。学校教育では 10 学年に達する前にドロップアウトする者も多い。しかし職業訓練の受入れ枠は限られ、しかも労働者の大多数が非組織部門で働いているにも関わらず殆どの訓練が組織部門向けである。そのためインドでは大多数の労働者が、市場価値のある技術・技能をもたないまま大量に労働市場に参入し、それがまともな仕事を得て、自らの経済状態を改善する上で一つの障害となっている。

そこでスキームの特徴は、MES（就業可能なモジュール式技能：労働市場で収入につながる雇用や自営業を得るのに十分な最低限の技能セット）に基づき、産業界の助言のもと需要主導の短期訓練を提供すること、さまざまなターゲット層の必要に適う柔軟な提供の仕組み（パートタイム、フルタイム、週末、現場）、最低 5 学年修了者を対象とする、また正式ではなく個人的に得た既得技能を査定・認定する、などであった［MOLE 2010］。第 11 次 5 カ年計画（2007 ～ 12 年）の 5 年間に同スキームの下で訓練を受けたか認定テストを受けた者は 136 万 7,000 人に上り、2016-17 年度にも 50 万人が認定されたという (15)。当初 5 年間のプロジェクトとされた同スキームは、第 12 次 5 カ年計画に引き継がれたが、2017 年 3 月一杯で停止された。

(4) PMKVY（首相の技能開発スキーム）

本節の 2. で述べたように、PMKVY はモディ政権下で MSDE の目玉として発表された新スキームで、2015 年に試験的に開始された。その目的は、大量に存在する若者が職業訓練を受け、より良い生活のため就業可能性を向上させることである。担当するのは、官民パートナーシップ・モデルとして 2008 年に設立された非営利の NSDC（国家技能開発会社）である (16)。

2015 ～ 16 年の試行期間が終了すると、第 2 期（2016 ～ 2020 年）スキームが承認された。その主な内容は次のとおりである。①学校・カレッジの中途退学者や失業中の若者を対象に 150 ～ 300 時間の短期訓練の提供、②在職労働者の既得技能の認定、③特殊プロジェクトと称されるプロジェクト・ベースの短期訓練の提供。訓練や資格認定は公費で行われ、利用者は無償でサービスを受けることができる。短期訓練を提供するのは、委託先としてNSDC が認可した民間の各種訓練提供者（パートナー）で、経費は訓練参加者数や訓練時間また成果に応じ、各訓練センターに支給（口座振り込み）される。2021 年 1 月 15 日から第 3 期（2020 ～ 2022 年）が開始された。

訓練者総数（上記①＋③）は試行期間の第 1 期が 180 万人強、就職が報告されたのが 14％、既得技能の認定（上記②）が 12 万人弱であった。第 2 期はそれぞれ 450 万人超、41％、約 450 万人であった。就職率は低いが、就職状況の追跡は義務化されていないと注記されている [MSDE 2021, pp.59-65] (17)。

(5) JSS（人民の教育制度）

JSS は、1967 年に当時の教育文化省によってノンフォーマル教育のスキームの 1 つとして開始され、現在に至っている。当時は SVP（Shramik Vidyapeeth：労働者のための成人教育）と呼ばれ、焦点は工業労働者や都市スラム労働者の職業・一般教育の必要性に応えることであった。2000 年に農村地域にも対象を拡げ名称は JSS に変更された。2018 年に担当省は当時の人的資源開発省から MSDE に変わり、仕組みの再構築が図られている。財源はインド政府で、運営するのはこの制度に申請し認定された NGO など登録任意団体が設立した JSS（センター）である。全国各地の JSS は、それぞれ他の NGO、社会活動家、個人トレーナー等と連携して、圏内各地で職業訓練を実施してきた。現在のスキームの目標は、とくに SC、ST、OBC、マイノリティ、障がい者、女性で、非識字者やネオ識字者（neo-literates：学齢期に教育機会を得られなかったが、その後識字能力を身につけた者）、非熟練や失業中の若者を含む、農村や都市スラムに住む社会的弱者や周辺化された社会集団の所得レベルを補うことだという [MSDE 2021, pp.159-160]。

また JSS のホームページ（2021 年 9 月 14 日）によると全国に合計 293 の

JSS があり、受益者数は年間約 40 万人で、うち 85％が女性である。短期訓練で期間は 45 〜 180 日とさまざまであった[18]。

第3節　職業・技能訓練の成果と課題

　次に職業・技能訓練の実情、就職への有効性、効果のモニタリングや査定の現状を実態調査・事例研究から確認しよう。

1．職業・技能訓練の事例研究

(1)　5つの短期訓練

　The World Bank（2015）はやや古いが、各種訓練制度の問題点をあぶり出した貴重な調査報告書といえる。量的調査と質的調査からなり、大規模でかつ的を射た調査である[19]。SDIS など、短期訓練を実施している5つの技能開発プログラムを取り上げている。プログラム担当省・部署への聞き取り、また訓練実施機関、かつての訓練生、現在の訓練生、比較のための訓練未経験者についてサンプル調査や聞き取り調査を5つの州で実施している。

　具体的には、例えば次のような実態が示された。かつての訓練生の学歴はカレッジ以上が29％、SSC 以上が 80 〜 90％であり、教育レベルは平均より高い。とくに貧困層の若者をターゲットと謳っている3つのプログラムでも、BPL（貧困線以下）カード所有者は現在およびかつての訓練生の3分の1程度で、ただし SC、ST、OBC はどのプログラムでも人口比に近い割合を占めていた。訓練修了後のサポートを全てのプログラムが強調し、サポートのための財政支援が行われている場合もあったが、就職率は27％で、修了から1〜2年後の就職率も 28％で上昇していなかった。そもそも修了後の予定として進学を挙げた者が現在の訓練生の28％に達した、等々である。

　これらの状況を踏まえて本報告書が指摘したのは、訓練生のターゲティングとその実態の乖離、訓練コースの偏り、訓練による就職可能性上昇という目標が実現されていない等の実情であった。また、その背景にある問題として、実施機関の選考基準・方法の不適切さ、とくに労働市場需要に関する関心の欠落、訓練で得られる資格の認定基準・方法の不統一と不十分さ、プロ

グラム全体や実施機関の成果に関するモニタリング・評価の欠如などが指摘され、その上で助言が提示されている。

(2) PMKVY

MSDC（2019）は、PMKVY に関する NSDC の報告書だが、作成したのは調査分析会社とコンサルタント会社である。PMKVY のもとで短期訓練や既得技能の認定を受けた者について、参加理由や成果・利益、受けたサービスの内容等を分析している。サンプルには比較群として、PMKVY には参加していないが社会経済的特徴が近く、前者については中途退学者や失業者、後者については仕事経験の近い者が含まれた[20]。

短期訓練を受けた回答者では OBC が 59％を占め、SC は 18％、学歴は約半数が HSC 以上で、53％が BPL 世帯の者だった。短期訓練を受けて認定を得た者の就職率は 32％、得られなかった者の就職率は 31％だが、比較群では 23％だから、PMKVY 経験者の方が高いという。認定証受け取りを行っていない者がかなりの割合いるとのことだ。また短期訓練参加者の 30％が求職しておらず、他方で求職者の 45％がすでに就業している者であった。既得技能の認定を得た者については、78％が資格認定を得た分野で働いていた。参加者が受けた訓練や得られる資格は明らかでなく、市場の需要との関係は論じられていない。

なお、PMKVY のもとで短期訓練を受けた者の総数およびその就職率については、前節 (4) でも示したが、2016-17 年度は 5 万強で 1％を切り、2017-18 年度は 162 万強で 28％[21]、また 2015 年〜 2021 年 7 月は 659 万人で 35％だった[22]との数値も公表されている。就職率は残念ながら低い。

(3) 若者の職業訓練

Michael & Susan Dell Foundation（2020）の調査目的は、低所得層の若者の仕事に関する願望、職業訓練への意識や選好を確認し、職業訓練市場がいかにしてその願望を満たせるかを探ることだという。そこで 2 つのタイプの現役の職業訓練生と、HSC 以上の一般教育在学生を比較分析している。2 つのタイプの訓練生とは、ITI やポリテクニク（殆どが民間）で長期訓練を

受けている者と、「新時代職業訓練所」（ホスピタリティ、美容、フィットネス業界などで、データ分析や銀行など「上昇志向」型のものも含む。全て民間）で主に1年未満の訓練を受けている者である。

　両者の違いは、例えば希望する仕事は、前者訓練生の場合61％が政府系なのに対し、後者訓練生は63％が評判の高い民間企業であった。また訓練修了後すぐ働く予定の者が、前者訓練生は75％だが、後者訓練生では96％に達していた。参加者の職業訓練、とくに「新時代職業訓練所」の訓練効果への期待の高まりを反映しているという。期待する初任給も、回答者全体の平均世帯所得が2万5,000ルピーであったのに対し、平均2万1,000ルピーと高かった。ただし回答者が在学中のため、就職に関する実際の成果は明らかではない。また回答者の90％がキャリア・カウンセリングを受けたことがない点や、英語能力の不足と就職面接へのその負の影響なども指摘されている。

　なお、回答者は低所得世帯（ここでは世帯所得が月4万ルピー未満）の者ということだが、大多数が英語使用の私立学校で教育を受け、英語での授業理解に困難を感じていないと述べられている点から、低所得層の若者の例として一般化するのは留保すべきかもしれない[23]。

(4)　JSSによる訓練の事例

　最後に、筆者が訪ねたJSSの1つと、そのJSSから支援を受けた訓練所の事例を紹介する。訪問時期はいずれも2017年である。

　当該JSS（センター）によると、プログラムの実施手順は次のとおりであった。計画書の受理→計画提出者（コーディネーター、教師、NGO等）との会合→実施予定地域訪問→実施予定地域における需要の確認→申請書の承認→シラバスその他条件を満たした上でのプログラム開始→JSSによる現場視察→プログラム修了後、JSSによる修了認定証交付。訓練提供対象としているのは、識字だが学校教育が7学年までの者である[24]。男性は訓練を受けるよりも働くことを優先する傾向があるため、殆どが女性対象の訓練だと説明された。

　2015-16年度に同JSSの支援先で訓練を受けたのは1,335人で、1名を除

き女性だった。また、BPL の者は訓練生の 20％程度で、多くがこの基準で
は貧困世帯の者ではなかった。ただし教育レベルは全般的に低く、非識字の
者は 4.8％だが、ネオ識字者が 61.3％、5 学年までが 16.7％であった。訓練
の種類は、美容関係、衣類縫製、手刺繍、ベーカリーなどである。

　次に、同年度の JSS 支援対象団体リストにあった訓練所の事例を紹介す
る。設立者兼インストラクター自身、かつて別の NGO が運営する職業訓練
所で美容師の訓練を受け認定証を得た。その後自宅（借家）で美容室兼教室
を開くことにし、JSS に支援の相談をした。JSS の支援基準が、生徒の教
育歴は 7 学年以下、数は最低 20 名であったため、生徒集めに非常に苦労し
たという。1 カ月間、毎日のように家々を一軒ずつ訪ねて希望者を募ったが、
教育レベルの条件を満たすのが難しかった。そこで JSS に相談し、その結
果学歴 9 学年や 10 学年（ただし SSC 不合格）の者も対象者と認められ、よ
うやく基準人数を満たすことができたという。JSS から材料費とインスト
ラクターへの手当が日当たりで支給されたが、初期投資の負担は大きく当初
は赤字だった。しかし最終的には、JSS の支援を得た約 6 カ月間で 2 クラ
ス運営し、生徒は計 47 人（15 〜 50 歳）に上った。訓練修了後生徒には JSS
の修了認定証が与えられ、訪問時点で少なくとも 2 人が美容室を開業、また
依頼があれば自宅でサービスを提供している者もいるとのことだった。

　支援対象基準を満たす生徒数確保の難しさ、また支援継続には実績が必要
だが、訓練修了後、生徒と連絡がつきにくくなることによる就職率把握の困
難は、JSS 支援のこの訓練所に限らず、筆者が訪ねた他の複数の NGO 運営
訓練所でも聞かれた。先述の各種調査でも見られたターゲットと実態のズレ
の背景には、こうした事情も大いに影響していよう。

2．職業・技能訓練のむずかしさ

　政府、民間、個人等さまざまなレベルで多様な職業・技能訓練の取り組み
や改革が展開されてきた。しかし、その受益者の正確な規模の把握や、受益
者と呼ぶに値する訓練の質や就業面での成果のモニタリングは、制度改革の
波に押されて構造が複雑化する中、動きに十分追いついていないとの印象が
ある。

とりわけ気になるのが、需要主導の技能開発を謳ってきたにもかかわらず、成果の評価として需要との関係が見えにくいことである。例えば、職業・技術訓練生の就職率の低さが各種訓練制度について指摘されてきた。しかし、実態は恐らく経済的・時間的に比較的余裕がある訓練生を例に、特定訓練への集中や就業意欲の低さなど、原因が参加者に求められることはあっても、産業側また自営業者にとっての技術需要と、訓練提供者が行っている技術供給との不一致という点から原因が明らかにされてきたとは言えない。訓練機会を増やすことの目的化、就業に繋がる知識や技能より訓練生獲得・確保のためのクラス運営の重視、人数を集めることを補助条件とせざるをえないプログラムの仕組み、などの事情が影響している可能性も考えられよう。

また、低教育レベルや低所得の者など、計画で受益者として想定されている人びとが、望んでも実際は職業訓練機会へのアクセスを欠いている可能性もうかがわれた。すでに働いているこうした人材の知識・技術向上の機会を増やすため、フレキシブルな参加形態や短期の訓練機会を増やす試みが続けられてきた。それにも関わらず十分効果を上げていないとすれば、背後には、ここでも需要の把握の不適切さ、需要に合わせてプログラム・人・設備等を柔軟に変更することの難しさ、修了資格が市場で適正に評価されないなど参加者が受益を期待できない構造、といった問題があるだろう。

第4節　包摂のための労働法・スキーム

インフォーマル・セクターや非正規等の労働者の脆弱性を緩和し、よりまともな仕事に近づけるための取り組みとして、最後に彼らの雇用・労働に関わる法・制度、スキームのうち、重要と思われるものをいくつか紹介しておきたい。以下、(1) 最低賃金法、(2) 請負労働法、(3) マイクロファイナンス、(4) 雇用創出スキームの順で述べる。なお、労働法改革は1990年代の経済改革以降、さまざまな動きがあった[25]。中央政府レベルでは殆ど実現してこなかった中、ついに2019年、労働法は4つの法（Code）にまとめられる[26]。だが、まだ施行されていない（2023年末時点）こともあり、ここではそれ以前の法に基づいて述べ、必要に応じて改変後の状況をつけ加えている。

1. 最低賃金法の役割

　低賃金が労働者・家族の生活を圧迫するだけでなく、彼らの財・サービス需要ひいては国内需要の伸びを制約していることは第1章で触れた。インドの最低賃金法（Minimum Wages Act, 1948）の制定は独立前の早くから議論が始まり、独立後すぐに法制化された。その目的は、「極めて低い苦汗賃金の支給による労働者搾取の機会を防ぐ」ことであり、中央政府と州政府が設定の必要な雇用分野（employment）を指定し、熟練レベルごとに最低賃金率をそれぞれ決定・改定してきた。保障の資格を有してきたのは、法が定める雇用分野すべての従業員であり、原材料を提供され事業所外部で働く者も含まれる。

　図表2-9には、2019年12月末時点の、各州／連邦直轄領、中央それぞれの、未熟練労働者の1日当たり法定最低賃金の最低額と最高額を示している。法定最賃が定められていた雇用分野の数は、図のカッコ内に示したように州などの間でかなり異なり、額の差は大きい。最賃額がどの雇用分野も同じという州も多い一方、同一州内でも分野により大きな違いがある州もある。この時点でもっとも高かったのが789ルピー（ケーララ）で、逆に低い場合は55ルピー（プドゥチェーリ）、67.04ルピー（トリプラ）、69.27ルピー（アーンドラ・プラデーシュやテランガナ）というレベルであった。あくまで法制度上の最低額とはいえ、差が大きいだけでなく見直しは不十分といわれ、加えて遵守の実態(27)も見えにくい。

　こうした状況のもと、最低賃金の格差縮小などを目指し、1996年から、全ての従業員に最低限適用されるべき底辺となる全国底辺最低賃金（NFLMW：National Floor Level Minimum Wage）が、法的拘束力は持たないものの中央政府により設定されてきた[Mole 2023, p.15]。そして労働法改正を経た「2019年賃金法」では、この底辺賃金（Floor Wage）が法的拘束力を持ち、どの地域の最低賃金もこの水準を下回ってはならないとなった。その額は2019年に176ルピーから178ルピーになり、その妥当性を巡り議論は紛糾してきた。事業主側の抵抗、引き上げが雇用削減に繋がる可能性は無視できないとはいえ、過酷な労働の対価として、また家計の維持・発展や消費による経済成長への貢献という意味で、合理性をもつのか否かが問われよう。

第 2 章　ディーセント・ワークへの挑戦　63

図表 2-9　未熟練労働者の 1 日当たり最低賃金：最低額と最高額
2019 年 12 月 31 日現在

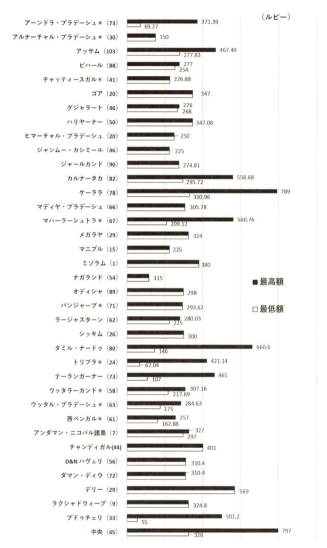

(注)　括弧内は法定最低賃金が定められている雇用分野の数。金額が 1 つのみ示されているのは、最低額と最高額が同じ場合である。また＊が付されている州／連邦直轄領は、年次報告がなかったため、2018 年末のデータとのことである

(出所)　Labour Bureau (2023), Table 4 より作成。

なお、**図表 2-9** に示した最賃率は、その後も州ごとに見直され、また細かな雇用分野の指定がなくなってシンプル化している点に注意が必要である [28]。

2．請負労働法と労働市場のフレキシビリティ

一般的に雇用が不安定で労働条件の厳しい「請負労働者」に関わる法である。組織部門製造業でも非正規の請負労働者の割合が拡大していることは第1章で指摘した。請負労働者とは請負人によって調達され、企業や現場などに供給される間接雇用の労働者である。古くは独立前から、ジョッバー、サルダール等と呼ばれた現場監督兼調達役が遠隔地などから調達し、鉱山、プランテーション、工場などに臨時や日雇い労働者として供給していた。やがてこうした伝統的方法は衰退し、請負人による調達・供給が一般的になる [29]。

そして請負労働者が置かれた厳しい労働環境・条件を見据え、状況を変えるべく、当初は廃止も視野に制定されたのが「1970 年請負労働（規制・廃止）法」であった。その労働条件や保障を直接雇用の労働者と同等になるよう規制することを目的とし、恒常的性質の仕事などでの利用の禁止も定められた。ただしその適用対象に関する規定から、対象となる派遣先企業や請負人（派遣業者）は限られている。つまり、対象は請負労働者を 20 人以上使っているか先立つ 12 カ月間に使っていた事業所と派遣元の請負人で、それぞれ認可証や免許状の取得を義務とする（2018 年からオンライン登録も可能）。そして同法の下で労働環境・条件が保障されるのは、登録請負人によって当該事業所内やその関係作業で雇われる労働者である。

現在、請負労働者の実態は変化・多様化し、建設、鉱業、製造、サービス業あらゆる産業に、またブルーカラーだけでなくホワイトカラーを含むさまざまな職に存在する。例えば遡ると筆者の 1991 年工場労働者調査でも、多くの労働者が請負労働者として雇われていた。回答者の中には、その頃でも職務名をジョッパーと回答し、請負労働者の調達および現場で労働・監督業務を担っているという者もいた。2010 年に調査した日雇労働者の「寄せ場」では、請負人が日々その日必要な建設作業員などを確保しにやってくる。さ

らに日系企業でも、ブルーカラー労働者を派遣会社を通し調達している例は多かった［木曽、2016c］。また近年は携帯電話でその日の仕事を斡旋することもあり、本書最後で述べるスラム労働者にもそうした働き方が見られるなど、実態は極めて多様である。ただ同法適用外となる請負労働者も多く、また適用でも現場間で法遵守に大きな差があるのが現状だろう。

　なお労働法改革により、企業等の請負労働者の利用はより容易になると見込まれている[30]。そうなると労働市場の流動化はさらに進むだろうが、同時に、同法の遵守はいうまでもなく、適用外となる請負労働者の雇用・労働条件の改善・保障が一層強く求められる。

3. 零細事業者とマイクロファイナンス

　最低賃金法は雇用者に対する賃金保障であり、請負労働法の対象もまた雇用者だが、インフォーマル・セクター労働者には行商人や露天商、職人、運送業者など多くの自営業者が含まれている。わずかな必要資金を欠く者は多く、彼らが仕事を始め、維持・発展させる上で欠かせないのが資金の確保である。しかし、担保がない、必要書類が用意できない、借入金が少額すぎる、また住所が不確定といった要因が、彼らの制度金融へのアクセスを制約し、そのため融資を受けるのを諦めたり、知人・親戚、また高利貸などからの借金に頼る者も多い。そこで、そうした零細事業者が利用できる MF（小口融資）の制度がその仕事と収入安定・発展のために求められてきた。

　例えば、女性零細自営業者の労働組合として 1972 年にアフマダーバードで設立された SEWA（自営女性協会）は、1974 年に女性への貯蓄・融資事業を始めたマイクロファイナンスの先駆者としてよく知られていよう。1991年には、NABARD（全国農業農村開発銀行）の支援を受けて、銀行と自助グループが連携した SBLP（SHG- 銀行連携プログラム）が開始され、貧困層とくに女性を対象に発展してきた。また 90 年代末には独立の民間事業者MFIs（マイクロファイナンス機関）による自助グループ対象の小口融資が始まり、その後急増・発展する［Singh 2019; Statish 2018］。一方で、高金利、返済難などで借り手が窮地に追い込まれる事態が指摘され、議論が起こってきた[31]。中央政府の現在の計画としては、農村・都市両方を対象とした

PMEGP（首相の雇用創出プログラム）が挙げられる。以前あった2つの計画を統合して2008年に誕生した。クレジット提供を柱に非農業部門における自営業の創出を目的としている。さらに2015年4月にはPMMY（Pradhan Mantri Mudra Yojana：首相の資金計画）が始まった。銀行、ノンバンク金融機関、MFIsなどが非企業・非農業の小規模・零細事業者に対して、低くて5万ルピーまで、それを超えて50万ルピーまで、さらに100万ルピーまでの3カテゴリーで無担保融資を行う。2023年3月24日までのローンの83％が5万ルピーまでのカテゴリーで、承認されたローンの69％が女性、51％がSC/ST/OBC対象だったという[32]。またコロナ禍さ中の2020年6月には、露天商を対象に低利の運転資金ローンを提供するPM SVANidhi（首相の露天商自立基金）もMHUA（住宅・都市問題省）により始められた（本書「補」注7参照）。2022-23年度の『経済白書』（*Economic Survey*）によると、対象は2014年露天商法[33]の下、規則・スキームを届け出た州・連邦直轄領で営業する露天商で、2023年1月12日までに457万超の申請が認められ、そのうち394万超に支払いが行われたという［GoI 2023, p.199］。いずれも融資残高、顧客や自助グループ数は伸びてきた。

4．雇用機会の提供・創出スキーム[34]

　最後に述べるのは、社会政策としての雇用機会の提供についてである。SJSRY（独立50周年記念都市雇用計画）は、都市での自営業支援と賃金雇用機会提供の2計画から成り、1997年に設立された。そして2013年にはNULM（全国都市生活ミッション）に取って代わる。MHUAの管轄で、都市貧困対策として、雇用につながる技能訓練機会の提供や自営業支援のための融資へのアクセス保障に加え、ホームレスへのシェルター提供なども含まれている。同ミッションは2016年にDAY-NULMとして再編・改名された。また農村でも同様に、以前からあった農村自営業支援プログラムが再編されて、2011年にNRLM（別名アージービカ、「暮らし」の意）が誕生。管轄はMRD（農村開発省）で、農村貧困層とくに女性を対象に、自営業や熟練賃金雇用につながり得る有効なプラットフォームの設立を目的としてきた。

　こうして都市の雇用対策は、前述のマイクロクレジットによる自営業支援、

あるいは技能訓練が中心となってきたが、農村では賃金雇用の機会を公的に創出・提供する MGNREGS（マハートマー・ガンディー全国農村雇用保障計画）が直接的な雇用対策として大きな役割を果たしてきた。同計画は 2006 年に開始され、登録世帯は年間 100 日の未熟練賃金雇用を世帯単位で保障される。仕事は土木作業等であり、雇用保障とともに農村のインフラ整備も目的と謳ってきた。雇用が提供できないときは、失業給付を保障するとも定めている。問題点も指摘されているが、登録者は増え続け、SC や ST など後進諸階級や低所得層の人びとにもその利益はかなり届いているとも言われている。2022-23 年度の『経済白書』によると、例えば同年度は 36 億 3300 万人日、1 世帯あたりで約 50 人日の仕事が提供され、女性の参加率が約 55% だった［GoI 2023, p.205］。MGNREGS は、農村の人びとの収入機会を増やすことで都市への労働移動抑制にもつながり、ひいては都市日雇い労働者の賃金にも影響しよう。

結びにかえて

「雇用なき成長」といわれ、組織部門雇用が伸び悩む中、まともな仕事を生み出すというよりも、今ある仕事を「よりまともな」仕事に発展させるのに何が求められているのかを、ここでは考察した。その背景には、そもそもインフォーマル・セクターやインフォーマル労働者の仕事に、何故、賃金や収入面でまともな評価が伴わないのかという問題がある。この問題に対しインドでも、宗教や社会集団による多様性、教育や経済格差、ジェンダー格差など複雑な社会経済構造を前提に、さまざまな努力が政府・民間両者によって行われてきた。本章ではその努力の一端として、まず人材育成の根本となる学校教育の進展について述べ、次に、就業可能性の上昇、労働生産性の上昇ひいては労働力の価値評価の上昇等につながる技能開発の取り組み、およびその実態と困難について事例も含め紹介した。さらに、不当な労働対価を回避するための最低賃金法、劣悪な雇用・労働条件の隠れ蓑となりがちな請負労働者の待遇保障に関わる労働法、零細事業の維持・発展を制約する資金問題への対策としてのマイクロファイナンス、また併せて、インフォーマル・

セクターやインフォーマル雇用ではあるが、新たな就業機会の創出プログラムにも触れた。こうした挑戦の重要性と、それらが一定の成果を上げてきたことは見てきたとおりである。とはいえ、生産年齢人口が増え続ける中、労働力の技術・技能向上は、それを活用できる需要構造の変化を伴ってこそ、労働条件の底上げや成長への貢献につながることは言うまでもない。

注

(1) 教育制度・政策・法の変化と変革、その背景については、牛尾（2012）や押川（2016）が参考になる。

(2) 押川（2016）では、カレッジ増に伴うカレッジ間の質的格差等、問題点が指摘されている。

(3) 格差の原因に関する研究として、例えば伊藤（2016）がある。ビハール州農村の家計調査データを用い、教育の階層間格差の原因が分析されている。

(4) ASER は NGO 団体で、大学やその他の NGO など多数の組織の協力を得て大規模な実態調査を行ってきた。1 万 9,060 の村の 69 万 9,597 人の児童（3 ～ 16 歳）対象にしたサンプル調査である。また木曽（2016b）では、ASER による 2014 年調査の結果をまとめている。

(5) Ministry of Education (2022b), pp.126-138. ただしアプリ（UDISE ＋）を使い、データは学校より任意で提供されたものであり、その精度を保障するものではないと報告書冒頭に断りがある点に、注意が必要。

(6) 訓練を得る方法はフォーマル（正式）、ノンフォーマル、インフォーマルに 3 分類されている。ノンフォーマル訓練とは正式訓練に代替または追加されるもので、構造化されてはいるがより流動的で、コミュニティーベース、また NGO などによって提供される訓練である。インフォーマル訓練とは、日常生活や家族内、職場等で個人の関心・活動を通して行われる訓練である。

(7) Labour Bureau (2021). またインド日系企業における積極的な人材育成の事例については、調査時期は 2014 年と古いが、木曽（2016c）が参考になろう。

(8) Planning Commission (2008), p.76.

(9) PMKVY は、2015 ～ 22 年にアプローチや戦略を変えながら 3 ヴァージョンが実施され、現在は第 4 ヴァージョン（2022 ～ 26 年）が実施されている。

(10) 次に述べる ITI の具体事例や、制度的訓練と NGO 等によるインフォーマル訓練の実態・問題点については、情報の時期は少し遡るが、木曽（2016b）も参照にされたい。

(11) 例えば 2019 年 9 月改訂後の支給額は、最低 1 カ月 5,000 ～ 9,000 ルピー（2 年目 10%、3 年目 15% 上昇）。

(12) *The Apprenticeship (Amendment) Rules, 2019.*（MSDE Notification, 25 Sep. 2019）

第 2 章　ディーセント・ワークへの挑戦　　69

(13) この計画により、①給付金の補助（25％、最大月 1500 ルピー）、②基礎訓練のコスト補助（最大 500 時間 7,500 ルピー）が定められた。MSDE（2021），p.104.

(14) MSDE（2021），p.106.'NAPS Guidelines' によると、23 万人のうち 3 万 6,000 人が中央政府・公企業での受入れ、残り 19 万 4,000 人が州政府・公企業および民間による受入れだった。もし公企業が最低 2.5％の義務を果たし、また 6 人以上を雇用する推計 200 万超の中小零細企業が最低 1 人でも受け入れるならば、その数はそれぞれ 12 万 5,000、200 万になるはずとの試算もあり、潜在力は大きいという。

(15) MSDE（2017），p.62. 開始から 2012 年 12 月までに 148 万強との数値もある。MOLE（2013），p.214.

(16) PMKVY のホームページ。https://www.pmkvyofficial.org (2021 年 9 月 6 日).

(17) MSDE（2021），pp.59-65. 実績は Table-21 より。

(18) JSS のホームページ。https://www.jss.gov.in (2021 年 9 月 14 日). JSS 数は随時変化。

(19) サンプル数は次のとおりである。訓練提供者・訓練所（多くが民間）400、かつての訓練生 2,620 人、現在の訓練生 1,995 人、非訓練生 2,017 人、地元の関係雇用者 669 人。

(20) 調査時期は 2018 年 12 月〜 19 年 1 月で、サンプル数は、PMKVY の短期訓練経験者 3,225 人、既得技能認定者 870 人で、各比較群が 1,779 人と 847 人である。

(21) "PMKVY Fails to Achieve Its Target," *Deccan Chronicle*, 01 Jul.2019.

(22) *The Times of India*, 23 Aug 2021. 背景に、訓練所による生徒数充足優先の傾向、訓練生の間違ったコース選び、事前カウンセリングの欠如があり、またカリキュラムは就職に繋がるよう産業側の需要に沿ってデザインされるべきとの指摘も同記事では紹介されている。

(23) 一例だが、次章で述べるように、筆者による 2017/18 年の都市インフォーマル・セクター労働者追跡調査では、世帯所得（世帯員全員の所得で、内職、年金、副収入も含む）が月 2 万ルピー以上は 45 世帯の 4 分の 1 であった。木曽（2019）。

(24) グジャラート州の学校教育制度は、初等教育が 1 〜 7 学年で、中等（8 〜 10 学年）、後期中等（11 〜 12 学年）。

(25) 木曽（2003）第 7 章、木曽（2012）第 6 章でも述べている。

(26) インドの労働法は多岐にわたり、かつ連邦法と州法が存在し複雑である。そうした事情を踏まえて、モディ政権下で 29 の連邦労働法を 4 つの法（Code）にまとめるという作業が進められた。抗議のストライキが全国規模で展開し（労働政策研究・研修機構ホームページ 2020 年 3 月）、成長優先で資本家寄りの労働改革との批判もある。Jose（2022）。

(27) 最低賃金に関する報告書の提出率や監査数は MOLE（2023），p.18 参照。また Jayaram(2019)は、*Eonomic Survey 2018-19* を情報源とし、賃金労働者 3 人に 1 人（その多くが日雇い雇用者）が最賃を守られていないという（p.2）。

(28) Jayaram（2019），p.4. 例えば次節で扱うグジャラート州の全自治体における 2024 年 4 〜 9 月の最低賃金は、未熟練労働者が 487 ルピー、半熟練労働者が 497 ルピー、熟練労働者が 509 ルピーとなっている。https://legalitysimplified.com（2024 年 8 月

15 日)。

(29) 「請負労働（規制・廃止）法」制定までの経緯は、木曽（1992）に詳しい。

(30) 適用対象となる事業所や請負人・業者の規模が、使用請負労働者数 20 人以上から50 人以上に変更されるなど [Garg, 2021, p.204]。かつては請負労働者利用の「廃止」が視野に入れられ、法律名称に反映されていたが、今回は逆に請負労働者の利用がより容易になる改正案といえよう。ジェトロ・ニューデリー事務所（2021）も参照のこと。同ペーパーでは契約労働者との表現が使用されている。

(31) MFIs の構造、可能性や限界については、バナジー＆デュフロ（2012）第 7 章が参考になる。また AP 州では、深刻な事態を受け 2010 年に MFIs 規制（金利や返済サイクルの規制など）が出されたが、これが貧困層から MF 利用の機会を奪い、結果的に社会的弱者を高利貸依存に戻しているとの声も多い。例えば Statish（2018）参照。

(32) "More than 40.82 crore loans amounting to ₹23.2 lakh crore sanctioned under Pradhan Mantri MUDRA Yojana since inception" Ministry of Finance のホームページ（2023 年 9 月 3 日）。

(33) 同法は、露天商には営業場所を求める権利があり、適切なライセンス発給の手立てを州政府がとることを定めている。

(34) ここで述べた各雇用スキームについては、木曽（2016a）、pp.70-72 も参照のこと。また MGNREGS の詳細や議論は、湊（2021）に詳しい。

第3章

インフォーマル・セクター労働者のモビリティ

―グジャラート州アフマダーバードの事例

序

　第1章で述べたように、2000年代のインド経済は、COVID-19禍の影響に晒された時期を除き、基本的に好調な成長を続けてきた。貧困率も大幅な低下が報告された。しかし雇用面に注目すると、主要な労働・社会保障法にカバーされ、労働条件等に比較的恵まれた組織部門の雇用、また「まともな仕事（decent work）」の機会は、質量ともに労働力供給の変化に追いつかず、その意味で「雇用なき成長」は、今もインド経済成長の1つの特徴を表している。そしてこの伸び悩みを反映し、一方で拡大してきたのが「非組織部門」雇用であった。

　ただしここで改めて述べておきたいのは、非組織部門雇用は元来、公企業および雇用規模一定以上の民間事業所など統計的に把握できる組織部門以外の就業者と捉えられてきたため、総就業者から組織部門雇用を除いた差として把握される中には、実態はまともな雇用・労働を含めて幅広い労働者が含まれることである。高度専門職であっても自営業者ゆえに、優良企業でも小規模・零細ゆえにその従業員が、また正規雇用のみをその規模に含めるとき、大企業の非正規社員も非組織部門雇用にカウントされ得る。組織部門が農業を除くため、農業就業者が非組織部門雇用の多くを占めていることは既述のとおりである。そのため農業以外の非組織部門やインフォーマル・セクターといった表現にもよく出会う。

　本章では都市の非組織部門＝インフォーマル・セクター労働者に焦点を絞るが、その中でもスラム居住という点では多くがその底辺のほうに位置

する、まさにまともな仕事から遠い「働く貧困層」と呼べる労働者である。2010/11年に筆者が行った労働者・世帯調査は、その都市インフォーマル・セクター労働者の実態、世代内・世代間の社会・経済的モビリティを探ろうとしたものであった。そして約7年後の2017/18年に、同一回答者からさらにサンプルを選び追跡調査を実施した。インド経済の急速な変化の波が、「普通の人びと」、とくに都市スラムに暮らすインフォーマル・セクター労働者・世帯にどのように及んでいるのかを把握し、その実態から変化の要因を探りたいと考えたからである。

　敢えていえば、追跡調査まで7年という期間は、変化とくに世代間変化を知るには短かすぎるかもしれない。しかし先んじて述べると、月収や世帯所得の上昇、生活インフラをはじめ生活環境の改善が一定程度みられるなど、7年間でもさまざまな変化が確認できた。また都市開発や都市住宅政策も背景に回答者の移転や離散の事実にも直面した。こうして調査地での変化に期待し、実際に空間的移動を含めて彼らの生活が流動的なほど、長期の経過は追跡を困難にする。その意味で7年は、変化を十分実感できる期間だったともいえる。そして同時に不変の根深さを知ることにもなった。

　本章の構成は次のようになる。第1節では、調査地アフマダーバードと、同市が位置するグジャラート州の経済と雇用の概要を述べる。第2節で、フィールド調査の方法、および2010/11年調査の結果を要約する。第3節では、2017/18年追跡調査から、スラムに住むインフォーマル・セクター労働者・世帯に生じた変化の傾向と背景を整理し、若干の考察を加えたい。また、コロナ禍の影響およびさらに約7年後の変化については、うち数名についてだが本書末の補論で事例として紹介している。

第1節　調査地経済の発展と労働市場

1．グジャラート州

　フィールド調査を行ったアフマダーバードは、インド有数の先進州グジャラートにある。同州のGSDP（州内総生産）の実質成長率は、1994-95〜2004-05年度が6.45％、2004-05〜2011-12年度が10.08％で、2011-12〜

2017-18 年度にも 9.9％の高成長を維持していた [1]。1 人あたり NSDP（州内純生産、名目価格）は 2011-12 年度の 8 万 7,481 ルピーから、2017-18 年度は 17 万 6,961 ルピー、2019-20 年度 21 万 2,428 ルピーとなり、2011-12 年度からの 8 年間だけで、実質（2011-12 年度価格）で 88％上昇していた [Govt. of Gujarat 2018, 2023] [2]。そうした中、その発展が包摂的であったか否かを巡り、貧困率や人間開発指数等に表れる開発の成果、社会部門に関する政策や予算配分などを焦点に、マクロデータからさまざまな議論が行われてきた [Hirway, Shah and Shah 2014; Kannan 2015; Baxi 2019]。成長が雇用面で効果を上げてこなかったとの指摘もその一側面である。まずグジャラート州の労働市場の変化をまとめておこう。

　人口センサスによると、グジャラート州の労働者数は 1,662 万人（1991 年）、2,126 万人（2001 年）、2,477 万人（2011 年）と変化し、20 年間で約 50％増えていた [Govt.of Gujarat 2017, p.41]。しかし、いわゆる組織部門の雇用伸び悩みは同州でも深刻であった。その雇用増加率は、1980 年代の 2.1％ から 90 年代には年 0.5％弱まで下がる。2000 ～ 2011 年には約 2％まで上がったが、2011 年時点の就業者数はなお 210 万人で、グジャラート州労働者総数に占める組織部門就業者の割合は 8.5％にすぎなかったことになる。ただし、ここでの定義から、組織部門雇用の規模は相対的に絞られている [3]。また、NSS（全国標本調査）データでは、インフォーマル・セクターを法人格のないすべての個人経営・共同経営の企業と定義しているが、Unni and Naik (2014) によると、2000 ～ 2010 年に、インフォーマル・セクター雇用は年 4％で増え、それに対してフォーマル・セクター雇用の増加率は 0.3％に過ぎなかったという。非農業部門および作物栽培以外の農業部門におけるフォーマル・セクター、インフォーマル・セクター就業者の割合は 2009 ～ 10 年時点でそれぞれ 17.2％、82.8％と推定された [Unni and Naik 2014, pp.282-283]。

　ところでグジャラート州は、1960 年に旧ボンベイ州から分離し成立して以来、州政府は工業開発を優先的に進め、1991 年の経済改革開始後はさらにさまざまなインセンティブ・スキームを含む積極的な工業奨励策を採ってきたことで知られている [4]。インド製造業躍進の原動力との期待は今も大きく、グジャラート州の製造業の対 GSVA（州内粗付加価値）比は 2010-

図表 3-1　グジャラート州の産業別就業構造

(％)

		農林漁業	鉱業・採石業	製造業	電気・ガス・水道業	建設業	卸売・小売宿泊・飲食業	運輸・倉庫・通信業	その他各種サービス業
2011-12年	グジャラート州	48.8	0.5	19.7	1.4	4.8	11.9	4.2	8.7
	全国	48.9	0.5	12.6	0.5	10.6	11.0	4.8	11.1
2017-18年	グジャラート州	42.4	0.4	20.0	0.8	6.2	12.2	6.9	11.1
	全国	44.1	0.4	12.1	0.6	11.7	12.0	5.9	13.2

(出所) NSSO (2014), p.173, NSO (2016b), p.A171 より作成。

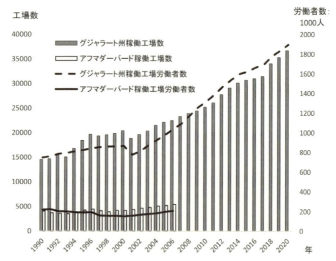

図表 3-2　稼働工場数と労働者数の変化

(出所) Ahmedabad Municipal Corporation (2008), Table 10.1, Govt. of Gujarat (2017), Table 19.1, Govt of Gujarat (2023), p.S-51 より作成。

11年度が28.4％、2017-18年度35.3％、2019-20年度は36.0％である［Govt. of Gujarat 2023, pp.ix, 7］。こうして図表 3-1 からも確認できるように、同州の製造業部門就業者の割合は、GSVA比に比べて劣るとはいえ相対的に高い。2010-11年には全国の12.6％に対しグジャラート州は19.7％、2017-18年には12.1％に対し20％を占めていた。逆に農林漁業や建設業などの就業者の割合は全国よりも低かった。

　ただし、製造業の中でも成長の要といえる組織部門、つまり工場部門の雇用は、必ずしも順調に増え続けてきたわけではない。インドでは1990年代

に入り労働改革の動き、労組の抵抗、その中で工場閉鎖・希望退職を含むリストラの激しい動きが見られたが、グジャラート州も例外ではなかった。**図表3-2**には、工場法登録工場の稼働工場数とその労働者数の変化を示したが、いずれも2000年代初頭まで伸び悩んだこと、また減少した年すらあったことがわかる。そして工場での深刻な雇用伸び悩みがつづいた90年代を経て、その後工場数、労働者数ともに2001年に底を打ち、それ以降は急速に伸び続けてきたことがわかる。2000～2018年の18年間で雇用者数は倍を超え、その後2019年、20年は増加を続けている。同州は2019-20年度時点もインドの工業生産高の18.14％を占め、最大の工業州と位置づけられている［Govt. of Gujarat 2023, p.ix］。とはいえ、粗産出高や固定資本額の大きな伸びに比べると、やはり雇用の伸びは不十分であり、工場部門における資本集約化の進展と、まさに「雇用なき成長」を示す状況が指摘されてきた［Rao 2015 p.117］。また雇用の質も変化してきた。*ASI*（工業年次調査）によると、少なくとも比較的規模の大きい工場では、請負労働者の割合が1992-93年の16.4％から2001-02年に31％、2010-11年に36.1％、2021-22年には37.4％になり、明らかに雇用の非正規化が進んでいる。第1章で示した全国の同数値は、各年11.2％、21.5％、33.9％、40.2％であったから、グジャラート州では雇用の非正規化が先んじて進んでいたと言ってよいだろう(5)。

さらに**図表3-3**から、1999-2000年以降の同州労働者の従業上の地位の変化も見ておこう。都市でも農村でも、また男女ともに、若干の揺らぎはある

図表3-3　グジャラート州の農村・都市別、男女別「従業上の地位」の変化

(%)

	男性				女性			
	グジャラート州			全国	グジャラート州			全国
年	1999-2000	2011-12	2017-18	2017-18	1999-2000	2011-12	2017-18	2017-18
農村								
自営業者	50.9	56.6	62.6	57.8	59.1	58.6	64.7	57.7
常用雇用者	9.6	12.5	16.3	14.0	1.6	5.0	9.4	10.5
日雇い雇用者	39.5	31.1	21.1	28.1	39.3	36.7	26.0	31.8
都市								
自営業者	40.8	40.3	43.1	39.2	41.9	48.1	35.8	34.7
常用雇用者	35.9	51.9	49.6	45.7	26.4	36.8	49.7	52.1
日雇い雇用者	23.3	7.8	7.2	15.1	31.7	15.0	14.6	13.1

（出所）NSSO (2001a),pp.106-111, NSSO (2014), pp.159-164, NSO (2019b), pp.A76-A79 より作成。

図表 3-4　グジャラート州および全国の従業上の地位別平均賃金・収入額　2017 年 7 ～ 9 月

（ルピー）

		農村			都市			全国		
		男性	女性	計	男性	女性	計	男性	女性	計
常用雇用者 （月）	グジャラート州	9,799	8,666	9,551	14,243	9,810	13,545	13,805	9,649	13,124
	全国	12,659	8,777	11,878	17,314	13,895	16,538	16,602	13,209	15,845
日雇い雇用者 （日）	グジャラート州	184	164	177	258	155	241	208	163	194
	全国	253	166	232	314	192	294	265	169	243
自営業者 （月）	グジャラート州	9,613	4,226	8,942	17,462	5,154	15,866	14,973	4,869	13,679
	全国	8,493	4,342	8,111	15,935	7,488	14,824	12,594	6,380	11,885

（注）　小数点以下は四捨五入。常用雇用者は 1 カ月あたり平均賃金・俸給、日雇い雇用者（公共事業以外）は日給、自営業者は直近 30 日間の平均粗収入である。なお、調査日に先立つ 1 週間について就業者と見なされた者を対象としたデータ。
（出所）　NSO (2019b), pp.A262, A266, A274 より作成。

図表 3-5　グジャラート州の 15 歳以上人口の教育レベル　2017-18 年

（%）

	農村			都市			州全体		
	男性	女性	計	男性	女性	計	男性	女性	計
非識字	14.7	38.7	26.2	4.7	18.1	11.3	10.6	30.1	20.0
識字＋前期初等	22.6	23.4	23.0	15.3	18.0	16.6	19.6	21.2	20.4
後期初等	25.1	17.2	21.3	24.4	21.6	23.0	24.8	19.1	22.0
中等	17.6	10.0	13.9	18.7	13.2	16.0	18.0	11.4	14.8
後期中等	11.1	6.8	9.0	15.2	11.3	13.3	12.8	8.7	10.8
カレッジ以上	9.0	3.9	6.4	21.7	17.8	19.8	14.2	9.7	12.0

（出所）　NSO (2019b), pp.A14 ～ A22 より作成。

が常用の割合が拡大してきた点は注目される。とくに都市では、2017-18 年には男女とも約半数が常用で、インド全体に比べ男性の場合やや大きく、女性はやや小さいこともわかる。

　次に、従業上の地位別に平均賃金・収入額を確認しておきたい（**図表 3-4** 参照）。2017 年時点のもので、本章で述べるインフォーマル・セクター労働者追跡調査の実施時期にほぼあたる。自営業者男性の収入は、農村でも都市でも全国値を上回っているが、常用雇用や日雇いの賃金・俸給は男女を問わず農村でも都市でも全国平均額をかなり下回っていた。また、自営業者では男女間の差が大きいが、自営業者には露天商や行商人など零細で貧しい労働者群から、専門職などに就く高額所得者層までが含まれ、その収入差と職業構成の違いを反映していると考えてよいだろう。なお、回答者当人の回答に基づくデータであり、どちらかと言うと過小評価の可能性が高いと思われる。

第3章　インフォーマル・セクター労働者のモビリティ　　77

図表 3-6　グジャラート州の社会経済開発

	時期	グジャラート州	ビハール州	ケーララ州	インド全体
GSDP（州内総生産）成長率（%）	2017-18	11.2	10.5	6.8	7.2
貧困率（%）	2009-10	23.0	53.5	12.0	29.8
	2011-12	16.6	33.7	7.1	21.9
5歳未満の死亡率（1000人当たり）	2017	33	41	12	37
	2020	24	30	8	32
妊産婦死亡率（出産10万当たり）	2015-17	87	165	42	122
	2018-19	57	118	19	97
健康指数	2017-18	63.52(4)	32.11(20)	74.0(1)	--
改善された専用トイレの所有率	2019-21	74.0	47.3	98.5	69.3
パッカーハウスの居住率	2019-21	77.2	34.0	81.4	60.3

（注）　原表に挙げられた大規模州からなる20州のうち、2009-10年の貧困率が最も高かったビハール州、最も低かったケーララ州、そして調査地であるグジャラート州のデータである。健康指数のかっこ内は20州中のランクで、健康指数は上表にある5歳未満死亡率を含む健康上の成果、保健行政や保健サービスの提供体制などに関わる23の指標で構成されている。パッカーハウスとは、床、屋根、外壁などがすべて高品質材で造られた家で、逆に、泥、茅、その他低品質材で造られた家はカッチャーハウス、そして高品質材と低品質材をそれぞれ部分的に使って造られた家は半カッチャーハウスと呼ばれる。
（出所）　GoI (2020) Vol.2, pp.A165-A171, GoI (2023), Statistical Appendix, pp.A180-181, MOHFW (2022b), p.40 より作成。

　図表 3-5 には、社会開発進展の一つの重要な指標として、2017-18 年時点の 15 歳以上人口の教育レベルを示した。グジャラート州でも、農村より都市の方が男女ともに教育レベルは高く、また農村、都市ともに女性よりも男性の方が高い。州全体でなお 20% が非識字であり、それを含めて前期初等までが 40% を占めてはいるが、カレッジ以上の高等教育を受けた者も、州全体では 12% だが都市では 2 割近くに達している。

　改めて図表 3-6 から、成長率、貧困率、死亡率などについてグジャラート州を他の 2 州およびインド全体と比較しておきたい。グジャラート州の 2017-18 年度の対前年成長率は 11.2%。成長州といわれるグジャラート州も、貧困州といわれるビハール州もコロナ禍前のこの年は、ともに全国値を上回っていた。貧困率は 2011-12 年時点では全国で 22% だが、社会開発の進むケーララ州は 7.1% とこの年ももっとも低く、グジャラート州は 16.6% で 2 年前から 6.7 ポイント低下。ビハール州も 2 年前に比べて 34% へと大きく低下している。健康指数はケーララ州が原表に挙げられた 20 州中もっとも良好で、逆にビハール州はもっとも低い。グジャラート州は 4 位だった。また生活環境の変化として、第 1 章で述べたトイレの普及はグジャラート州で

も進んだことがわかる。同州で改善された専用トイレがある世帯の割合は
2019-21年で74.0%。専用か共有か、改良されたものか否かを問わず、とに
かく設備を使えた世帯が2005-06年は54.6%、2015-16年が71%であったか
ら [MOHFW 2007, 2007]、改善は大きく進んでいる。2014年10月以降の「ク
リーン・インディア」ミッションを受けて、都市部ではとくに大きな成果が
あったといわれている [Govt. of Gujarat 2023, p.93]。さらに、パッカーハウス
（図表の注参照）の割合も、ケーララ州に劣るとはいえインド全体よりはかな
り高い。

2. アフマダーバード

　アフマダーバードは、グジャラート州最大の大都市である。2011年人口
センサスによると、同市の人口は560万人弱、当時インドで5番目の人口規
模をもつ。市域拡張の影響もあるが、人口は過去10年間4.6%の増加率で増
えた。周辺を含むアフマダーバード都市圏の人口は、2011年センサス時点
で640万人であった。アフマダーバート市の宗教別人口構成比は、ヒンドゥー
教が81.4%、イスラームが13.6%、それ以外が5.0%で、SC（指定カースト）
が人口の10.7%、ST（指定部族）が1.2%を占める。グジャラート州全体に
比べて、宗教的にはイスラーム教徒やジャイナ教徒、また社会集団ではSC
の割合がやや高く、STの割合が低い点が目だっている（図表3-7）。

　アフマダーバードは植民地期から綿工業により工業センターの一つとして
発展し、長い間グジャラート州最大の工業センターとしての地位を占めてき
た。やがて大規模綿工業の凋落とともに、とくに1980年代半ばから90年代
にかけて大規模な解雇や工場閉鎖が相次ぎ、多くの綿工場労働者が工場を追
われることになる。この結果、70年代末に臨時や請負を含めて16万人近かっ

図表3-7　グジャラート州、アフマダーバードの宗教・社会集団別人口構成　2011年

	人口 (10万人)	都市人口 比 (%)	宗教別構成比（%）							指定カースト の割合 (%)	指定部族の 割合 (%)
			ヒンドゥー教	イスラーム	キリスト教	シーク教	仏教	ジャイナ教	その他		
アフマダーバート市	55.86	100.0	81.4	13.6	0.9	0.2	0.1	3.6	0.2	10.7	1.2
アフマダーバード県	72.14	84.0	83.8	12.2	0.7	0.2	0.1	2.9	0.1	10.5	1.2
グジャラート州	604.40	42.6	88.6	9.7	0.5	0.1	0.1	1.0	0.1	6.7	14.8

（注）　宗教の「その他」は未回答を含む。
（出所）　Govt. of Gujarat (2016), pp.12, 32, 34, 35, Govt. of Gujarat (2023), pp.S7, S10, S11, S18 よ
　　　り作成。

図表3-8 アフマダーバード市の産業別および従業上の地位別就業構造の変化

(％)

	男性				女性			
年	1993-94	1999-2000	2004-05	2011-12	1993-94	1999-2000	2004-05	2011-12
産業								
第一次産業		1.3	0	1.2		3.4	0	2
第二次産業		40.4	49.8	49.3		31.5	57.5	47.1
第三次産業		58.2	50.2	49.7		65.1	42.4	51.1
従業上の地位								
自営業者	35.6	36.9	36.9	47.8	43.9	62.7	38.8	63.7
常用雇用者	51.3	34	52.5	48.8	27	22.5	29.9	31.1
日雇い雇用者	13.1	29.1	10.7	3.4	29.1	14.7	31.3	5.3

（出所）NSSO (2001b, 2007, 2015) より作成。

た綿工場労働者は、1996年には推定2万5,000人まで激減したと推定された[Breman 2004, pp.143-145]。

　また工場閉鎖や雇用リストラは、綿工業のみならず他の産業でも進んだ。前掲**図表3-2**からわかるように、アフマダーバードの工場労働者数は90年代に明らかに減少していた。そして2000年に底を打ち、その後2006年（暫定値）までゆるやかに増加が続いたことが確認できる。その後の市内工場数の変化は確認できていないが、確かなことは、産業構造の転換を伴いながら、市内外で経済特区や工業団地の造成が急速に進んだこと、それも反映して、既述のようにグジャラート州で工場数・労働者数が増えてきたことである。2018年には同州稼働工場数の23.9％、労働者数の18.0％がアフマダーバード県に集中し[Govt. of Gujarat 2020, Table 25.2]、同県は、スーラト、ヴァドダラ、ヴァルサドなど他県とともに、成長センターとして躍進を続けている。

　調査を行ったアフマダーバード市の2011年時点の労働者数は195万人超（アフマダーバード県労働者総数の75％）[Govt. of Gujarat 2016, p.159]。その就業構造の変化は、全国標本調査データによると**図表3-8**のとおりである。都市中心部のため第一次産業就業者はわずかである。男女ともに第三次産業就業者の割合が縮小傾向を示し、2011-12年時点で第二次産業と第三次産業ほぼ半々であった。またサンプル数が少ない点を十分念頭に置く必要があるが、男性の場合、1999-2000年に常用の割合が減少して日雇いの割合が拡大し、またその後は逆の傾向を示したのであり、これは、先にみたグジャラート州

都市地域とほぼ同様の傾向といえる。また、自営業者が、2011-12 年時点で男性の 48％、女性の 64％を占め、グジャラート州都市地域よりも目だって高かった点も注目されよう。その多くがインフォーマル・セクター労働者と考えられるが、アフマダーバード市の非農業インフォーマル・セクター労働者（Informal non-agriculture）の割合は、同じく NSS データを使い、1999-2000 年の 73.3％から 2004-05 年に 84.8％に、インフォーマル雇用は 83.5％から 86.8％に拡大していたと推計されている [6]。

第2節　インフォーマル・セクター労働者・世帯調査

1．調査方法と目的

　2010/11 年調査（一部が 2011 年）のインフォーマル・セクター 労働者サンプルは、スラム居住者から選んだ。その理由は、スラム居住者にはインフォーマル・セクター就業者が多く、また多様な職業の者の抽出が可能になると考えたからであった。

　まず、2010/11 年調査のサンプリング方法について述べる。当時、アフマダーバードのスラム・リスト [7] に掲載されていた 700 超のスラムから、市内各所に点在する 10 のスラムを選んだ。次に 10 スラムに住む 2,016 世帯に対し、世帯主の職業・年齢・教育レベル・家族の状況など基本的な項目について調査を実施した。さらにその中から、インフォーマル・セクターであることを前提とし、またスラムごとに販売、サービス、製造・修繕、運輸、建設・労務 5 分野の職業をできるだけ均等に含むように、インフォーマル・セクター労働者サンプル世帯のリストを作成した上で、計 200 名を目標に無作為に抽出し面接調査を行った。結果的に合計サンプル数は 213 名になったが、それでも 24 名のフォーマル・セクター（＝組織部門）常用雇用者が混入していたため [8]、インフォーマル・セクター 労働者サンプルは最終的に 189 名（フォーマル・セクターで働いている臨時や請負の 5 名を含む）となった。回答者は全員男性である。

　さらに 2017/18 年（一部が 2018 年）には、前回調査対象者から 10 スラム、5 職業分野の合計 53 名を抽出し、当該労働者とその世帯を対象に追跡調査

を行った。しかし、アフマダーバードの都市開発・低所得層向け住宅政策を受けて1スラムが撤去され、同スラムの4名は、いわゆる復興アパートなどそれぞれ別地域に移動していた[9]。この4名については転居先で、聞き取りを実施することができたが、そのほかにも転居、長期不在、逝去のため聞き取りを実施できなかった者は9名に上った。こうして追跡調査で回答が得られたのは45名である。

なお45名のうち2名については、もとの回答者が他界していたため、同居していた息子と甥をそれぞれ回答者とした。さらに、調査期間に長期不在であった2名については同居している息子を回答者に、加えて病気のため回答困難な1名については、同居しているその弟を回答者とした。この計5名のうち、4サンプルは回答者は替わったが前回調査時と同一の世帯であり、1サンプルは以前と同一建物に居住するが、家計を分けて別世帯となっていたことを断っておく。調査の目的は、インドが経済成長をつづけてきたこの7年ほど（45名中、一部は6年、8年）の間にインフォーマル・セクター労働者と家族に生じた経済・生活上の変化を整理・把握すること、そしてその変化の背景を考えることであった。

2．2010/11年調査結果の概要

まず2010/11年のインフォーマル・セクター労働者・世帯の調査結果から、回答者の主要な特徴と社会・経済的モビリティを要約しておこう[10]。

①スラム地区に居住という点は同じでも、フォーマル・セクター労働者（常用）に比べて、インフォーマル・セクター労働者の教育水準は全般的にきわめて低かった。非識字と初等までを合わせて7割に達していた。

②職業・技術訓練の経験については、ごく短期のものを含め民間・公営合わせ制度的訓練の経験があったのは1割強である（自動車運転の教習を含む）。多くが見習いやヘルパーとしての現場での実地訓練であった。

③宗教／カースト[11]については、SC（指定カースト）やOBC（その他後進諸階級）など低位の社会集団出身者が多数を占めていた。

④多くの人びとが1週間に6日あるいはほぼ毎日働いていたが、収入は低く、当時月収が5,000ルピー[12]を超える者は少なかった。なおインフォー

マル・セクター労働者の中でも、相対的に高い収入を得ていたのは零細ながらも自営業者であった。

⑤インフォーマル・セクター労働者世帯の多くが、妻の就業など他の収入源をもち、そうした収入を加えると世帯所得は全般的に大きく上がった。

⑥個人レベルの世代内モビリティとして、インフォーマル・セクター 内での転職が多いこと、ただしインフォーマル・セクター内であっても、自営業者になるなど望む方向での転職がある程度実現されていたこと、しかも転職の多くが収入の上昇を伴っていた点などが明らかになった。つまり転職は、フォーマル・セクターへの転職が限られる中、インフォーマル・セクター内における収入上昇の重要な一手段となっていた。ただし児童労働者として働き始めた者は多く、その場合、「子どもの労働」から「大人の労働」への移行（転職）が賃金上昇に繋がった可能性も高い。

⑦世代間のモビリティ・変化の特徴は、教育レベルも職業も、祖父―父―回答者の間で明確に変わったこと、しかし、その変化が回答者―（就業している）息子の間で緩やかになったことである。中でも特筆すべきは、回答者であるインフォーマル・セクター労働者の父親の３割近くが、繊維の大規模工場を中心にフォーマル・セクターで働いていた点、父親―回答者間で非識字者の割合が著しく減っていた点、そして、教育レベルは息子世代にかけても向上したが、SSC（中等教育修了認定）以上は息子世代でも２割に満たず、教育レベルがなお全般的に低かった点である。

⑧生活水準の変化については、子ども時代より上昇したとの認識をもつ者の方が多かった。

以上の状況を踏まえ、次に約７年後の調査の結果をみていこう。

第3節　７年後のインフォーマル・セクター労働者・世帯

1．回答者の概要

まず**図表3-9**は、2017/18 年の回答者 45 名と前回調査時のインフォーマル・セクター労働者 189 名の特徴を比較したものである。

宗教／カーストについては、その他宗教の者がゼロになったこと、OBC

図表3-9 サンプル（インフォーマル・セクター）労働者の概要

		2010/11 年		2017/18 年	
		人数（人）	構成比（%）	人数（人）	構成比（%）
宗教／カースト	SC（指定カースト）	68	36.0	18	40.0
	ST（指定部族）	7	3.7	4	8.9
	OBC（その他後進諸階級）	62	32.8	16	35.6
	その他ヒンドゥー	24	12.7	2	4.4
	ムスリム	22	11.6	5	11.1
	その他宗教	23	12.1		
	分類不能	5	1.7		
教育レベル	非識字	29	15.3	9	20.0
	初等	101	53.4	22	48.9
	中等	35	18.5	9	20.0
	SSC（中等教育修了認定）	13	6.9	4	8.9
	後期中等	5	2.6		
	HSC（後期中等教育修了認定）	3	1.6		
	カレッジ以上	3	1.6	1	2.2
職業	販売	53	28.0	10	22.2
	サービス	33	17.5	7	15.6
	製造・修繕	39	20.6	9	20.0
	運輸	28	14.8	8	17.8
	建設・労務	36	19.0	7	15.6
	無職			4	8.9
従業上の地位	常用雇用者	44	23.3	6	13.3
	日雇い雇用者	40	21.2	10	22.2
	自営業者	105	55.6	25	55.6
	無職			4	8.9
	計	189	100.0	45	100.0

(注) 2010/11 年についてはインフォーマル・セクター労働者 189 名の、2017/18 年については、追跡調査した 45 名（うち 3 名は前回答者の息子、1 名は弟、1 名は甥）の概要を示している。
(出所) 筆者の調査（2010/11 年、2017/18 年）。

の割合はほぼ同じだが、SC や ST（指定部族）の割合は 2017/18 年サンプルの方が大きく、その分「その他ヒンドゥー」の割合が小さいことが指摘できる。また教育レベル[13]は、2017/18 年サンプルの方が非識字の割合がやや高く、その分初等レベルの割合が小さい。こうした若干の違いはあるが、宗教・カーストや教育面で、2017/18 年調査の 45 名（就業者としては 41 名）は前回調査の母集団に近い特徴をもつと言ってよいだろう。また後述するように、回答者のこの間の転職回数は多くはなく、職業構成や従業上の地位もかなり類似している。

次に、その他の点も加えて改めて 2017/18 年時の 45 名の概要を述べておこう。宗教は、ムスリム（イスラーム教徒）が 5 名（11%）で、それ以外はヒンドゥー教徒である。SC が 40%、ST が 9% で、2011 年のアフマダーバード市では SC の割合が総人口の 10.7%、ST が 1.2% だから（前掲図表 3-7 参照）、回答者における両者の割合は目立って高い。また 36% が OBC で、「その他ヒンドゥー」はごくわずか（4.4%）であった。

　教育レベルは総じて低い。カレッジ卒は 1 名のみ、それ以外は高くて SSC だが 4 名にすぎなかった。前期中等教育まで進んだが修了認定に至っていない者（8 年生か 9 年生まで）が 9 名である。こうして、中途退学を含む初等教育レベル（1 ～ 7 年生）以下の者と非識字者が 7 割近くを占めていた。

　年齢は、40 代がもっとも多く、30 代、60 以上、50 代、20 代と続いた。30 代と 40 代の働き盛りが 6 割を占めていた。本人が年齢を正確に把握していない場合もあり、必ずしも前回調査時と約 7 年差の分布とはならなかった。家族構成は、単身世帯は 1 世帯のみで、拡大家族がもっとも多く 24 世帯、残り 20 世帯が核家族である。世帯規模は、21 世帯（47%）が 5 人以下で、それ以外は 6 人以上であった。10 人以上の大家族が 5 世帯あり、最大の世帯規模は 15 人であった。住環境については後述するが、その一家はいわゆる 3K で暮らし、そのうちの一部屋は物置きのような小さなスペースである。

2．仕事と月収

　図表 3-9 に示したように、2017/18 年調査時に就業していたのは 41 名である。3 名はすでに退職し 1 名はほぼ働いていない状態だった。就業者の職業は、販売、製造・修繕、運輸、サービスおよび建設・労務の順で多い。従業上の地位では自営業者が多く就業者の 6 割を占めた。残りは日雇いか常用の雇用者、また雇用者は半数が請負労働者である。インフォーマル・セクター労働者の判定基準は、前回の調査時と同様で（注 10 の説明参照）、この基準によると、38 名がインフォーマル・セクター労働者で、3 名がフォーマル・セクター（1 名は市のマンホール清掃員、2 名は非正規のインフォーマル雇用）だった。

　就業者 41 名から、回答者が息子など次世代になった 5 名を除いた 36 名のうち、この 7 年ほどに 1 回以上の転職を経験した者は 9 名である。前回調査

第 3 章　インフォーマル・セクター労働者のモビリティ　　85

図表 3-10　回答者の月収の変化

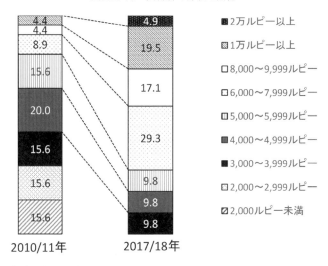

（注）　構成比（％）。2010/11 年の回答者は 45 名、2017/18 年は退職者等 4
　　　名を除く 41 名である。
（出所）　筆者の調査（2010/11 年、2017/18 年）。

では、インフォーマル・セクター労働者にとって、転職が収入上昇の重要な一手段となっていたと指摘したが、約 7 年間の転職回数は少なく、それにも関わらず短期間で収入上昇を実現した者は多かった。

　図表 3-10 からわかるように、前回は月収 3,000 ルピー未満の者が 45 名中の 30％強を占めていたが、今回就業している 41 名（回答者が親族に替わった者を含む）でその額の者はゼロである。逆に 1 万ルピー以上の者は 4％から 24％に増えた。多くが 5,000 ルピー以上の収入を得ており、その割合は以前の 33％から 81％へと大きく拡大した。アフマダーバード市の CPI（消費者物価指数）でデフレートし[14]、実質的な変化をみても、63％の回答者の月収が上昇していた。

　とはいえ、彼らの経営状態や労働条件改善への評価は、必ずしもこうした収入の上昇と一致しない。自営業者 24 名（1 名無回答）に、前回調査時に比べた場合の経営状態の変化を聞くと、54％が「かなり悪化」あるいは「やや

悪化」と答え、「やや上向き」の33％を上回った。13％が「変化なし」と回答している。上向きと考える理由（複数回答）は、「ビジネスの拡張」、「投資」、「顧客によるよい評判」、「取引先との良好な関係」などさまざまで、下降と考える理由は、「顧客の減少」、「同業者との競争」、「売上減」などが多かった。また雇用者には労働条件の変化を尋ねたが、「変化なし」が回答者16人の半数を占め、悪化（38％）が改善（12％）を上回った。

　そして注目したいのは、経営状態について「悪化」または「変化なし」と答えた自営業者の半数強の月収が、また労働条件が「悪化」または「変化なし」と答えた雇用者の3分の2の月収が、名目的にも実質的にも上昇していた点だろう。つまり月収の変化と今述べた実感とのズレは、例えば、彼らにとって評価できるほどの月収上昇ではなかったから、また収入が上がるだけでは経営状態や労働条件が改善したとはとても評価できないからなのだろう。

　また経営状態を改善するには何が必要かとの問い（複数回答）には、自営業者の約3分の2が「お金」、半数近くが「よい立地」、4分の1近くが「公的融資」や「顧客の確保」と答えた。しかし、「知識」をあげた者は1人、「訓練や技術」「情報」をあげた者はゼロで、資金さえあれば、場所さえ良ければ、との思いは強い（図表3-11）。技術の向上や経験に対する評価が、財・サービスの対価に適正に反映されないという事情もあるかもしれない。他方、よりよい仕事を得るのに何が重要かとの問いには、6割近く（回答者43名、複数回答）が「お金」と答え、半数が「経験」と答えた。そして「技術」「教育」「コネ」とつづく（図表3-12）。

3．世帯所得の変化

　さらに図表3-13からわかるように、世帯所得の分布は回答者の本業による収入の分布よりも高い方に偏っている。前回調査でも指摘したように、回答者の本業以外の収入が世帯総所得の上昇に大きく貢献したといえる。つまり、回答者の副業（6名）、妻の仕事（20名）のほか、妻以外の世帯員による収入のある者が25名、その他収入のある者が4名いるなど、回答者本人の本業以外に収入源を持つ世帯は37に上った。とりわけ、他の世帯員による所得への貢献は大きい。

第 3 章　インフォーマル・セクター労働者のモビリティ　　87

図表 3-11　経営状態改善のための条件

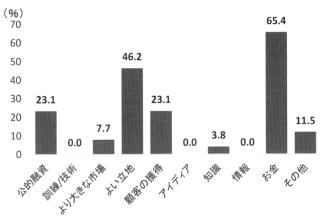

（注）回答者 26 名（3 名無回答で 4 名の自営業経験者を含む）の複数回答。
（出所）筆者の調査（2017/18 年）。

図表 3-12　よりよい仕事を得るために重要なもの

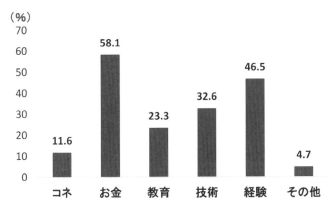

（注）回答者 43 名の複数回答。
（出所）筆者の調査（2017/18 年）。

図表 3-13　回答者の月収と世帯所得

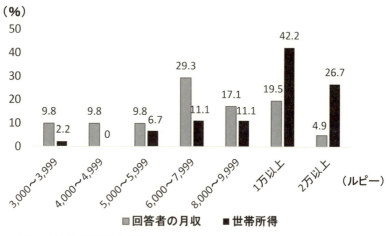

（注）　45 回答者の構成比（%）。
（出所）筆者の調査（2017/18 年）。

図表 3-14　世帯所得の変化

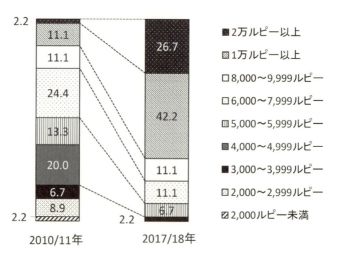

（注）　45 世帯の構成比（%）。
（出所）筆者の調査（2010/11 年、2017/18 年）。

例えば妻がいる 44 名（うち 1 名は田舎で別世帯で暮らしている）のうち、20名の妻が何らかの経済活動に従事していた。仕立ての補助作業や食料雑貨店の店頭に立つなど 7 名は無給の家族労働者だが、13 名は別に働き収入を得ていた。職業は家事使用人が多く、その他は結婚式会場に臨時で雇われる食事係や、内職の製造職などであった。月収は最低が無給の家族労働者でゼロ、最高が 6,500 ルピーで、3,000 ルピー以上は 4 名であった。妻の教育レベルは約 4 割が非識字で、全体的に低い。その他の稼得者とは息子や娘、兄弟、父母などさまざまな家族メンバーである。

こうして平均世帯所得は稼得者の多い世帯ほど高い。稼得者 1 人世帯の1 カ月あたり平均世帯所得は 9,209 ルピー、2 人世帯で 1 万 2,864 ルピー、3人世帯で 1 万 6,484 ルピー、4 人世帯で 1 万 9,550 ルピー、5 人世帯で 2 万 9,738ルピーであった。ただし、稼得者数が同じ世帯でも世帯所得額にかなり幅があるし、また稼得者の増加は、世帯規模の拡大を伴えば必ずしも世帯員 1 人当たり所得の上昇を保障しないことに注意が必要だろう。なお第 1 節で示したように、グジャラート州の 2017-18 年度の 1 人当たり NSDP は年 17 万 6,961ルピーで、1 カ月に換算すると 1 人当たり 1 万 4,747 ルピーだった。

そして改めて**図表 3-14** から注目されるのは、世帯所得も前回調査時から全般的に大きく上昇したことである。以前 13％に過ぎなかった月 1 万ルピー以上の世帯は約 7 割に達し、3 割弱の世帯所得で月 2 万ルピーを超えていた。月収と同じく CPI で実質所得を求めても、8 割弱の世帯で世帯所得が上昇していた。上昇の理由の一つは、まず先に述べた回答者本人の本業による収入の上昇である。そして、回答者のみならず他の世帯員の収入上昇や、稼得メンバーの増加だろう。

4．負債

家計の変化をみるとき、こうした回答者本人や世帯全体の所得の上昇だけでなく、負債や貯蓄の状況も見過ごせない。残念ながら、貯蓄はゼロとの答えも多く、その正否の見極めは困難だが、負債については半数以上の 25 名が「ある」と回答し詳細を答えた。借金額はその半数以上が 10 万ルピーを超え、最高で 30 万ルピーの借金を抱えているという者もいた。**図表 3-15a**

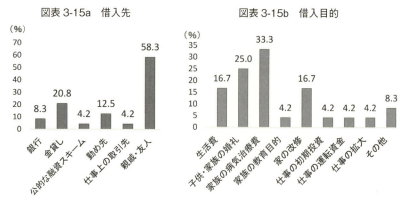

(注) 負債のある回答者25名の複数回答で、各件数の割合（％）
(出所) 筆者の調査（2017/18年）。

に示したように、もっとも多い借入先（複数回答）は親戚・友人である。また2割が金貸しから借り、銀行から借りていたのは2名のみであった。借金の目的は、多いのが家族の病気治療費や子供・家族の婚礼、また家の改修や生活費である。仕事上の借入は少ない（**図表3-15b**）。

5．子世代

　子世代の状況も見ておく。まだ就学中の子が多いが、19名の回答者に就業者である息子が31名、娘が5名いた。前回調査時は、16名の回答者に就業中の息子が25名、娘が1名いたから、就業している子の数は増えている。なおこの数値には、同居していない者も一部含まれている（2017/18年の場合、同居していたのは息子の24名、娘の3名）。

　就業者である息子の教育レベルは、非識字の者が3名、1年生から7年生までの初等教育レベルが8名で、両者あわせて35％になった。これを含めて約4分の3がSSCに至っていなかった。それでもカレッジ卒が2名、HSC（後期中等教育修了認定）が2名おり、これらを含む約4分の1がSSC以上の学歴だから、親世代（前掲図表3-9参照）に比べると明らかに上昇している。娘は5名中2名が7学年以下だが、3名がHSCであった。現在就学前また就学中の息子・娘の最終学歴がどうなるかはまだわからないが、す

第3章　インフォーマル・セクター労働者のモビリティ　　91

でにカレッジ在籍者が2名いるなど、インドにおける教育の進展を考えても、大多数の教育レベルが親世代をかなり超えると予想される。

図表3-16　間取り

	(%)
炊事スペース込みの1部屋	15.9
1K	13.6
炊事スペース込みの1部屋＋ベランダ	9.1
1K＋ベランダ	4.5
炊事スペース込みの2部屋	31.8
2K	11.4
2K＋ベランダ	6.8
3K以上	6.8

(注)　1名確認漏れにより、44世帯の回答。ベランダとは入口にある屋根つきのスペースである。
(出所)　筆者の調査（2017/18年）。

また職業は、息子は製造・修繕がもっとも多く（45%）、運輸（19%）、販売（19%）、サービス（10%）、建設・労務（7%）と続く。約4分の1（8人）がフォーマル・セクターに就業していたが、常用は1名のみで、あとは請負、臨時、日雇いの非正規雇用であった。娘は製造職とサービスが各2名、販売職が1名で、2名がフォーマル・セクター勤務だが臨時であった。雇用面の世代間変化はこの段階では乏しいと言わざるをえない。

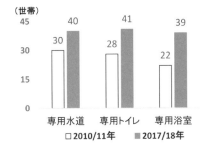

図表3-17　設備の設置状況の変化

(出所)　筆者の調査（2010/11年、2017/18年）。

6．生活環境の変化

スラム・クリアランスにより、あるいはより良い住環境への自発的転出として、一部が以前住んでいたスラムを離れたとはいえ、殆どが同じスラムに居住していた。スラムでは家々は軒を接して建ち、通路は狭く足元も悪い。

間取りは**図表3-16**のとおりである（1名確認漏れ）。炊事スペース込みの1部屋だけ、1部屋＋K（キッチン）など、炊事場込み2部屋までの手狭な住居に4分の3の世帯が暮らしている。広さや質という点で十分といえる状況からはなお遠いが、リノベーション等で目に見えて状態の良くなった家も少なくなかった(15)。土地はおよそ半数が、家は8割以上が自分の所有だという。

また基本的な生活インフラは、前回調査時からわずか7年内に改善してい

図表 3-18　家財道具所有状況の変化

(出所) 筆者の調査 (2010/11 年、2017/18 年)。

た住居が多い。図表 3-17 に示したように、45 世帯のうち住居内に専用の水道、トイレ、浴室がある世帯は、それぞれ 30 世帯から 40 世帯、28 世帯から 41 世帯、22 世帯から 39 世帯に急増し、数年で殆どの家に水道、トイレ、浴室がそろった。インド政府は「クリーン・インディア」と銘打ち、その重点課題としてトイレの普及を進めてきたが、アフマダーバードではこうした基本的設備の設置が、政府の支援を受けて以前から急速に進められていた(16)。調査対象者の住居における設備普及もその影響があった可能性は非常に高いだろう。なお、39 の浴室のうち半数は浴室内に水道がなく、水浴のスペースというのに過ぎない。

　家財道具の所有状況が大きく変わったのも、図表 3-18 に示したとおりである。カラーテレビ、天井取付扇風機、携帯電話はとくに所有率が高く、高額な冷蔵庫の所有率が大きく上がった点も特筆に値する。ただし、譲り受けるなどして入手したが、電源につなが ず物入れとして使っていた家もあった。家事使用人などとして働く勤務先から譲られるのだが、それはまさに中高所得層でそうした耐久消費財の買い替えが増えていることの反映でもあろう。

7．変化への自己評価

　前回調査時に比べて生活水準が上がったと感じている者は、45 名中半数近くに達した。図表 3-19a に示したように、「かなり上昇」が 1 名で、これを含む 19 名が上昇したと答えた。「ある程度低下」と答えた者もいたが「かなり低下」はゼロ。答えたくないとの回答が 1 名いて、3 分の 1 が「変化なし」と回答した。また、子ども時代に比べた場合の変化を問うと、図表 3-19b に示したように、「かなり上昇」と「ある程度上昇」、合わせておよそ 3 分の 2

第3章　インフォーマル・セクター労働者のモビリティ

図表 3-19a　生活水準の変化
—前回調査時に比べて—

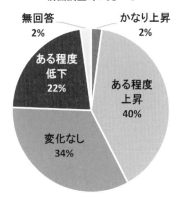

（出所）筆者の調査（2017/18 年）。

図表 3-19b　生活水準の変化
—子ども時代に比べて—

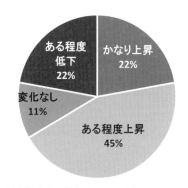

（出所）筆者の調査（2017/18 年）。

図表 3-20a　前回調査時に比べて上昇したと考える理由

（注）　上昇と回答した 19 名の複数回答。
（出所）筆者の調査（2017/18 年）。

図表 3-20b　子ども時代に比べて上昇したと考える理由

（注）　上昇と回答した 30 名の複数回答。
（出所）筆者の調査（2017/18 年）。

が上昇と回答した。回答者の世代に幅があるとはいえ、多くが子ども時代より生活は向上したと感じている。残りは「変化なし」か「ある程度低下」と答えた。

　上昇したと考える理由は、経済的要因だけではない。生活環境の変化や心情的要因も含めてさまざまだが、**図表 3-20a、図表 3-20b** に示したように、前回調査時に比べたときと子ども時代に比べたときとでも異なる。前回調査時に比べた場合は 19 名中 7 名が「所得の上昇」を、6 名が「子どもの成長（に

よる支出減または所得増)」、また5名が「住環境の改善」を理由にあげた。まさに現状の実感からそう答えたと考えられる。他方で子ども時代に比べた場合、「所得の上昇」や「住環境がよくなった」との理由はここでも多かったが、回答者は、「子ども時代は困窮を極めていた」とか「子ども時代は水道、トイレ、電気、何も無かった」という答え方をすることが多い。つまり比較する過去の厳しさこそが、上昇を感じさせる理由になったと言える。

結びにかえて

以上より、インフォーマル・セクターでまたはインフォーマル労働者として働いているという点に変化はなくとも、他のさまざまな面で変化が確認された。つまり、回答者本人の収入の上昇、世帯所得の上昇、子世代の教育レベルの上昇、生活環境の改善、変化へのプラスの自己評価等である。その背景については、今回のデータから考えられる範囲で述べたとおりである。まともな雇用・労働の機会が十分に増えない中で、そうした変化の持続性、あるいはさらなる変化の可能性が問われることになる。最後に本調査を経てとくに気になった点を二つ挙げ、本章を閉じることにしたい。

(1)インフォーマル・セクターにおける経営状態や労働条件の改善は容易ではない。収入がたとえ上昇していても、改善が実感できるほど十分な上昇とは言えなかった。そして注意したいのは、経営状態改善に重要なものとして自営業者の多くが「お金」を挙げ、また被雇用者を含む回答者の6割がよりよい仕事に就くのに必要なのは「お金」とし、知識・技術や情報への期待が低いことである。また負債のある者は少なくないが、マイクロクレジットはじめ、事業のための借入れは少なかった。前章で述べたように、これまでインドでは、人材育成面で多様な方策が講じられ、また信用市場の不備を補うためさまざまな小口融資の計画が実施されてきた。そうしたスキームが彼ら自身や次世代に届き、その経済効果を実感できることが、インフォーマル・セクター内での好循環やそこからの脱出を生み出す一つの前提と言えよう。

(2)世帯内の稼得者数の増加が総所得の上昇に貢献しているのは確かだろう。他方、稼得者数が増えても、それが世帯員1人当たり所得の上昇を必ず

しも保障するわけではないことも述べた。つまり、被扶養者がそれ以上に増えれば、その世帯の1人当たり所得は思うように伸びない。実際、子が育ち被扶養者から扶養者になるなど、世帯内の稼得者増が被扶養者減として進んでいる段階の世帯もあったが、他方で世代交代の段階に入り、稼得者増が被扶養者増を伴って、1人当たり所得が伸び悩む世帯もあった。稼得者が増えるとき再び貧困化が進むという状態に陥らないためには、仮に被扶養者増を伴う場合でも、仕事の発展やよりまともな雇用を得て収入の上昇がそれを補う以上に十分なものであるか、社会制度・社会保障の充実（子どもの教育保障、生活インフラ改善、高齢者支援など）が家計への影響を緩和できる必要があろう。個々の家族が直面し得るこの罠は、インドの「人口ボーナス」の背後になお無数に存在すると言える。こうした点は、次章の具体的な事例紹介でも確認できよう。

注

(1) 1994-95 〜 2004-05 年度、2004-05 〜 2011-12 年度の成長率（2004-05 年度価格）は Joshi（2015）p.134 から、2011-12 〜 2017-18 年度（2011-12 年度価格）は Govt. of Gujarat（2023）p.7 から計算。
(2) Govt. of Gujarat（2018），p.xxxii;（2023），p.xlii.
(3) Govt. of Gujarat（2006），p.S-107;（2012），p.S-77. 左記データに含まれる組織部門とは、公企業＋職業紹介所法適用となる雇用規模 25 人以上の全民間企業＋雇用規模 10 〜 24 人の企業（任意）である。
(4) 詳しくは、Hirway, Shah and Sharma（2014）, Dash and Kumar（2015）参照のこと。
(5) 各年 *ASI* データより。なおセンサス・セクター（雇用規模 100 人以上の工場すべてと、各州の周縁的業種の工場、工業後進地域の工場、電力関係事務所）のみの数値である。
(6) Unni and Naik（2014），pp.288-289. 第 55 回、61 回全国標本調査データから算定。ただし、非農業のフォーマル・セクターにおけるインフォーマル雇用の割合は 32.8% から 33.2% へとわずかな上昇だが、女性のデータが不十分なため、この数値は信頼できないと注記されている。
(7) NGO 団体、大学等が作成したリスト。
(8) 最初の 2,016 名の調査では、基礎的情報収集を目的としていたため、必ずしも世帯主を回答者とすることにこだわっていない。そのためインフォーマル・セクターの主要な判別基準となる企業規模等の情報が不正確な場合もあったため、フォーマル・セクター労働者サンプルが混入することになった。
(9) 当時の都市開発政策および貧困層向け住宅政策の展開と評価・問題点については、例えば以下が参考になる。Bhakat, Avis and Nikolai（2015），Desai（2012），

Mathur（2012）.

(10) 調査結果の詳細については、木曽（2012）第4章参照のこと。なおインフォーマル・セクター労働者のここでの判別基準は、自営業者か雇用規模20人未満の事業所の従業員で、さらに建設・労務職はほとんどが間接雇用の請負労働者であるため、雇用規模に関係なくインフォーマル・セクター労働者とみなした。

(11) 後掲の図表3-9に示したように、宗教・カーストは、行政上指定されたSC（指定カースト：ダリトいわゆる「不可触民」）とST（少数部族）、OBC（その他後進諸階級）、左記3グループを除く「その他ヒンドゥー」、ムスリム（イスラーム教徒）、その他宗教の6つに分類している（分類不能を除く）。前3範疇が「後進諸階級」に含まれる。

(12) 1ルピーは約1.9円（2010年）、約1.7円（2017年）。

(13) グジャラート州の教育システムは、初等の1～4学年、後期初等の5～7学年、中等8～10学年、後期中等11～12学年の4＋3＋3＋2年制。中等と後期中等修了時の試験に合格すると、それぞれSSC、HSCとなる。なお回答者には州外出身者も含まれているが、上記基準で分類している。

(14) アフマダーバードの工業労働者のCPIで計算。2001年を基準年＝100として、2010年8月が173で2017年8月には274に上昇。Labour Bureauのホームページより。

(15) 回答者がその支援を受けたか否かは確認していない。グジャラート州政府は2013-14年度に、経済的弱者層、低中所得層を対象とした住宅支援計画Mukhya Mantri Gruh Yojana（州首相住宅計画）を立ち上げている。国の同様の計画Pradhan Mantri Awas Yojana, Urban（首相のすべての人々のための住宅計画、都市）と調整して実施。

(16) アフマダーバードでは小規模ながら1980-81年にトイレ普及事業が導入された。1995年に開始され2009年まで続いたSNP（スラム・ネットワーク・プロジェクト）や、2006年に導入されたNirmal Gujarat Sanitation Program（クリーン・グジャラート衛生プログラム）などもトイレの普及に貢献した[Bhatkal, Avis and Nicolai 2015, pp.29-31]。また本章第1節で述べたように、「クリーン・インディア」ミッションの影響も大きく、2014年10月のミッション開始以降、56万超のトイレが設置されたという［Govt. of Gujarat 2023, p.93］。

第4章

インフォーマル・セクター労働者の労働と生活

──それぞれのストーリー

序

　インドの目覚ましい変化は、数値の上だけでなく、さまざまな形さまざまな場で目に見え、まさに体感される。そこで本章で扱うのは、データ分析だけでは把握が難しく、実情の見えにくい、そして「まともな（decent）」仕事・労働からなお遠い労働者とその家族それぞれの労働と生活の実態であり、変化であり、不変である。本章の目的は，インフォーマル・セクター労働者について、具体的な事例によりその歴史と変化を記述することである。

　以下では、まず執筆の方針について改めて簡単に記す。その上で、仕事から個別の事例にアクセスできるよう、2017/18 年に追跡調査したインフォーマル・セクター労働者の 2010/11 年初回調査時点の職業名を目次として挙げた。続けてインフォーマル・セクター労働者あるいはスラム労働者の経済・生活に関わる職業以外のキーワードも挙げている。そして、10 カ所のスラムに住む、53 労働者・家族それぞれのストーリーへと続く。

第1節　本章の執筆方針と目次

１．目的と注意点

(1)　目的

　2010/11 年の第一回調査の結果は詳しくは木曽（2012）に記述し、前章でも要点を述べた。そして前章で説明したように、第二回調査までに世帯所得は全体的に上昇し、インフレ率を加味しても大多数の世帯で実質的に上昇した。就業している子どもの教育水準は回答者世代よりは上昇し、ほぼ非正規だが

フォーマル・セクターで働く子世代も見られた。生活上の基本設備・家財の所有状況も明らかに改善し、回答者の4分の3が子ども時代に比べて生活水準が上昇したと回答している。そうした回答の理由もすでに前章でデータとして示した。その上で本章では、集計し示した傾向・変化の背景となった個々の労働者の実態を労働・生活面から複合的に描くことにより、「まともな仕事」が不足する中、インフォーマル・セクターからの脱出が制約されているとはどういうことか、その実態と背景を理解する一助としたい。

(2) 注意点

53の個別のストーリーを記述する上で慎重を期したのが、匿名性の担保である。そこで回答者名は、個人の氏名等とまったく無関係の記号（アルファベット2文字）で表した。年齢は○歳代で表記している。宗教は明示し、カーストについては、前章のまま SC（指定カースト）、ST（指定部族）、OBC（その他後進諸階級）、その他、に4分類した。また出身地は、グジャラート州以外は「他州」とし、具体的な州、県、都市名、町や村落名も伏せることにした。ただグジャラート州やアフマダーバードについては、移住者か否かを区別するために残している。移住者の場合、出身地に親戚がいたり土地を残しているなど、生活上のつながりが少なくないためである。また勤務先の工場・事業所名、商店名などを除いたことは言うまでもないが、雇用規模については、そもそも大まかな情報もあろうが、10人以下を零細、11～50人を小規模、51～300人を中規模、300を超える場合を大規模と表記した。調査は基本的に7年の間を空けて行われたが、一部6年後、または8年後となった。

　次に、調査上生じがちな困難に関連して、記述内容に関わる注意事項を述べておく。調査は質問票をもとにインタビュー形式で行っている。
①回答者が自分の年齢を正確に把握していないことは少なくなかった。追跡調査まで約7年であったにも関わらず、自身や妻の年齢が10年以上加算して述べられたりもする。ただし子どもの年齢はかなり正確と考えられた。
②父親や祖父の仕事とは、回答者が記憶している主な仕事である。
③所得額を正確に把握するのも容易ではない。回答に矛盾や疑問を感じるとさまざまな角度から質疑を繰り返し、確認し修正する。その上で、全体の

分析および以下で示したのは、彼らが最終的に回答した金額である。確認を重ねても正確な数値になっていない場合があろうし、その場合は過大より過小な申告の方が多いと推測している。また金額を〇〇～〇〇ルピーと幅をもって答えた場合、前章の分析では基本的に最小値と最大値の平均値をとった。

④負債は金額、借入先など詳細が答えられる場合も多い。しかし貯蓄は「ない」との回答が多く、そしてその金額を正確に把握するのは難しい。

⑤有無を確認した主要な家財道具とは、ラジオ、白黒テレビ、カラーテレビ、自転車、スクータ／バイク、自動車、固定電話、携帯電話、圧力鍋、冷蔵庫、天井取付扇風機、エアコン、ミシン、洗濯機である。

⑥2度の調査の間にスラムを離れた人々がいた。上向移動を実現した人々もいたし、逆にさらに厳しい環境に移動していた人もいた。いくらかは確認できたが、追跡調査できなかった人々の中にもそうした変化があった可能性は念頭に置く必要がある。

⑦質問票の項目にはなかったが、対話の中で回答された情報も必要に応じて記している。

> ※写真は、記述内容に関連するが、回答者個人とは無関係である。
> ※金額の記述は多い。調査時期の為替レートは、1ルピー≒1.9円（2010年）、1.7円（2017年）である。金額の水準については、第1章の図表1-23に示した日雇い労働者の日給（名目）の額・変化が参考になるかもしれない。

2．職業名とキーワード

まず、職業名リストを挙げておく。転職により回答者が経験した職業数は多く、また家族の職業もさまざまだが、以下には世帯主である回答者の第一回調査時点の職業のみをあげ、回答者の番号を示した。ただし第二回調査時に別の回答者がその職に就いていた場合のみ、（　）内にその番号も示している。また＊印を付した最後の3つは、無給の家族労働以外で妻に比較的多かった仕事である。

続くその他キーワードは、関係する回答者の番号を示した。回答者番号後ろの①は第一回調査、②は第二回調査を指す。ここで「児童労働」は10歳前後（上限13歳）で働き始めた者、「大家族」とは同居家族が10人を超える

世帯である。「銀行口座」の有無は質問項目に含んでいなかったが、会話の中で確認できた回答者の番号を挙げた。

(1) 職業：2010 ～ 11 年時の職業

〈職業〉	〈回答者（世帯主）番号〉
廃品回収（木材、金物など）	1
自営の仕立屋	2、11、21
マンホール清掃員	3
アイロン掛け屋	4
小さな製造所の溶接工	5
布の行商人	6 （1）
トラック運転手	7
荷車で野菜売り	8、10、40
パーン（嗜好品）屋台	9
オートリキシャ運転手（学校送迎）	12
未熟練建設労働者（日雇い請負労働者）	13、30、53、（20）
塗装作業員（日雇い請負労働者）	14
「流し」の床屋	15
大規模工場の自動車運転手（日雇い）	16
大手銀行の自動車運転手（臨時雇い）	17
荷運びテンポの運転手	18
花屋店員	19
古着の補修・行商	20
荷車でビスケット行商	22
荷車で食器行商	23
野菜卸売	24
レンタル・オートリキシャ運転手	25、44、（14、41）
液体漂白剤の行商	26
カリヤナ・ショップ（小さな食料雑貨店）経営	27、50、（37）
熟練建設労働者（日雇いの請負労働者）	28、29
警備員（請負・派遣労働者）	31、（23）
小さな製粉所勤務	32
小さなスプーン製造所勤務（研磨作業）	33
機械の修繕業	34
荷車で傷もの食器行商	35
運搬の荷車曳き	36、49
ネックレス用金属フック製造	37
自営の床屋	38
屋台の茶店	39

第4章　インフォーマル・セクター労働者の労働と生活：それぞれのストーリー　　*101*

オートリキシャ運転手（自前のオート）	４１
小さな機械製作所の旋盤工	４２、４３
小さな茶店勤務	４５
自転車でビスケットとペパーミント行商	４６
屋台の果物販売	４７
繕い仕事（rafoo）	４８
小さなパイプ製作所の旋盤工	５１
小さな仕立屋勤務	５２
＊内職	３９、５３、（２３、４４）
＊家事使用人	１、１３、１４、１８、２２、 ４９、５１
＊結婚式場の食事係（臨時）	２６、２９、５０

(2)　その他キーワード

〈就業・失業・転職〉

カースト固有の（世襲的）職業──２①②、３①②、４①、７①、８①②、１５①②、
　　　　　　１９①②、２３①、３２①、３５①、３８①

工場閉鎖──（すべて①）１０、１４、１５、３２、３５、３９、４０、４８

バドゥリ労働者──（すべて①）１０、１４、１５、３２、３５、３９、４８

Employee's Son（縁故採用）──１７①、３２①

自営業開業──４①、７②、９①、１２①、３７①、３７②、４０①

児童労働──（すべて①）１、４、５、８、９、１１、１２、１４、１６、１９、２２、
　　　　　　２３、２９、３５、４１、４４、４７

退職準備基金法（適用）──３②、１０①、１３①、２３②

従業員国家保険法（適用）─３③、２３②

ボーナス支給法──２３②

ボーナス／ディワーリー特別手当──３①②、１６①、１７②、３１①、３２①②、
　　　　　　３３①②、４２②、４３②、４９①②、５１①

日雇い建設労働者の寄せ場──２８①、２９①②、３０①、４９①、５２①②、
　　　　　　５３①②

無給の家族労働者──１１①②、２０①、２１①、２７①②、３７①②、４０①②、
　　　　　　４３①、４７①②、４８①、５２②

〈労使関係〉

交渉力の欠如──２３②、４３②

労働組合・事業者組合への加入について──３①、４①、５①、１７②、４４①

〈借金と貯蓄〉

借金（病気治療費）──６①、７②、９①、１６②、１９②、２２②、２３①、２４①、

　　　　　　　　２５①、３８①、４６②、５２①、５３②
借金（事業資金）――９②、２２②、３８②、３９②、４７①
借金（結婚資金）――３②、８①、１６①、２２①、２３①、２５②、２６②、２８①、
　　　　　　　　２９①、３０①、３２①、３５②、３９①②、４８①、４９②、
　　　　　　　　５３①
借金（住居の改築・改善）――１②、１２①、１４②、１５②、１９①、２３②、
　　　　　　　　３５②
借金（生活費、その他）――（すべて①）９、３１、４６、４９
借金（高利貸し）――１②、９①、１９②、２５②
融資スキームの利用――２３①、３０②、３７②
貯蓄――２①②、５①、３４②、４０①②、４５②

〈暮らし〉
大家族――６①、１７②、１９②、２３①、２４②、２５②、４４②、５３①②
子どもは村の親戚に――７①、２３②
カッチャーハウス・パッカーハウス――２５②、３１①
住居の改築――（１２①以外は②）１、１２①、１４、１５、２３、２６、３５、
　　　　　　　　４２、４４、４７、４９
政府の住宅スキーム――２３②、４５①
自宅トイレの設置――（すべて②）１、１１、１４、１９、２０、２１、２３、２４、
　　　　　　　　２９、３１、３３、４７
共用トイレ――１１①、２５②、４６②
スラム脱出（転居）――１０②、１２②、２４②、５０②
スラム撤去（転居）――１９②、２０②、２１②、２２②
病と仕事――１②、４②、２５①②、４６②

〈教育と職業訓練〉
教育への熱意――１２②、２４②、２７①②、２８②、３１②、３３②、４０②、
　　　　　　　　４１②、４２②、５３②
子のカレッジ進学（在学・卒業）――２４②、２７①②、３１②、４２②
正式の職業・技術訓練――７①、１６①、１７①、２７②、３６①、４２②、
　　　　　　　　４５②
奨学金――１３②

〈その他〉
GST（物品・サービス税）導入の影響――（すべて②）３０、３３、４１、４７
高額紙幣廃止――２８②、３０②
銀行口座開設――（すべて②）１、１９、２４、２６、３７、４２、５３
取締まり（ハラスメント）――１４②、３５①、４５①
社会運動・政治活動――９②、２３①②

第2節　53のストーリー

　各ストーリーの叙述は、2010/11 年調査の回答から始まり、約 7 年後の回答へと続く。

1　AB さん　40 代

　古い木材や金物の廃品回収をしている。非識字でカーストは指定カースト（以下、SC）、アフマダーバード出身である。祖父はラクダを使って自営の荷車曳きをし、父親は非識字で、神様の絵を売り歩いていた。

　廃品の回収先は中高所得層のさまざまな個人宅で、回収した廃品の販売先は種類ごとに 4 つの店舗である。1 カ月当たり、回収に 500 ～ 700 ルピーが掛かり、売却で 2,500 ～ 3,200 ルピーを得るので、1 カ月の所得は 2,000 ～ 2,500 ルピーである。

　母親方の祖父を手伝い、10 歳でこの仕事を始めた。働きながら仕事を覚え、それ以来仕事は同じだが、経営形態は変えてきた。売り上げを増やすために、回収した木材等をきれいに削って販売していたこともあれば、一時期は店を持ち、臨時で大工などを雇っていたこともある。しかし、兄弟の結婚のために運転資金を使ってしまい、また 2002 年の宗教暴動(1)で 1 年間店を閉めざるをえなくなったため、店を手放し現在の場所へ移ってきた。今は誰も雇わず単身で働いている。

　同居している家族は、妻（30 代、非識字）と娘・息子（10 代、20 代）が 2 名ずつ。妻は 4 軒の家でメイドとして働いているが、うち 3 軒はアパートで 1 軒は一戸建。1 軒がジャイナ教徒、3 軒が「その他カースト」でうち 2 軒が上位カーストのブラーマンの家である。これら 4 軒の家で合計 10 の作業をしている。1 つの作業につき報酬は月 250 ルピーだから、彼女の月収は合計 2,500 ルピーになる。また、長男が小さな衣類店で販売助手として働き 4,000 ルピーの月収を得ている。したがって一家の世帯所得は 9,000 ルピーである。資金の不足と客の減少で、商売の状況は以前に比べて大きく悪化したが、今のところ転職は考えていないとのこと。娘の結婚のために借りた借金が、銀行から 1 万ルピー、取引先からも 1 万ルピー残っている。結婚には総額 6 万ルピーかかったという。

　土地も家も所有しているが、住環境は極めて劣悪である。一部屋のみで、浴室はあるがトイレも水道もない。ただし隣家が親戚で、そこのトイレを使っている。白黒テレビ、自転車、携帯電話、天井取付扇風機がある。それでも子ども時代に比べ

て生活水準はやや向上したと感じている。何よりも稼得メンバーの増加が理由とのことだった。

■7年後

　妻、息子2人、娘1人の5人暮らしになった。長年にわたり廃品回収業をしていたが、7年前に転職した。理由は、扱っていたスクラップの量が減って収入が低下したことと、衣類用布地を行商する弟から、同じ仕事をしないかと誘われたからである。転職後、当座は月にだいたい5,000～6,000ルピーの稼ぎになった。ところが数年前に体調を崩して1年間休養。その後は本の卸売り店で運搬・整理の仕事をしていたが、月収は4,500ルピーに下がった上に、職場が自宅から遠く、通勤にシャトルリキシャ（オートを使った乗合タクシーで、特定区間をピストン輸送する）の代金として日に30ルピーもかかった。しかも今年に入って体調が再び悪くなり、仕事は中断していた。体調がよくなり次第また布の行商に戻りたいという。

　布の行商はアフマダーバードから25キロ以上離れた村々で行っていた。バスで村まで行き、村内を行商して回る。遠くの村で売るのは、町では行商人も店も多く入り込む余地がないためだ。訪ねる村には200～300軒の家があり、売り声をあげながら通りを歩く。そして一つの村で十分に売れたらそれで町に戻るし、売れなければ別の村に移動する。主要な顧客は中間層以上の村人だが、自宅近辺でも需要があれば売るのだという。

　妻は今もメイドをしている。以前のような複数戸掛け持ちではなく、1軒の家の専属メイドになっていた。朝10時から夕方3時までの勤務で、仕事は食器洗いや台所の片づけ、洗濯や洗濯ものの片付けなど。コックなど他にも4人が働いているというから、裕福な家なのだろう。しかも給与は月給制になり額も4,500ルピーに上がっていた。長男は、以前と同様に小さな衣類店で常用の販売員として働いていた。8年前に働き始めたときの月収は4,000ルピーだったが定期昇給があって今は8,000ルピーになった。次男は友人から運転を習い、最初は民間旅行会社の運転手になった。今は、運送会社に雇われ、公営バスの運転手として派遣されているらしい。給与は日給制で8時間までは日給320ルピー、8時間を超えると日給640ルピーになり、月に1万ルピーの所得になるという。こうして現在一家の世帯所得は合計2万2,500ルピーで、前回調査時の7,000ルピーからかなり大きく上昇した。

　ただし、バイクを買うため貴金属を抵当に金貸しから借りた15万ルピーの借金が残っている。家の改築費として銀行から各6万ルピーと1万5,000ルピー、合わせて7万5,000ルピー借金したが、これは完済した。国有銀行に口座はあるが[2]

第4章　インフォーマル・セクター労働者の労働と生活：それぞれのストーリー　　105

貯金はない。また、もう一人の娘も最近婚約し、関連費用が3万ルピーかかったらしい。

　回答者は体調が回復すれば再び布行商の仕事に戻る予定で、別の仕事に転職したいとは思っていない。しかし転職できるならビスケットなどを売る小さな店を持ちたいそうだ。よい仕事・給料を得るのに必要なのは教育、コネ、経験で、技術向上に必要なのは経験だと考えている。

　家も土地も行商をしている弟の名義で、賃料などは払っていない。改築によって天井は高く壁は見るからに粗雑な造りながらレンガ製になり、調理スペース込み2部屋の家へと変貌していた。今は水道、トイレ、水道なしの浴室もある。カラーテレビ、バイク、冷蔵庫、天井取付扇風機、中古だが3,000ルピーで買ったミシンもあった。子どもたちが大きくなり稼ぐようになったし、住居の状態や基本的な設備は7年前よりずっとよくなったから、生活水準はやや上昇したと感じている。子ども時代に比べるならば、経済状態も生活環境もずっとよくなったという。

■その後については次章「補」参照。

2　BBさん　50代

　36年間仕立屋をしてきた。グジャラート州農村部の出身で、「その他後進諸階級」（以下、OBC）。カレッジ卒[3]の学歴を持つ。祖父の教育レベルは不明で自営の大工だった。父親は非識字で仕立屋を営んでいた。カースト（ジャーティ）の世襲的職業は仕立屋である。

　BBさんは男兄弟3人の一番下。父親が進学を望み、兄弟のうち彼だけがカレッジに進学した。そうしてカレッジを卒業したが、その頃は仮に大きな会社に就職したくとも、推薦なしには無理だったという。そこで最初は自宅で注文を受けていたが、店を持つようになり、今も借店舗で営業している。仕立技術は父親から3カ月ほど訓練を受けた。店はほぼ毎日開け営業時間は朝8時半から夜の8時半まで。20代の長男が一緒に働き1カ月の売上は1万6,000ルピーである。材料費と交通費にあわせて4,000ルピー、店賃に4,000ルピー、計8,000ルピーの経費がかかるので、1カ月の所得は8,000ルピーになる。借金はない。貯金は毎月定額を15年間積み立ててきたから、かなりの額になるとのこと。

この5年間ほど、仕立て代の上昇や得意先の獲得によって仕事の状態はやや上向きだ。成功するには、いい客を掴み、技術力を向上させ、よい立地が重要。転職は考えていないし、自営業がいいが、始めるにはまず技術、次に資金が欠かせないという。

家族は妻（50代、教育は10学年）と、一緒に働いている長男（同9学年）で、副収入はない。しかし次男一家が向かいの家に住み、同じく自営の仕立屋をしている。家も土地も所有し、水道、トイレ、浴室もある。ラジオ、カラーテレビ、バイク、携帯電話、圧力鍋、冷蔵庫、扇風機、そしてもちろん仕事用のミシン（2台）もある。暮らし向きは子ども時代に比べてずっとよくなったらしい。インドの経済成長が第一の原因であり、その他、所得の上昇とよい家族に恵まれたことが理由だと述べた。

■ 6年後

以前と同じく、長男、妻との3人暮らしで、次男は今も真向いの家に暮らしている。以前は借り店舗で仕立屋をしていたが、現在は住居の2階で午前の2時間、午後の4時間ほど働いている。1軒の仕立屋と取引があり、その下請けとして注文を受けたり、近隣住民の注文を受けたりしているそうだ。月におよそ9,000ルピーの収入があり2,000ルピーほどの経費を差し引くと所得は7,000ルピー。妻も無給の家族労働者としてボタン付けや手縫い部分を手伝うことがあるが、今は日に1時間程度だ。

長男は、小さな仕立屋で働いていたこともあったが、今は小規模縫製工場に勤めている。ただし非正規雇用で、賃金は出来高給、給与は月6,000ルピーである。合わせると一家の世帯所得は月1万3,000ルピーとなる。なお、今も向いの家に家族と住む次男は、少し離れた場所に店舗をもっていて、所得は9,000ルピーほど。借金はなく、貯金が70〜80万ルピーあるらしい。毎年7万から8万ルピーを積み立て、この10年間でこの額になったという。

年齢が上がって仕事量が減ったから、商売はやや下降気味だという。同席していた次男は、仕事を拡張するのに必要なのは資金と場所で、資金があればもっと十分な需要のある場所に店を移したいと述べていた。BBさん本人も次男も転職に興味はなく、やはり自営業がいいとのこと。また、よい仕事・収入に必要なのはお金と経験、という点でも二人の意見は一致した。ただし、公的融資を受けたいと思っても賄賂なしには無理だとも述べていた。また、技術の向上に必要なのは経験者による指導とハードワークだという。

土地は公有地だが持ち家で2部屋＋ベランダ＋台所からなる。水道、トイレ、水

第4章　インフォーマル・セクター労働者の労働と生活：それぞれのストーリー　　107

道つきの浴室がある。カラーテレビ、自転車、バイク、扇風機、冷蔵庫、そして当
然ミシンもある。

　仕立て代はいくらか上がったが、物価が上昇しているから、この間生活水準に変
化はない。でも、子ども時代は村に住み、環境はずっと悪かったし、インドの経済
は成長してきたから、その頃に比べると暮らしはいくらかよくなったという。

> **3　CBさん　40代**

　マンホール清掃の労働者として、市に常用で雇われている。学校には8学年まで
行き、カーストはSCである。歴史的に清掃がカースト固有の職となってきた[4]。
父親の代に県内の農村からやってきた。祖父・父ともに非識字で、祖父は農業労働
者を、父親はやはり市の清掃員をしていた。

　CBさんが働き始めたのは18歳のときである。最初の5年間は、市の日雇い清
掃員として働いた。当時の日給は25ルピーで15日労働だから、月収は375ルピー
だったという。しかし5年後に常用になり（クラスⅣ、IDカードを所持）月収は一
気に上がって5,000ルピーになった。現在は朝8時から午後4時までの月26日勤
務で、月収は1万ルピーになっている。加えて年2,500ルピーのボーナスがある。

　家族は妻（30代、教育は6学年）、10代までの5人の子ども（娘3人、息子2人）
の7人家族である。妻も市のパートタイム清掃員として道路清掃に従事している。
朝6時から昼の12時まで月に26日働いて1カ月の所得は1,800ルピー。したがっ
て一家の所得は、ボーナス分も月割して加えると1万2,008ルピーである。

　ときどき転職を考えるらしい。できることなら大規模企業に常用で勤めたいが、
そのためにはまずお金が、次にコネが必要だという。清掃員には労働者組合がある
が、マンホール清掃員はその中に含まれていないという。家も土地も所有している。
中庭を挟んで敷地内に兄弟3家族が住み、水道、トイレ、浴室は共用している。自
転車、携帯電話、扇風機がある。安定した仕事を得たから、生活状態は子ども時代
に比べて少しよくなったとのこと。

■6年後

　娘2人が結婚して家を離れ、今は息子2人に娘1人そして妻との5人暮らしであ
る。娘は学校に3学年まで通ったが中退し、10代の息子たちは在籍してはいるが、

年齢と学年を考えると2人とも落第を繰り返しているようだ。息子たちには望むだけの教育を与えたいのだが、と語っていた。

仕事は今も市のマンホール清掃作業員（クラスIVのまま）である。朝8時から夕方4時までの勤務で月給は1万5,000ルピーに上がっていた。公務員なので当然、従業員国家保険法 (5)、退職準備基金法 (6) の対象である。ボーナスも月給1カ月分で1万5,000ルピー。これを月割りにして加えると所得は月1万6,250ルピーになる。妻も同じく市の清掃員だが、今もパートタイム勤務。日に4時間、道路清掃に携わり、所得は月6,000ルピーである。こうして一家の世帯所得は2万2,250ルピーである。娘の結婚のために借りた借金が30万ルピーあり、貯金はないとのこと。

賃金が上昇し、仕事量は減ったので、労働条件は少し良くなった。職場の労働条件を変えるのに必要なのは知識だという。現在、転職は望んでいない。公務員だし、なぜ仕事を変える必要がある、今の仕事がいいとのことだった。ただし、息子はできることなら郵便局か鉄道の公務員になってほしい。そのために必要なのはまず教育、そして試験や面接に向けて十分に準備することで、よい仕事や給料を得るには、第一にお金、第二にコネが、技術力を高めるには経験とハードワークが必要だという。

以前と同様、3兄弟の3家族、総勢20人が同じ敷地内に暮らしている。中庭があって、CBさんの家は調理スペースを含む2部屋で二階にある。水道、トイレ、水道付きの浴室もある。カラーテレビ、自転車、天井取付扇風機はあるが、他には何もないという。生活水準の変化については、7年前と比べた場合については無回答だったが、子ども時代に比べると経済的に上昇し生活環境もよくなってから、少し上昇したと感じている。ガナパティの祭りの時で、中庭にガナパティ（＝ガネーシャ：象の頭をもつヒンドゥー教の神）像が飾られていた。

4 DBさん 60代

大きな道路に面した小さな店で、アイロン掛け屋を営んでいる。3学年まで学校に通った。カーストは洗濯を世襲職とし、OBCである。地元出身で、祖父も父親も洗濯屋をしていた。祖父の学歴は知らないが、父親は非識字だったという。

30日間毎日働いているが、週1日は半ドン。主な客は、近くの住宅地に住む中高所得層の人々である。1日あたりの純収益は平均150ルピーだから、月収は4,500

第4章　インフォーマル・セクター労働者の労働と生活：それぞれのストーリー　　*109*

ルピーほど。電気代等の経費が月 700 ルピー掛かっている。

　DB さんは 10 歳で働き始めた。屋台の茶店でティーボーイとして 2 年間働いた。当時の日当は 1 日 25 パイサ。その後小規模繊維工場で日雇いとして 18 年間勤めたあと、現在のアイロン掛け屋を始めた。その頃この仕事をしていた妻の父親が、木炭式のアイロンをくれて、もし商売のできる場所が見つかったら電気アイロンを贈るよというので、彼は店探しを始めたらしい。住まい近くの現在地に適当な場所を見つけたので所有者に掛け合ったところ、建物を活用したいと思っていたので、他の出店希望者も探してくれれば貸すと言われた。結局うまく両隣に出店希望者を捜し出し、店を始めることができた。

　現在一緒に暮らしているのは、妻（50 代、教育は 6 学年）と 20 代の娘、そして 10 代の孫 2 人である。他に所得源はない。息子は 9 学年まで学校に行き、やはり洗濯屋をしていたが、家を出ている。娘は障がいがあり働けずにいる。

　洗濯屋の事業者組合があって DB さんもそのメンバーである。加入による利益はとくに感じていないのだが、加入者は料金の引き下げ競争を防ぐために決められたサービス料金を守らねばならないとのこと。また、顧客の減少により商売は以前に比べると少し不調で、アイロンを所有する家が増えたせいではと DB さんは推測する。また彼自身の病気も一因とのことだ。

　土地も家も自分のものではない。家には小さな庭があって家賃は 1,500 ルピー。トイレ、水道、浴室がある。カラーテレビ、自転車、天井取付扇風機、冷蔵庫もある。物価上昇、出費の増加、責任の増加により、生活状態は子ども時代より少し厳しいと感じているという。

■7 年後

　自宅の場所は少し変わったらしいが、今回もインタビューは以前と同じく店舗で行った。現在は妻、30 代の娘、20 代になった孫の 4 人暮らしである。孫は長男の息子で、11 学年まで教育を受け、現在は病院に勤め研修中とのことだった。

　仕事は変わらずアイロン掛け屋である。客は周辺の住民だが、店舗は以前のままスラム地区と中間層居住地域の間の大通りに面した便利な場所にあり、車で通りがかりに衣類を受け取っていく人もいた。シャツやパンツ 1 枚につき 4 ～ 5 ルピー。週 6 日労働で 1 日 400 ルピーの純益だから、月 26 日労働日として 1 万 400 ルピーの所得。妻も毎日 2 時間ほど手伝っている。

　商売の状況に変化はないとのこと。店の評判は上々で顧客数は大きく増えているのだが、前回調査前後から体調を崩して、十分に仕事ができないのだという。1 度

手術のために 3 日間入院し、今も通院して薬の処方を受けている状態で、少しハードに歩くと調子を崩す。薬を飲むと眠くなるので 3 日に 1 度しか服用していないけれど、薬代が日に 40 ルピー、1 カ月で 1,200 ルピーも掛かっているのが大きな経済的負担だと述べた。

体調が悪いし高齢だから転職は考えていない。しかし、アイロン掛けは重労働だし、敢えて言うなら、もっとストレスの少なそうなカリヤナ・ショップ（食料雑貨店）の経営がいい。ただし若ければとのこと。いい仕事・給料のために必要なのはお金、技術向上のために必要なのは経験だろうという。

土地も家も所有していない。かつて中間層の住宅地に住んでいて、その後スラムに移ったが、数年前にまた別の場所に移動し、今の家賃は月 2,500 ルピーである。トイレ、水道と、屋外だが水道つき浴室がある。カラーテレビ、自転車、冷蔵庫、天井取付扇風機がある。借金も貯金もない。病気以外に問題はなく、7 年前と生活水準は変わらない。子ども時代は市中心部の賃貸に住んでいたが、経済的には困窮を極めていて、食事は日に 2 回だけだった。だから子ども時代に比べると生活水準は大きく上昇したと思うという。

長男は、市内の別の借家に妻と娘の 3 人で住み、自宅でアイロン掛け屋をしているそうだ。

追記：治療費がかさむとのことだったので、もっと安価なジェネリック薬を処方してもらったらと、同じ病気を持つ調査アシスタントがアドバイスした。インドはジェネリック薬の輸出国として知られるが、回答者はその存在を知らなかった。

アイロン掛け屋（2017 年）

5 FBさん 40代

溶接工として零細製造所に日雇いで雇われている。教育レベルは5学年。OBCでアフマダーバード出身である。祖父は鍛冶屋だった。父親の学歴は8学年か9学年で、大規模建設会社に直接雇用で雇われ、労働者用住宅を造る大工として働いていた。

FBさんは、製造所で鉄製の窓枠やゲートなどを製造している。1カ月に20～22日勤務し、日収150ルピーだから所得はおよそ月3,300ルピーである。12歳で建設現場の請負労働者として働き始め、当時の日当は2.5ルピーだった。6年ほど働いた後、また請負労働者として建設現場の溶接工として働き始め、その仕事を9年間続けた。その後、同じ請負人（請負労働者数は12名）から派遣され、当時父親が雇われていた大規模建設会社で働くようになった。会社からは一家に住宅が提供されていたが、その分賃金は低かった。しかし請負で雇用が不安定なのでやがて零細鉄工所に転職する。直接雇用の溶接工としてそこに7年間勤めた。そして、やはり給与が低かったので辞め、その後の数年間は日雇いの溶接工として4つの小さな作業所を転々とした後、現在の作業所で働き始めたのが約2年前である。

家族は妻（30代、教育は3学年）と10代の息子、小学校に通う娘である。妻はベビーシッターとして1軒の家で働いているが、雇用期間はその子どもが大きくなるまでのあと2年である。月給制で月800ルピー支給され、ボーナスの支給はない。これを加えて一家の所得は月4,100ルピー。母親の葬儀費用として親戚・友人から借りた借金が1万ルピー残っているが、生命保険に入り年間3,000ルピーの積み立てをしているので、その積立額が2万5,000ルピーになっている。

今、転職は考えてはいない。望ましい仕事は規模の大小を問わず給与の高い仕事だが、給与より重要なのは常用の雇用だという。もし労働組合があるならば、経営者の不当な行為に対して力になってほしいので加入したい。だが、小さな作業所で働く溶接工が加入できる組合があるとは聞いたことがない、という。

土地も家も所有している。トイレ、水道、浴室があって、カラーテレビ、自転車、スクータ、携帯電話、天井取付扇風機、ミシンもある。FBさんの兄は工事現場で足場から落下して亡くなり、兄の妻らが同じ建物の二階に住んでいた。生活水準は子ども時代より少し下がったと感じている。1つの理由は物価上昇で、もう1つは居住環境の悪化とのこと。子ども時代は建設現場で暮らしていたが、会社提供の住宅の方が今より良かったらしい。

別の回答者の家まで案内してくれた息子は、現在後期中等で学校に通っているが、次はITI（産業訓練所）に行き、専門職に就きたいと道々話してくれた。

■7年後

近所の住民によると、FBさんは4年前に他界。家族は家を売却して転居したとのことだった。

6　GBさん　30代

布の担ぎ商いをする行商人である。学校教育は9学年まで受け、カーストはSCである。祖父は非識字で自営の大工をしていた。同居している父親は、GBさんと同じく布の行商人をしている。

アフマダーバード各地を行商して廻り、客は高・中所得層である。週6日労働で、1日あたりの売上は300ルピー、利益は100ルピーほどで、1カ月当たりの所得は約2,500ルピーとのことだった。20歳で働き始めて以来、ずっとこの仕事をしている。副業はないし、妻（30代、教育レベルは不明）も稼得労働はしていない。既製服との競争、そうした中での同業者との競争の激化により、商売は最近やや低迷気味とのこと。

親戚・友人からの借金が20万ルピー残っている。妻や本人が病気をして何度も手術を受け、そのため借りたのだという。5人兄弟の家族、総勢21人が一軒の家に居住しているが、台所は別とのこと。住居建物はしっかりとした二階建てである。彼の家族は妻と10歳前後の3人の子どもたちだが、貧しくて子どもたちを上の学校にやれないと述べていた。家も土地も自分たちのもので、トイレ・浴室・水道もある。しかし一家が所有している家財道具は、ラジオ、天井取付扇風機、ミシンで、自宅にテレビはない。子ども時代より生活はやや悪化した。理由は物価上昇と仕事がうまくいっていないからだという。

■7年後

他州に帰省中とのことで本人不在。期間内に戻ってこないため調査は断念した。

第４章　インフォーマル・セクター労働者の労働と生活：それぞれのストーリー　　113

> ## 7　HC さん　30 代

　トラック運転手をしている。教育レベルは SSC（中等教育修了認定）で、カーストは SC である。祖父は世襲的職業の皮革職人で、染色工をしていた。50 代の父親（学校は４学年まで）は、今も田舎で小作農をしている。

　職業紹介所の紹介で、公営バスの車掌の訓練（15 日間）を受けたことがある。今は複数の運送会社とつながりがあって、連絡を受けるとその運送会社のトラックで機械の移動や作業所の移転など荷運びを行う。自前のトラックはなく、運送サービスを提供する日雇いの労働者と言えるだろう。１日当たりの手当は 150 ルピーで、オーバータイム手当(100 ルピー)が月に４回ほど入る。それを含むと月 4,150 ルピーの収入になる。

　HC さんは 18 歳のときから７年間、小作農の父親と一緒に農業に従事していた。しかし灌漑設備もない土地で所得上昇の見込みもなかった。そこで日雇いの建設作業員として１年間働いたあと、トラックの運転を叔父から教わり、トラック運転手になった。以前よりも賃金は上がってきているし雇い主との関係も良好なので、仕事は上向きといえる。ともかく自分のトラックが欲しいが、高額だ(60 〜 70 万ルピーとのこと)、と言う。家計の必要から借りた２万 5,000 ルピーの借金がある。

　子どもは５人。全員の面倒は見きれないので、うち３人は田舎の両親と暮らしている。ここでは息子２人と妻（30 代、教育は２学年まで）との４人暮らしである。田舎の両親からは小麦やトウモロコシが送られてくるので、主食で買うのは米のみ。送ってくれる穀物は市場で買えば年間で 6,000 ルピー分くらいに相当するだろうとのこと。月割りで 500 ルピーになり、これも含むと所得は月 4,667 ルピーになる。

　家・土地ともに所有（８万ルピーで購入）している。小さな住まいだが、２部屋あってトイレと水道もある。浴室はない。カラーテレビ、バイク、携帯電話、天井取付扇風機をもっている。よい仕事も得たし、所得も上昇しているから、子ども時代より生活水準は少し上がったと感じているとのこと。

■７年後

　家族規模は４人から６人に増えていた。HC さん本人、妻、10 代の息子２人の４人に、前回調査時は田舎で暮らしていた３人の子どものうち、２人の娘が加わった。同居する息子たちはそれぞれ８年生と 10 年生で、順調に進級している。

　職業は今も変わらず運転手だが、以前の日雇いトラック運転手から、望んでいた

自営の運送業者となっていた。2012 年に荷運び用のテンポ(7)を 16 万 9,000 ルピー
で購入し、機械の輸送を専門にしている。自営業を始めるにあたり、叔父から資金
援助を受けた。仕事はそれまでも荷運びをしていた機械工場から得ている。月収は
8,000 ルピーに上昇した。

　妻は、アイスクリームのスプーンを束にくくる内職をしていたこともあるが（月
に 2,000 ～ 2,500 ルピー）、今はしていない。一緒に暮らす娘 2 人は、HSC（後期中等
教育修了認定）まで教育を受けたあと、働いていた。姉のほうは零細作業所に臨時
雇用で勤務し、ドアの鍵のパッキング作業をし、妹は中規模の縫製工場で臨時雇い
の縫製工として働いているそうだ。それぞれ 4,500 ルピー、5,000 ルピーの所得が
あり、すべて家に入れている。また、前回調査時と同様、田舎から年に 5,000 ルピー
相当の小麦の仕送りもある。これを月割りにして加えると、一家の世帯所得は月 1
万 7,917 ルピーになる。本人の所得上昇と稼ぎ手の増加で一家の所得はかなり上昇
した。しかし、HC さんの田舎に住む父親が深刻な病を患っていて、治療費を親戚
から借り、その借金が 20 万ルピーになっている。貯金はないとのこと。

　新しい仕事の開始、そのための新規投資を経て、また取引先との関係もよく、仕
事はやや上向きと感じている。とはいえ、自営業になった当初は月に 2 万ルピーほ
ど稼いでいたというのだから、その点では低迷といえる。ビジネスをさらに発展さ
せるのに必要なのは、顧客とのよい関係と公的融資へのアクセスだと考えているが、
融資を受けた経験はまだない。トラック（氏によると価格 65 万ルピー）を手に入れ、
仕事をさらに拡張したいと語る。よい仕事よい給料を得るのに必要なのは技術と経
験で、仕事は自営業がいいという。

　土地・家ともに所有しているが、6 人暮らしにしてキッチンスペース込みの 2 部
屋である。トイレ、水道、水道つきの浴室、床下に小さな貯水槽がある。家財道具
としては、カラーテレビ、冷蔵庫、天井取付扇風機がある。

　7 年前に比べると世帯所得が上昇して生活水準は少し上がったが、子ども時代に
比べると支出が増え、責任も増えたので、やや低下したと感じるという。

■その後については次章「補」参照。

第4章　インフォーマル・セクター労働者の労働と生活：それぞれのストーリー　　115

小さな縫製作業所（2023年）

8　ICさん　30代

　荷車の野菜売りをしている。教育レベルは4学年で、カーストはOBCである。祖父の情報は一切なかったが、父親は溶接工として15年間工場で働き、その後、野菜の行商人に転じたという。

　ICさんは、10歳の時に両親の野菜販売を手伝い、働き始めた。仕事の方法をその中で身につけ、現在、屋台を出しているのは道路沿いの野菜売り場で、客は主にスラム住民である。朝8時か9時にオートリキシャかバスで野菜卸売市場に仕入れに出かけ、午後4時から8時まで販売している。週6日労働である。1日あたり仕入れに1,000ルピー掛かり、利益は150ルピーだから、1カ月の所得は3,900ルピーである。

　家族は妻（20代、教育は4学年）と幼い子どもが2人で、妻とは再婚である。両親はICさんの結婚のために多額の借金をし、その借金が5万ルピー残っていて、今も返済中だという。家は持ち家でトイレはある。水道はなく、カラーテレビ、携帯電話、天井取付扇風機がある。両親はすでに他界したが、両親が存命だったから子ども時代の方が生活状況はまだ良かったという。回答者は質問の意味が十分に理解できないことがあり、そのときは妻が積極的に説明したり回答してくれた。

■7年後

妻は妊娠中で、今のところ娘3人を含む5人の核家族である。仕事に変化はなく今も路上で野菜を売っている。販売場所は露天商ごとに決まっていて、客は近くの貧しい住人である。現在も2日に1度は早朝に卸売市場に行き、市場で販売しているのは午後3時から9時までだ。1日の所得は200ルピー程度だから、月に約6,000ルピーの所得になる。妻は外で働いた経験はなく、子どもが増えて忙しいという。子どもや自分、妻の病気治療費として、また生活費として親戚から借金し、その額が今は10万ルピーに上っている。

野菜の値上がりで客が減った。購入量も減っていて、商売はひどく悪化しているそうだ。転職希望を問うと、ICさんは、したくはないが可能なら雇われる方がいいと回答。今回も同席した妻は、これがカースト固有の職なのになぜ仕事を変える必要があるのかと、否定的だった。よい仕事・給料を得るにはお金と教育が必要と述べたが、技術を向上させるには何が必要だと思うかとの問いは、何度も表現を変えて説明したが、問いの意味が理解されなかった。

住居は調理スペースを含む1部屋とベランダである。カラーテレビ、天井取付扇風機、携帯はあるが、それ以外に家財はほとんどない。水道はあるが水が出ない状況は7年前と同じで、（水道のない）浴室は共同である。

7年前に比べて所得が減り（名目では前より上昇しているのだが）、商売も悪化していて、生活水準は下がったという。子ども時代は物価がもっと低かったし、今のように責任が重くなかったから、子ども時代に比べても今の方が生活水準は下がったと感じるとのこと。

9　JCさん　30代

スラムの街頭でパーン（キンマの葉に香辛料などを包んだ噛みたばこのような嗜好品）のショップを経営している。学校教育は8学年までで、カーストはSCである。祖父（学校教育は7学年まで）は大規模繊維工場に勤め、クリーニング部門でボビンの洗浄・取り付け作業をしていた。また父親（同、4学年まで）も、祖父と同じ工場の同じ部署で同じ仕事をしていた。

2つのスラム地区を分ける大きな通りのまん中に、JCさんはごく小さな店を出している。毎日休みなしで、朝7時から夜の11時半までの営業だ。1日当たりの

売上げが 350 ルピーで利益は 150 ～ 175 ルピー。1 カ月あたりにすると、売上げ 1 万 500 ルピー、利益 5,250 ルピーで、経費 5,250 ルピーとなる。

　子どもの頃はもっと貧しく、JC さんは 7 歳になると学校に通いながら母親や兄弟と一緒に屑拾いをして働き始めた。家族 4 人で働いて、日に 150 ルピーほどの収入になった。学校は 8 学年修了とはなっているが、朝は 6 ～ 12 時、午後も 2 ～ 6 時の間働いていたから、実のところ学校にはほとんど行けず、試験だけ受けていた。教師は家庭の事情を知っていたのでパスさせてくれたのではないかという。

　20 歳になる前からガスボンベの配達、その後はペダル・リキシャで荷役労働をし、8 年前に病気をしてその仕事ができなくなってから、パーン・ショップを始めた。ペダル・リキシャの仕事をしていたときに、パーンをよく買っていたので、行きつけのパーン屋から情報を仕入れ、友人からも卸売などに関する情報を得て始めた。当時この場所に道路はなく、場所の確保も簡単だったし、今に至るまで警察の「嫌がらせ」(8) もないという。つい最近隣に食べ物の屋台も出し、経営を拡張している。パーン・ショップと食べ物の屋台の店番は、家族や向かいの家に住む兄弟など、誰でも手が空いているときに行っている。客は近隣の住人とこの道を通過する車で、主に前者である。

　JC さんは、多額の借金を抱えている。年利 20％で毎日返済しなければならない借金や、貴金属を担保に近隣の金貸しから借りた借金など、借入先は複数にわたり、総額 16 万 6,000 ルピーに達していた。結婚費用や病気治療費、また生活費として使われてきた。

　家族は両親、妻（30 代、教育は 7 学年まで）、息子 1 人、娘 2 人の 7 人。台所は別だが、食事は近くに住む兄弟家族も一緒にとる。子ども時代は苦労しただろうに、それでも子ども時代の方が生活水準はましだったと回答。理由は、現在の出費の増加、物価上昇、ビジネスの不調だとのこと。今、家にはトイレ・浴室があり、持ち家である。カラーテレビ、自転車、携帯電話、天井取付扇風機もある。

■ 7 年後

　家族は娘が 1 人増えて 8 人になっていた。子どもは学校に通う 10 代までの娘 3 人と、すでに働いているやはり 10 代の息子の 4 名である。

　前は、パーン・ショップと食べ物の屋台を経営していたが、今は社会活動に忙しくて、パーン・ショップは閉めているとのこと。ただし、3 年前にはオートリキシャを購入し運転業もしていたらしい。ところが借金返済が滞ったためオートは没収されてしまったという（この件は係争中とのこと）。食べ物屋は家族が手伝っている。

売上が1万ルピーで、4,000ルピーの経費をさし引くと所得は月6,000ルピー。オートがあった1カ月前までは、収入はグロスで1万5,000ルピー、ネットで1万ルピーだったという。妻は家でアイスクリーム用スプーンを束にくくる内職をし、月に700ルピーほど得ている（出来高給で、2kgあたり10〜15ルピー。日に25kg分をくくる）。息子は9学年まで終えて、現在は臨時の旋盤工として小規模機械工場に勤務している。月収は約6,000ルピー。こうして一家の所得は、1カ月前までは2万2,700ルピーで現在は1万2,700ルピーである。オート購入のために、貴金属を担保に金貸しから借りた借金が10万ルピー残っていて、貯金はない。

　商売は良くなったり悪くなったりで、大きな変化はない。商売の改善に必要なのは資金と顧客とのよい関係で、転職は考えていない。よい仕事・給料を得るのに必要なのは経験と教育、技術向上に必要なのは低コストで受けられる職業訓練と経験だという。前回調査時は土地・家ともに所有しているとの回答だったが、今回、土地は公有と回答した。1部屋、台所、ベランダからなり、トイレ兼水道なしの浴室はあるが、水道は共同水道を利用している。カラーテレビ、天井取付扇風機、携帯電話、ミシンがある。ハードワークにより7年前にくらべると生活水準は大いに上昇し、子ども時代に比べても大きく上昇したという。

オムレツ屋台（2017年）

10　KCさん　60代

　自前の2つの荷車で、野菜売りをしている。学校教育は4学年まででOBCである。父親（非識字）はグジャラート州他県の出身で、祖父も父親も大規模繊維工場のリング精紡部門で働く紡績工だった。

　2つの荷車のうち1つは息子が使い、今は卸売市場へも息子が行っている。販売場所は市場で、客は多くが貧困層である。KCさん自身が働くのは月に20日ほどで、所得は月2,000ルピーとのこと。

　KCさんは、14歳の時から母親の野菜売りを手伝い始めた。10年ほど野菜売りをした後、20代半ばから大規模繊維工場でバドゥリ労働者⁽⁹⁾として働き始め、2年後にはリング精紡機を使う紡績工として常用で働くようになった。しかし、10年以上働いたその繊維工場は1980年代に閉鎖され、それ以降、荷車で野菜売りをしてきた。工場を辞めざるを得なくなったときには、退職準備基金法に基づき1万ルピーを手にした。

　このところ野菜の価格が上昇して客が減り、売上は20％ほど減少したらしい。大手スーパー進出による影響はとくに感じないという。オートリキシャ（三輪のエンジン付きリキシャ）運転手への転職を考えたことはあるが、経験も技術もないのであきらめた。よい仕事とは、規模の大小に関係なく給与が高いことにつきるという。

　妻（50代、非識字）、息子夫婦、孫の5人暮らし。持ち家で、トイレはあるが浴室はない。カラーテレビ、携帯電話、天井取付扇風機がある。また、共同の洗い場が数軒共有の中庭にあるが、土地の高低と水圧の影響なのか水はこの5年ほど出ていない。水道もついていない。これまで市に対応を頼んできたのだが進展はないという。水は、近隣の家どこでも出る家から随時分けてもらうらしい。

■7年後

　前年訪ねたとき、近隣住民の話しでは住まいも仕事も同じとのことだったので、何度か自宅と仕事先の市場を訪ねたが、会えなかった。1年後再び訪ねると、スラムを離れ息子一家とともに引越をしていた。妻は他界し、今は30代の息子、その妻、孫との4人暮らしである。

　今も荷車で野菜を売っているという。1カ月の売上げは9,000ルピーだが、経費が6,000ルピーかかるので、純収益は3,000ルピー。息子が4人いて、全員が荷車で野菜販売をしている。一緒に暮らす息子の稼ぎが月4,500ルピーだから、一家の

所得は月に約 7,500 ルピーとなる。銀行口座はなく貯金もないが、借金もない。商売の状態に変化はないし、売上げを伸ばす方法などこの歳で考えられないと回答。

とはいえ今の住まいは普通の住宅地だ。大家の家の二階に暮らしている。2 部屋とベランダがあり、家賃は月 2,500 ルピーだから安くはない。水道、トイレ、水道付きの浴室もある。また、カラーテレビ、天井取付扇風機、携帯電話、圧力鍋があり、オートリキシャを 1 台所有しているとのことだったが、その使途については語られなかった。子どもたちが皆成長し働いているから 8 年前に比べると生活水準は少し上がったという。

追記：回答者を訪ねたのが祭りの日で、外出予定があったらしく慌ただしいインタビューとなった。そのせいもあって、質問できないか十分確認できない回答もあった。スラム外への移動の例として興味深かったたが、結局回答不十分によりこのデータは第 3 章の全体の分析からは除いている。

１１　LD さん　30 代

自営の仕立屋で、サリー用のチョリ（ブラウス）などを縫っている。教育レベルは 7 学年、カーストは OBC である。父親の代に他州の村からアフマダーバードにやってきた。祖父は非識字で農業労働者、父親は非識字で自営の仕立屋をしていた。

スラム地区の一つの入り口付近に小店舗がいくつか並び、LD さんはそこにカウンターだけの小さな店を出している。仕事は年中無休で、営業時間は朝 8 時から夜 11 時まで。客は、同スラムとスラムに隣接する住宅地（ソサエティ）に居住している中・低所得層の人びとである。1 カ月の売上は概算で 1 万ルピー、店賃が月 100 ルピーで、電気代や材料費など経費が合わせて 3,300 ルピー、所得は月 6,700 ルピーである。

子どもの頃、父親は病気がちで 3 人の姉妹がいる中、1 人息子の LD さんは 6 年生で働き始めた。朝は学校に行き、午後 1 ～ 7 時はごく小さな肥料工場で瓶詰め作業をした。日当は 10 ルピー。1 年近くその仕事をしたあと辞め、父親の指導のもとで 1 年ほど仕立ての見習いをした。学校は 7 学年まで終えてやめ、10 代半ばから現在の場所で働いている。

今、家族は、母親、妻（20 代、教育は 7 学年）、11 歳を頭に娘 2 人と息子 1 人である。妻は自宅で日に 3 ～ 4 時間、時間があるときに手縫い作業で夫の仕事を手伝ってい

第4章　インフォーマル・セクター労働者の労働と生活：それぞれのストーリー　　*121*

る。母親も手伝っていて、調査のときも届けものに来ていた。この数年、仕事上の変化はなく、できるなら転職したい。理想の仕事は大規模企業の常用雇用者で、衣類縫製の仕事がいい。しかし、そうした仕事に就くにはまずコネが、そして技術が必要だろうから難しいという。

　土地も家も自分のものではなく、家賃が月800ルピーかかっている。家にトイレはなく公衆トイレを使っているが、1回の利用に2ルピーかかる。水道と浴室はある。カラーテレビ、自転車、携帯電話、天井取付扇風機、ミシン、洗濯機がある。子ども時代は父親が病気がちだったし、今の方が一所懸命働き所得も上がっているから、子ども時代より暮らし向きは少しよくなったと感じている。

■7年後

　家族構成は前回のままで6人家族である。3人の子どものうち、長女はHSCの試験に合格し働き始めたばかり。調査数カ月前にLDさんを訪ねたとき、娘をカレッジに行かせたいと語っていたが、それは実現しなかったようだ。小さな化粧品店の販売員になっていた。まだ臨時雇いで月収は3,000ルピーである。下の2人は学校に通っている。

　LDさんの所得は、前回調査時の6,700ルピーから、今回は1万1,000ルピーに上がっていた。母親が病気になったこともあって、妻は以前のように仕事を手伝えないが、ボタン付けなどの手作業を日に2時間程度自宅で行っている。また、娘の月収もあるので、一家の世帯所得は月6,700ルピーから1万4,000ルピーまで上昇した。母親の治療費に10万ルピー以上かかったが、貯金でまかなった。前回調査時同様、今も借金・貯蓄はいずれもないという。

　所得が上がっているとはいえ、注文が減って仕事の景気はあまりよくない。第一の原因は、同業者との競争が激しくなっていることで、もう一つの原因は、自分で縫い物をする人が増えているせいだろうと推測する。改善するためには、よりよい立地と資金が必要で、自分の技術には自信があるので、さらに何か訓練機会が必要とは思わないとのこと。

　1部屋と台所からなる賃貸の家に住み、家賃が月に1,500ルピーかかっている。以前はトイレがなく、一回2ルピーの公衆トイレを使っていたが、今はある。水道と浴室は前からあって浴室にも水道がある。

12　MDさん　30代

　オートリキシャの運転手で、学校への子どもの送迎が主な仕事である。学校教育は9学年までで、「その他カースト」である。もともとは他州の出身だが、すでに三世代にわたってアフマダーバードに住んでいる。父親は非識字で、同じくオートリキシャ運転手をしていたらしい。祖父については不明。

　送迎の対象は50人の子どもたちである。仕事時間は朝6時から夜6時まで、月26日労働である。料金は月極で1人あたり150ルピーだから、50人で月7,500ルピーになる。待ち時間には流しのオート運転手もしており、その稼ぎも含むと1日の売上げ平均額は400ルピー、経費が150ルピーなので利益は250ルピー。1カ月にすると、収入1万400ルピー、経費3,900ルピーで、純益は月7,500ルピーである。

　MDさんは、小学校に通いながら9歳で働き始めた。昼の12時から夜の7時まで、小さな宝石店でパートタイムで働いた。月50ルピーの賃金は8年後には600ルピーになっていた。けれども低賃金を理由にそこを辞め、次は自動車の部品を扱う従業員2人の小さな卸売店に勤め、配達業務をしていた。ここでも低賃金で、その上毎日40キロメートルの距離をスクータで配達して廻らねばならず、2年で辞めた。その間に父親から運転を習い、オートリキシャの免許を取得[10]。運転手になった。最初はレンタル・リキシャに乗っていた。子どもの送迎を始めたのは、あるオート運転手が高齢のため送迎を止めることになり、その「送迎権」が売りに出されたから。当時、送迎していた子どもの数は12～13人で、権利を5,000ルピーで引き継いだ。

　家族は祖母、母、妻（30代、教育は4学年）、まだ幼い息子、弟2人とその妻1名の8人家族である。弟たちは2人とも宝石店で店員として働いている。1人は小売店、1人は卸売店で働き、合わせて月8,000ルピーの稼ぎがある。したがって一家の世帯所得は総計1万5,500ルピーになる。現在、家を改修中で、建設費用の足しに弟の勤め先から借りた借金が15万ルピーに上っている。貯金はないとのこと。

　売上は増えているが物価が上がっているので、実質所得は減少しており、そのせいで商売はやや下降気味と感じている。転職はしたいがやはり自営業がいい。オートリキシャ運転手の組合があるらしいが、利益は何もないと思っているので加入していないという。

　改修中の家は、スラム地区内ではなかなか立派な建物だ。土地も所有している。ラジオ、カラーテレビ、スクータ、携帯電話、冷蔵庫、天井取付扇風機、ミシンがあり、商売用のオートも自前。トイレ、浴室、水道もある。子ども時代に比べて生

活状態は格段によくなったとのことで、理由は所得の上昇、よい家族、住環境の向上である。

■7年後

　MDさんはスラムを離れ、一般の住宅地（ソサエティ）に転居していた。以前は祖母や弟たちを含む8人家族だったが、今は母親、妻、息子、娘の5人家族で暮らしている。

　仕事は前と同じ子どもの送迎である。しかし今はオートリキシャではなく、購入した中古バンで送迎している。25～30名の子どもを2つの保育園や私立の小学校に送迎し、1カ月の粗収入は約2万5,000ルピーである。経費が5,000ルピーかかるので、所得は月2万ルピーで、他に所得源はない。借金はないが、妻の病気治療費として使ったため貯金もないとのこと。仕事をもっと発展させるためには、さらに顧客を得る必要があるという。

　現在の仕事に満足しているし、たとえ勤め人になっても教育レベルが低いためよい給料が得られるとは思えないから、転職しようとは思っていない。しかし機会があるなら、姉夫婦が衣類店をうまく経営しているので、同じような店を経営できればいいとも思う。

　よい仕事や給料を得るのに必要なのは、顧客である生徒の親とのよい関係と運転技術で、技術向上のために必要なのはハードワークと経験。子どもには教育と技術が重要で、だから本人が望むだけの教育を与えたいと思うが、子ども自身に関心がなければどうしようもない。英語教育の学校に通わせるのか、との問に対しては、家で英語を話す機会がないから子どもたちが学校で困るだろうし、日常的に英語を使う家庭の子どもたちと明確な差が出てしまうと述べていた。

　新居の購入価格は破格の高さだった。古い家を売却した代金に追加資金を加えて購入したという。だから土地も家も所有し、間取りは2部屋＋台所である。トイレ、水道、シャワー付きの浴室がある。ラジオ、カラーテレビ、子ども2人の自転車、バイク、仕事用の自動車（バン）、冷蔵庫、天井取付扇風機、エアークーラーがあり、洗濯機ももうすぐ購入する予定だそうだ。引越し先不明で、ようやく見つけた送迎先の学校前で調査したため、新居は訪ねられなかった。

　生活水準は、ハードワークによって所得が増え、7年前に比べていくらか上昇したし、子ども時代に比べると大きく上昇したという。子ども時代に住んでいたのは前回調査時のスラムで、父親が早く亡くなり9歳で働き始めねばならなかった。教育が十分に受けられなかったし、経済的に貧しく水も電気もなかったからだという。

SC や指定部族（ST）には留保政策があるが、「その他カースト」である自身は何の利益も得られないと、留保政策への不満も聞かれた。

13　ND さん　40代

　建設労働者である。教育レベル 8 学年の指定部族（以下、ST）である。父親の代にグジャラート州の他県からやってきた。祖父の学歴は不明だが、3 つの八百屋を経営していたらしい。父親は 5 学年まで教育を受け、大規模繊維工場の食堂でお茶をつくっていた。退職時には 1 万 6,000 ルピーの退職準備基金を受け取ったというのだから、直接雇用の常用雇用者だったのだろう。

　ND さんは請負労働者だが、数人の請負人と取引があって必要な時に声がかかるので、日雇い労働市場＝寄せ場(11) を訪ねて仕事待ちすることはない。仕事があるのは月に 20 日ほどで、その日は朝 9 時から午後 5 時まで働いている。日給が 150 ルピーなので所得は月 3,000 ルピーである。

　働き始めたのは 16 歳のときだった。最初は医療用器具を扱う市内のごく小さな商店に用務員として雇われて、3 年ほど勤めた。常用だったという。しかし労働条件が悪いので辞め、それ以来ずっと今の仕事をしてきた。

　家族は妻（40 代、教育が 5 学年）と 10 歳前後の子ども 3 人で、子どもたちはみな学校に通っている。妻は 10 歳頃から 1 軒の家でメイドとして働き始め、30 年勤めてきた。賃金は月給制で月 1,500 ルピーが支払われている。労働時間は朝 11 時から夜 6 時までで、調査で訪ねた日（平日）も妻はいなかった。こうして一家の所得は月 4,500 ルピーである。

　仕事には満足していて、転職の希望はないとのことだ。規模に関係なく雇われる方がいいし、雇用形態は日雇いがいいという。

　土地も家も自分のものではなく、年間 60 ルピーの家賃を払っている。狭い 1 部屋の家でトイレ、浴室、水道はない。カラーテレビと天井取付扇風機がある。しかし、小さなドアで仕切られた背中合わせの家はもう少し環境がよいようで、兄一家の住まいである。兄は郵便局で運転手を、弟は銀行で用務員をしている。子ども時代に比べると、物価上昇に加えて支出が増え、生活状態はやや悪化したと感じるとのこと。

第４章　インフォーマル・セクター労働者の労働と生活：それぞれのストーリー　　*125*

■ 7 年後

妻と息子２人の４人暮らしになった。仕事に変化はなく、今も日雇いの未熟練労働者として熟練建設労働者（メーソン）のヘルパーをしている。地区内に住む５人の請負人とコンタクトがあり、仕事があれば携帯電話に連絡が入るか直接家までやってくる。日給は300ルピーに上昇し、月に10 〜 15日働いているから、所得は月3,000 〜 4,500ルピー。妻は今は２軒の家で家事使用人をしていて、月3,000ルピーを得ている。また長男は、春のHSCの試験に受からず、コールセンターで臨時で働き始めていた。12時間労働で、月6,000 〜 7,000ルピーを得ているという。こうして一家の世帯所得は月１万3,250ルピーに上昇。借金、貯金はないという。次男は10年生で学校に通っているが、教科書は無料給付だし、奨学金を受けている(12)。だから教育費の負担はない。

ただ、労働条件はひどく悪化しているらしい。仕事が大きく減って（半減したという）、請負人たちも失業状態に陥っている。状況を変えたいが、そのためには職業訓練や請負人との関係が重要だと述べる。とはいえ、他に何の知識も能力もないので転職は望んでいない。それでも敢えて言うなら茶店や雑貨店を自分で経営するのがいい。よい仕事・給料を得るのに必要なのはコネとお金で、技術向上には経験が必要だろうという。

家も土地も所有しているというが（前はわずかだが家賃を支払っていた）、小さな１部屋だけの家で、トイレは共用、水道もない。部屋の一角が小さな水浴び場である。カラーテレビ、携帯電話、自転車、天井取付扇風機がある。７年前に比べても子ども時代に比べても所得に変化はなく、生活水準は変わっていないとの評価だ。

14　PD さん　50 代

建設現場で日雇いの塗装作業員をしている。非識字でSTである。曽祖父の代に他州からやってきた。祖父の学歴や仕事については全く不明だが、父親はアフマダーバードの大規模繊維工場で常用で働いていた。父親についても教育レベルは不明である。

20歳のとき、父親が勤めていた繊維工場にバドゥリ労働者（注９参照）として雇われ、働き始めた。当時の日給は２ルピーで、仕事があったのは月に15 〜 20日、月収は30 〜 40ルピーだった。そうした低賃金で不安的な雇用状態が20年間続い

たあと工場が閉鎖される。近所の住民に塗装工として働いていた者が多くいたので、それ以降は塗装工として建設現場で働いてきた。熟練労働者とのことだが、塗装の技術訓練を受けたことはなく、本人が述べた150ルピーの日給は、当時のアフマダーバードでは未熟練労働者の日給額である。本人のいう月25労働日で月額3,750ルピーとなる。労働時間は朝9時半から夕方6時まで。転職したいとは思ってないが、お金があるなら自営で茶店をするのがよく、そのために必要なのは一も二もなくお金だという。

　家族は、妻（40代、非識字）、20代の息子、10代の娘、息子の妻、の5人家族である。妻は家事使用人として毎日朝11時から午後3時まで働いている。2軒の家でそれぞれ3種類の家事をしている。1つの作業について1カ月当たり200ルピーの賃金なので、1カ月の所得は200×3×2＝1,200ルピーである。息子も塗装工で月2,000ルピーを、その妻もメイドとして月200ルピーを得ているので、一家の世帯所得は月7,150ルピーになる。借金も貯蓄もないとのことだ。

　家も土地も自分のものではない。居住環境は同スラム地区内でもとくに悪く、壁はレンガだが古びた物置のような1部屋の家である。電気がないので電気製品は一切ない。圧力鍋がある。市によってトイレが家の脇に作られたがまだ下水がつながっていないということだった。水道なし、浴室なしである。子ども時代から生活水準の変化はないとのこと。ただし傍らで聞いていた妻は、PDさんの飲酒により生活水準は悪化していると述べた。

■6年後（息子：PD-S）

　日雇いのペインターだったPDさんは、1年前に病気で他界していた。前回調査時に同席した30代の息子が、今回の回答者である。印象的だったのは、極端に貧しかった住宅の改修と、回答者の転職である。父親（前回回答者）も母親も非識字だったが、彼は8学年、妹は9学年まで学校に通った。

　PD-Sさんは学校を出てから（留年がなければ13歳頃から）最初は茶店で1日20ルピーで働き、次は旋盤機械工として1年半ほど働いた。その後、日雇いの建設労働者になり、父親と一緒に10年以上壁塗りの仕事をした。日当は150ルピー。普段は15～20日ほど仕事があったが、モンスーンの季節になると仕事は大きく減り、所得はひどく低下した。

　世帯主であった父親が亡くなり、稼ぎをもっと増やす必要があって転職を考えた。幸い、荷運び用テンポ運転手の友人が運転を教えてくれ、またオートリキシャ運転手をしている従兄弟が、2台所有しているオートリキシャの1台を有料で貸し

第4章　インフォーマル・セクター労働者の労働と生活：それぞれのストーリー　　127

てくれることになり、空港との間を走る自営のシャトルリキシャ運転手として働き始めていた。1日の稼ぎは今900ルピーほどになるが、オートリキシャのレンタル料300ルピーと燃料のCNG（圧縮天然ガス）に300ルピーほどかかるため、1日の収益は300ルピー程度だという。朝6時から夜の11時か12時まで毎日働き、所得は月9,000ルピーになる。妻が第2子を妊娠中なので、以前は家事使用人をしていた母親も今は休職中で、また10代の妹も勤めてはいない。したがって今、一家の稼ぎ手は彼だけだが、世帯所得は、以前の父、母、本人、妻4人の稼ぎの合計額を名目では上回っている。母親は再び家事使用人として働く予定で、そうなれば世帯所得は1,800ルピー増える見込みだという。

　とはいえ、家の改修費として親戚から借りた借金が4万ルピーあり、暮らしは厳しい。自分のオートリキシャを持てればもっと稼げるが、ローンを得たくとも銀行に口座はなく、口座開設には5,000ルピーが必要と聞いてあきらめたらしい[13]。今のままの仕事でいいし、雇用されるより自営業者がいい、同じ自営業者でも敢えて言うならば、自分のパーン・ショップを持てたらとも思う。また同じオートを運転するならば、子ども送迎専門の運転手になりたいが（前述回答者12の仕事）、そのためには2万〜2万5,000ルピーとも言われる大金を学校側に支払う必要があると友人から聞いた。だとすれば難しいだろうという。

　家は1部屋と台所だが、住環境は以前よりもずっとよくなっていた。水道はなく隣家のものを使っていて、トイレと浴室はある。ただし本人は、住環境が改善し、前はなかった電気も使えるようになった点はいいが、所得に大きな変化がないので、7年前より暮らし向きがよくなったとは思えない、でも、子ども時代に比べると少しよくなった、と言う。

　追記：収入や生活面での改善は確かと感じられた。ところが、そう考えた1年後（2018年）、変化はすでに壁に突き当たったようだ。母親は予定どおり家事使用人に復帰していたが、回答者は7〜8カ月間リキシャの仕事をしていなかった。理由は、警察によるシャトルリキシャ取り締まりとオート賃貸料の上昇とのこと。彼は再び日雇い仕事（請負人を通してカラーワークに従事。9,000ルピー／月）に出ていた。

■さらにその後については次章「補」参照。

新しく造られた住居内キッチン（2017年）

１５　RDさん　50代

　床屋だが「流し」である。学校教育は7学年までで、床屋カーストのOBCである。他州の村の出身。祖父も父親も非識字で、祖父は世襲職の床屋をし、父親は工場労働者になった。父親は大規模繊維工場でシーツの製造に携わっていたという。
　床屋といっても、店があるわけでも決まった場所で営業しているわけでもない。スラム内の近隣の家を御用聞きのように廻るか、あるいは注文があれば家を訪ね、散髪をする。25年間この形で営業してきて、店を持ったことはない。週6日働く。営業時間は朝8時から夜の8時までだが、仕事がなければ自宅に戻っていることも多いそうだ。1日の売上げは150ルピー、経費は50ルピーだから1日の利益は100ルピー。月にして2,600ルピーの所得である。
　RDさんは18歳のときにアフマダーバードにやってきた。最初は工場労働者だった。父親が働いていた大規模繊維工場で1年間はバドゥリ労働者（注9参照）として、その後は常用になり織工として10年ほど働いた。工場閉鎖で失職し、現在の仕事を始めたという。
　現在同じ家に一緒に暮らしているのは、自身の息子2人と長男の妻、義理の姉（兄の妻）、その息子（つまり甥）3人で、息子や甥は10代、20代である。一家で彼以外に働いているのは、20代の甥で、路上の床屋をしている。所得は月3,500ルピー。したがって一家の世帯所得は合計7,100ルピーである。RDさんの長男は現在床屋

の見習いで、収入はない。最近は自分も年をとったし、客は若い床屋を好むので、仕事が減ってやや不調だが、転職は望んでいないとのこと。

土地・家ともに所有している。トイレ、浴室、水道もある。ラジオ、自転車、携帯電話、天井取付扇風機はあるが、テレビはない。物価上昇と出費の増加により、子どもの頃より生活レベルはやや低下したと感じている。

■ 7年後（甥：RD-N）

RDさんは3年ほど前に他界していた。今回は前回調査時に同席し、当時回答者と同居していた甥のRD-Nさんを新たな回答者とした。カーストは同じ、学校教育は9学年まで終えて20代である。

回答者の父親は、RDさんと同じ流しの床屋をしていた。その父親を早くに亡くした後、叔父のRDさんを頼って母親や弟たちと共にアフマダーバードにやってきた。前回調査時には合計8人の拡大家族が平屋の小さな1軒家に暮らしていたが、家は二階建てに改築され、従兄弟たちは現在上階に、自分たち一家は一階に居住している。一階には、母親と妻、幼い娘2人、弟夫婦、もう1人の弟の8人が暮らし、二階の従兄弟たちとは今は別世帯となっていた。

仕事は、椅子と鏡だけの路上の散髪屋である。家の近くで営業している。仕事を始める時、椅子などの入手方法については、パーン・ショップを経営していた友人からアドバイスを得た。客は下位所得層の人びとで、料金はカットが20ルピー、ひげ剃りがプラス10ルピーである。月の売上が6,000ルピー、経費500ルピーなので、所得は月5,500ルピーである。弟は小さな散髪屋に勤めていて日給が200～250ルピー。月25日勤務とのことで5,000～6,250ルピーの稼ぎになる。稼ぎ手はこの2人だから一家の世帯所得は、月1万1,125ルピーとなる。家の増改築のために、同じく散髪屋をしている別の叔父から借りた借金が20万ルピー残っていて、貯金はない。

仕事の状況はやや上向きで、今は生活にもいくらか余裕ができた感じがするとのことだ。商売をさらに発展させるのに重要なのは、資金と親戚からの援助、そしてよいサービスの提供や、顧客とのよい関係で、転職希望はない。よい仕事よい給料を得るのに必要なのは、お金と経験、技術向上に必要なのは経験とハードワークだという。路上であっても自分で営業しており、生活水準は前回調査時より少し上がったし、また、子ども時代は父親が亡くなり貧しく苦労したから、子ども時代よりもやはり生活は少し向上したとも述べた。

土地、家ともに所有（二階に住む従兄弟たちとの共同所有）していて、2部屋と別

に台所があった。トイレ、水道、水道つきの浴室もある。カラーテレビ、携帯電話、天井取付扇風機が主な家財道具である。

路上の床屋（2017年）

１６　SDさん　50代

　大規模繊維工場で日雇いの運転手をしている。学校に行ったのは7学年までで、カーストはOBCである。目の手術を受けたばかりで療養中だった。祖父、父ともに非識字で、祖父はグジャラート州他県の村で耕作農民だった。父親はアフマダーバードの大規模繊維工場に直接雇用で雇われ、ボビン・フィッターとして働いていた。田舎には今も土地を所有している。

　12歳で働き始めた。最初は小規模作業所でアガルバティ（インド製のお香）の製造に携わった。日雇いで日当は当時1.5ルピー。2年ほどして零細化学工場に転職し、常用雇用のヘルパー（労働者に薬剤を配って廻る）として、月400ルピーを得るようになった。約5年後、今度は戸棚製造の大規模工場に転職した。ここでも常用雇用のヘルパーだったが、月給は500ルピーに上がった。次は電気関連の小規模作業所に転職。日雇いのヘルパーになり、給与は下がった。さらに数年でそこを辞め、自動車教習所での訓練を受けて小規模タクシー会社の日雇い運転手になった。長年タクシーを運転したが、現在勤めている工場の運転手をしていた友人の推薦を受け、3年前に今の職を得た。彼の転職理由は、基本的に前職の低賃金である。1カ月間、運転の正式な教習を受けている。

現在の労働日数は週6日で、朝8時から夜7時まで勤務している。給与は月5,500ルピーになるが、夜9時以降働くと超過勤務手当（100ルピー）が支払われ、月4回ほど超過勤務があるので400ルピーを加えて月5,900ルピーになる。これに月給1カ月分のボーナスを月割りにして加えると、所得は月6,358ルピーである。退職準備基金法、従業員国家保険法ともに適用対象ではなく、また今の工場に労働組合はあるが、加入に関心はないという。

転職はしたい。できるなら自営の茶店を出したい。しかし実現するには技術とコネが必要だという。

家族は妻（50代、教育は4学年）、息子とその妻である。息子も繊維商店の運転手をしていて月4,000ルピーの収入がある。離れて暮らしているもう1人の息子から毎月500ルピーの仕送りがあり、また田舎の土地で採れた野菜が年間5,000ルピー相当送られてくる（月当たり417ルピー）ので、これらを加えると一家の世帯所得は月1万1,275ルピーとなる。息子の婚礼のために親戚から借りた借金が3万ルピー残っているが、毎月400ルピーの郵便貯金を積み立てていてわずかだが貯金もある（2,500ルピー）。

家も土地も所有している。家は20年前に1万ルピーで購入した。しかし家の所有権に問題が発生している。前々の所有者との間で混乱が生じているようだ。水道、トイレ、浴室があり、ラジオ、カラーテレビ、携帯電話、圧力鍋、扇風機もある。生活水準は子ども時代よりやや上がったと感じているとのこと。

■ 6年後

妻と息子夫婦の4人家族から、幼い孫2人を含む三世代の6人家族に変わっていた。妻はこの頃体調が悪く、調査の間もベッドに臥せっていた。

SDさんは、数年前から友人のタクシーを借りてエアポート・タクシーの運転手をしている。1カ月の稼ぎが2万4,000ルピーで、レンタル料が1日12時間借りて300ルピー、燃料費と合わせて経費が日に3,000ルピーかかるので、所得は月1万2,000ルピーになる。同居している次男も、個人のお抱え運転手に転職していた。臨時雇用だが月給制で9,500ルピーを得ている。また、別に住んでいる長男からは今も月に500〜1,000ルピーの仕送りがあるが、田舎の土地は現在何にも使われていないため、前のような野菜の仕送りはなくなった。こうして一家の世帯所得は2万2,250ルピーで、名目で約倍になった。

同居はしていないが、長男はオートリキシャや自動車で日雇いの荷運び（呼ばれると出かける）をしている。週6日働いて1万3,000〜4,000ルピーの稼ぎである。

結婚して家を出た娘2人のうち、長女は大手金融機関で1日2時間清掃員をして月に450ルピーの所得を得、下の娘は個人の家4軒で家事使用人をし、月に4,000ルピーほどの所得があるようだ、とのこと。息子・娘の学校教育レベルは2〜7学年である。

SDさんは、仕事量は減っているが所得は上昇しているから、仕事はそこそこ順調だという。自分のタクシーがあればもっと改善するが、それには資金が必要。金融機関の利用は可能だが、利子率が高すぎて手が出ないという。また、転職は考えておらず、今の自営業者がいい、よい職よい給料を得るのに必要なのは、経験と事務所を開けるような場所、技術を高めるのに必要なのは教育だと述べる。

妻の病気治療費のために、貴金属を担保に金貸しから借りた借金が4万ルピーに上り、貯金はない。また見たところ家の状態に大きな変化はなかった。1部屋＋ベランダ＋台所で、水道、トイレ、水道のない浴室がある。しかし、子どもがみな稼いでいるので、前回調査時よりも生活水準は少し上がったという。子ども時代に比べると所得が増え、よい仕事があり、よい家族を持てたので、やはり生活水準はいくらか上がったし、とくに結婚後はよくなったと述べていた。

追記：年齢や学歴をあまり気にしていないせいだろうか、これに関する回答は不正確だ。長男、次男の学歴は前回調査時も低かったが、今回はさらに低く回答された。一家の仕事の世代間変化は、第一次産業→第二次産業→第三次産業の典型例だろう。つまり、農民だった祖父→工場労働者になった父→工場労働者からタクシー運転手になった回答者→運転手の息子たち。

17 TDさん 20代

大手金融機関で臨時雇いの運転手をしている。学校教育は9学年で、STである。教習所で15日間、運転の正式の訓練を受けたこともある。祖父の教育レベルは不明だが、大きな繊維工場のワーカーだった。父親は7学年まで学校に行っていて、同じ金融機関に用務員として勤めていた。父親は面接を経て就職したという。

TDさんが働き始めたのは18歳のときである。最初は小さな請負人事務所のボーイとして常用で働いた。週6日労働で月収は900ルピー。給料が低いため数年で転職し、一般家庭の運転手になった。給料は上がったが、1年後に今の職場に雇われることになり、再び転職した。同金融機関に勤めていた父親が亡くなり、その伝手

（Employee's son）⁽¹⁴⁾で採用されたようだ。ただし臨時雇いである。朝9時から夜9時まで勤務し、月収は3,500ルピーでボーナスはない。

家族は妻（20代、教育は9学年）と幼い息子、母親、祖母、叔父、2人の弟で、8人家族である。弟が用務員として得る所得が2,000ルピー、父親の年金が3,200ルピー、母方の叔父による援助が500ルピーある。一緒に暮らしている叔父は家計にまったく貢献していない。こうして一家の世帯所得は合わせて月9,200ルピーである。借金はなく、1万ルピーの貯金がある。

現在の仕事は気に入っているので、転職は望んでいないが、自分の自動車を持てるなら自営で働きたい。そのために必要なのは技術とお金だという。

家も土地も所有していて、水道、トイレ、浴室もそろっている。このスラム地区では目につく比較的立派な家である。カラーテレビ、自転車、携帯電話、圧力鍋、冷蔵庫、扇風機がある。暮らし向きは子ども時代より少しよくなったと感じている。なぜなら子ども時代はもっと小さな借家に大家族で住んでいたが、今は住環境がよくなり、家族規模が小さくなって所得も上昇したからだという。

■7年後

家族は11人に増えていた。祖母、母親、叔父、兄弟と自分の妻子に加え、兄弟の妻や子も一緒に暮らす拡大家族である。そのうち働き手は回答者と弟たちで、前回の回答と同じく叔父の収入はすべて飲酒代に消え、家計への貢献はないと述べられた。自身の仕事については、勤め先にも働き方にも変化はない。給与は以前より大きく増えていたが（3,500→1万200ルピー）、勤続9年の今も非正規（臨時雇い）のままで、退職準備基金法、従業員国家保険法は適用対象外。年次ボーナスはなく、ディーワーリーの祭り⁽¹⁵⁾のときに5,000ルピーが支給されるのみだという。朝8時半から夜の10時まで、呼び出しがあればいつでも送迎に行く。県外に出るときは、昼食代として150ルピーが支給される。また、弟2人は零細作業所の日雇い労働者として働き、月収はそれぞれ2,000ルピー程度とのこと。弟たちの学校教育は8学年と9学年である。こうして一家の所得は月1万4,200ルピーだから、大規模家族での生活は容易ではないだろう。

しかし、11人という大規模家族とはいえ、かつて父親が建てたという住居は、このスラム地区では比較的立派な造りの二階建てである。一階に大きな1部屋、台所、ベランダが、二階に2部屋がある。水道、トイレ、水道つきの浴室があり、家財もカラーテレビ、自転車、バイク、大型冷蔵庫がある。ただし、冷蔵庫は壊れていて物入れに使っていた。7年間、世帯所得に大きな違いがなく、生活水準が変わっ

たとは思えない。だが幸せに暮らしているし、子ども時代は家族規模が小さく何の緊張もなく暮らしていたので、その頃も幸せだった。つまり、7年前に比べても子ども時代に比べても、生活水準に変化はないと回答した。

　ただし、今の仕事はほぼ毎日オフィスと空港を往復するだけで単調なので、転職したいという。労組はあるが役に立たないし、そもそも臨時雇いだからメンバーになれない。友人や親戚がアガルバティの製造・販売で利益を上げていて、とくにムンバイに需要があるらしいから、転職するなら自営業でその仕事をしたい。だが、聞くところ事業資金として30 ～ 40 万ルピーが必要で、借金もないが貯金もないから実現は難しい、という。

18　VD さん　40代

　テンポ運転手（注7参照）で、人ではなく物を輸送している。学校教育は6学年まで受け、カーストはOBCである。アフマダーバードの出身。祖父については一切不明だが、父親は大規模工場で熟練工として働いていた。

　テンポ所有者の小さな運送店に日雇いで勤めている。雇われているのはVD さん1人。勤務は朝10時から夜の8時までで、週6日勤務である。日給は150ルピー。日に何度行き来しても追加の給付はなく、15年働いているが賃金はほとんど上がっていないという。現在1カ月の給与は3,900 ルピーである。また、年に1度1,500 ルピーのボーナスが支給され、これを月割りにして加えると所得は月4,025 ルピーになる。

　18、9歳になって働き始めた。最初は請負人に雇われて建設現場の運搬作業員として働いた。男4人女4人のチームで働き、当時の日給は35ルピー。労働環境が厳しいため2年ほどして運送店（8人規模）に転職し、雇われのトラック運転手になった。トラックの運転は、河岸の建設現場で働いていた時、出入りのトラックの所有者から休憩時間に1カ月ほど川原で教えてもらっていた。しかし、店が閉店したため2年ほどで失職し、その後は臨時の運転手として大型四輪車などを運転していた。仕事は日給制で日に110ルピーだった。そうして4年ほど働いていたが、10数年前、運転手を探しているという情報を隣人から聞き、その隣人を介して現在の運送店で働くようになった。

　妻（40代、非識字）、10代の息子2人の4人家族である。息子たちはそれぞれ9学年、

第4章　インフォーマル・セクター労働者の労働と生活：それぞれのストーリー　*135*

7学年まで教育を受けた。妻は家事使用人として朝11時から夕方の4時まで毎日働いている。2軒の家で働き、1カ月の報酬は各500ルピーだから、2軒で1,000ルピーである。息子たちは失業中なので一家の世帯所得は月5,025ルピーである。借金も貯金もない。転職は考えていないが、理想の仕事は自営業である。しかしコネとお金が必要だろうとのこと。

　小さな1部屋の借家で、家賃が月に500ルピーかかる。トイレ、水道、浴室のどれもない。ラジオはあるがテレビはない。携帯電話、天井取付扇風機はあった。物価上昇と、経営者との関係の悪化により、子ども時代よりも生活状態はやや悪くなったと感じているという。兄が2人いて、1人は日雇い労働者、1人は運転手をしている。

■7年後

　近隣住民から聞いた大まかな転居先は州内だが遠方。また以前彼が持っていた携帯電話の番号は不通になっていたため、調査は断念した。

19　YGさん　10代

　花屋で働く最も若い回答者である。アフマダーバード出身で、学校教育は5学年まで、カーストはOBCに分類される。祖父は農民でスイカなどを栽培していたという。父親の学歴は7学年で、小さな花屋で花売りをしていたが、すでに他界。

　店員だというが、勤務時間は朝の5時から9時までだから補助的仕事なのだろう。何度か確認したが、それ以外の時間はぶらぶらしているらしい。月20日ほどの勤務である。日給は100ルピーだから1カ月の給与は2,000ルピー。ボーナスはない。13歳のときに今の花屋で働き始めた。当時の日給は50ルピーで、その店で働いていた友人が彼を店に推薦してくれたとのことだ。

　母親（30代）、自身と同年齢の妻（教育は2学年）、妹3人、弟2人の8人家族で、一番下の弟はまだ幼い。母親は家で花の髪飾りを作って日に100ルピーを稼ぎ、毎日働いているから月3,000ルピーの所得になる。回答者の所得とあわせて月5,000ルピーが一家の世帯所得である。

　近所に住む親戚に3万ルピーの借金があるが、利子はない。インタビューの後訪ねてきた祖母もすぐ近くに住んでいる。借金の理由は家の修繕費と教育費とのこと。土地は公有地だが1部屋だけの家は持ち家で、トイレ、浴室、水道のどれもない。

ラジオ、自転車、天井取付扇風機、ミシンはあるが、テレビはなかった。

　今、転職は望んでいないが、一番いいのは自営業だと考えている。自分自身働かなくてはならず、責任が重くなって、子ども時代に比べて生活水準はやや低下したと感じているという。

■8年後

　スラム撤去のため退去し、転居先として新たに造られたアパートの一つに転居していた。今は、母親や自身の妻子、弟妹、その配偶者たちと12人でそこに暮らしている。母親は慣習に倣ってということで、夫の弟（YGさんの叔父）と再婚していたが、その夫も1カ月前に他界していた。

　YGさんは、以前勤めていた花屋（小売り）を3年前に辞め、卸売商の紹介を受けて今は卸売市場にある別の花屋（卸売り）に勤めていた。低賃金が前の店を辞めた理由で、退職時の日給は150ルピーで30日労働だから月4,500ルピーの給与だった。転職によって日給は225ルピーに上がり、現在さらに300ルピーに上昇したので、今は月9,000ルピーの所得になった。臨時雇いの身分に変わりはないが、花飾り作りと飾りつけの職人である。花飾り作りは祖先から続く一家の伝統職だという。労働時間は朝の4時から10時までである。

　妻は第2子を妊娠中で働いていないが、母親が以前と同じ仕事で月5,000～7,000ルピーを、10代の弟もYGさんと同じ仕事に就いていて月5,000ルピーを稼いでいるから、これらを加えると一家の所得は月2万ルピーになり、前より大きく上昇していた。しかし義理の父親の病気治療費として金貸しから借りた借金が25万ルピーにも上っている。利子率は月4～5％とのことで、毎月2,000ルピーほどを返済している。母親は銀行口座を持っているが、貯金はないという。

　賃金は上がったものの物価も上昇しているから、労働条件がよくなったとは思えない。また、前の店は住んでいたスラムから近くてよかったのだが、今は卸売市場の店に行くのに毎日交通費が40ルピーかかるので、これも大きな経済的負担になっている。花売りは季節変動があるし商品が傷みやすいので大変な仕事だが、伝統的な世襲職だから花屋の店を持って独立したい、という。ただ、そのためには資金が必要で、それがない。いい仕事を得るのにもっとも重要なのはお金、技術の向上には経験が必要だと考えている。

　このアパートの間取りは2部屋＋台所で、水道、トイレ、水道つきの浴室もある。主な家財道具はカラーテレビ、冷蔵庫、天井取付扇風機、携帯電話と圧力鍋である。

　前のスラムにいた時は、職場が近かった上に、荷役人夫といった別の日雇い仕事

第4章　インフォーマル・セクター労働者の労働と生活：それぞれのストーリー　　137

がスラムのすぐ近くで得られたので、休みの日も働けば副収入を得ることができた。親族もかたまって住んでいて助けられた。また、今は弟が働き始めて所得は上がったが、転居後は固定資産税など何かと出費が増えたし、家族に病気が増えたという。こうして、住居自体はよくなったようだが、生活水準は8年前からやや下がったと回答。また父親が相次いで亡くなり、そのため借金が嵩み、さまざまな責任が自分の肩にのしかかっている今の状態を考えると、生活は子ども時代より少し厳しい、という。

20　AGさん　20代

　仕事は古着の補修・販売である。教育レベルは2学年で、カーストはOBC。祖父と父親も同じ仕事である。祖父の学歴は不明だが、父親（50代）は非識字である。

　AGさんによると、仕事の流れは次のとおり。女性たちが家々を廻り、プラスチックのバケツなどと交換に古着を回収する。それを古着市場に売る。彼はその古着を市場で買ってきて、修繕・洗濯・アイロン作業を加えて、今度はその古着を徒歩で売り歩く。修繕などに月の半分を費やし、残りの半分は行商に充てている。古着は1回200～250ルピー分を仕入れ、修繕などの経費として1日100ルピーくらいかかるとのこと。単純に計算すると1カ月の所得は2,250ルピーになる。行商は朝10時から夜の9時までで、両方の作業を行って月に30日間働いている。仕入れも販売も居住スラム周辺で行っており、客はさまざまな所得階層の人びとだという。

　AGさんが働き始めたのは17歳のときだった。両親がこの仕事をしていたので無給の家族労働者として手伝い始めた。現在は妻（20代、非識字）が洗濯作業などを無給の家族労働者として手伝っている。

　最近、商売はやや低迷気味だという。理由として述べられたのは、大型店舗の進出による競争の激化、古着需要の減少であり、結果としての客の減少であった。転職はしたいが、いいのはやはり自営業とのことだ。

　家族は妻と、幼い子ども3人、本人の5人で、父親がすぐ近くに住んでいるようだ。借金も貯金もなく、土地は公有地である。トイレ、浴室、水道はなく、耐久消費財も尋ねたものは何も持ってなかった。電気自体がないという。唯一の救いは持ち家ということだろうか。

　このスラム地区自体が調査した10スラムのうちでも最悪の居住環境と言えるが、

AGさんの生活・経済状態は限界的と言ってよい。1日の支出額を聞くと100ルピーで、とても生活できないと述べていた。収入2250ルピーなので帳尻が合わず再度確認すると、買い物1回で100ルピー使い、それで2日分だとのこと。子ども時代に比べて生活はやや悪化したという。理由は家族規模の拡大、出費額の上昇、責任の増加である。

■8年後

AGさんも、スラム撤去により用意された郊外のアパートに転居していた。妻子（妻と2男1女）は市内の別のアパートに住み、今は弟一家（弟、その妻、幼い2人の姪）と暮らしている。

古着を扱う仕事は5年前にやめ、未熟練の日雇い建設労働者になっていた。建設現場でセメントや砂を運んでいる。前の仕事をやめたのは取り締まりが厳しくなったからだという。その頃稼ぎは月約3,000ルピーだった。今は日給が300ルピーで、月平均15～20日労働なので中をとって月17日とすると、月収は5,100ルピーになる。また副業として結婚シーズンには皿洗いや清掃の仕事をしている。その仕事があるのは年20日ほどで日給は200ルピーだから年4,000ルピー、月割りにして333ルピーで、これを加えて回答者の所得は月5,433ルピーである。妻は働いていない。

仕事が減り気味で、仕事の状況はやや厳しくなったと感じている。だが今の仕事の方が自分には合っているし、他によい仕事があるとも思えないから、転職は考えていない。よい仕事に就くにはまず技術と教育が重要で、伝手も必要だと思う。今も熟練の労働者や監督が指導してくれているが、技術レベルを上げるには、そうした指導とハードワークが欠かせないと述べた。弟は古着職をしている。

今、弟たちと住んでいるアパートには、カラーテレビ、天井取付扇風機、ミシン、そして携帯電話や圧力鍋があるが、妻子が住むアパートは彼らが寝るためだけの場所で家財は何もないという。妻子は昼間親戚の家にいて夜そのアパートに帰って寝るとのこと。どちらのアパートにも、水道、トイレ、水道つきの浴室がある。

8年前に比べて生活水準は少し下がった。前は家族一緒に暮らせたし、地域の助け合いがあったし、家の近くで仕事をすることもできたからだという。そして子ども時代は親が面倒を見てくれたので幸せだったが、今は生活面・仕事面ともに緊張が多く、子ども時代に比べても生活水準はやはり下がったと感じているとのこと。

第４章　インフォーマル・セクター労働者の労働と生活：それぞれのストーリー　　*139*

２１　BG さん　30代

自宅で下請けの仕立屋をしている。教育レベル 6 学年のムスリム（イスラーム教徒）である。他州出身で、祖父については一切不明だが、父親は非識字で、自営の鍛冶屋をしていたという。

1 軒の店舗から注文を受け材料も提供され、出来高給で支払いを受けている。労働日数は月に 20 日間。1 日当たりの収入は 100 ルピーほどで、ミシンの電気代等の経費が 500 ルピーかかるから、1 カ月の所得は 1,500 〜 2,000 ルピーである。

BG さんは 17 歳の時、レンガ工場で日雇いの請負労働者として働き始めた。請負人の下には約 40 人の請負労働者がいて、日給は 55 ルピー。労働環境が悪いためその仕事は辞め、数年間は日雇いの縫子として 2、3 人規模の小さな仕立屋 3 軒を仕事を覚えながら転々とした。転々としたのは、低賃金や経営者との折り合いの悪さ、また、仕立屋がつぶれたからである。しかし数年前にミシンを借りて自営業者となり、下請の形で仕事を始めた。その後借金して自分のミシンを買い、その借金も返済した。妻（20代、教育は 3 学年）と 2 人暮らしで、妻も日に 4 〜 5 時間、縫い仕事やアイロン掛けをし、無給の家族労働者として仕事を手伝っている。

元請店との関係は良好で、注文も以前より増え、仕事はやや上向きである。仕立ての仕事は好きではなく転職はしたいが、できる可能性はないと考えている。いずれにせよ望んでいるのは自営業である。

土地は公有地だが家は持ち家。ただし水道もトイレも浴室もない。カラーテレビ、自転車、携帯電話、天井取付扇風機、ミシンはある。それでも、所得が上昇し商売がうまくいっているので、子ども時代に比べ生活はやや改善したと感じているという。

■7年後

以前住んでいたスラムが撤去対象になり、住民は移動した。多数の住民が用意されたアパートに移ったが、BG さんは入居に必要な諸々の書類（配給カードなど本人確認や住所・所得証明の書類など）を整えられず、妻の親族が多く住む別のスラムに移動していた。前回調査時から BG さんは携帯電話を所有し、その番号にも変更がなかったため、アパート外への転居者のうち、移動先を本人から確認できた唯一の回答者だった。今も妻との二人暮らしである。

主な仕事は今も自営の仕立屋だが、数年前から月に 20 日は家で仕事をし、5 日

は元請けの少し大きな仕立屋に出向いて仕事をしている。元請けの仕立屋で作業する方が電気代の節約になるし、納期に合わせて仕事をしやすいからだという。また、自宅だと客はスラム住民になるが、元請けの仕立屋にくる客は中間層で、仕立て代金もそちらの方が5割方高い（例えばパンツ1本の仕立代が、自宅では400ルピー、元請店ならば600ルピー）。この働き方で今は月5,000～6,000ルピーの所得になるので、妻の手伝いは現在ないが前より所得は上がっている。また、以前あった借金は完済した。貯蓄はない。

ただ、所得が上がっているとはいえ、商売はやや下降気味だという。以前ほどハードに働けないし、たまに全く注文のないときがあるらしい。既製服が出回っている影響だと思うし、そもそもスラムに住むような貧しい住人に、仕立てを発注する経済的余裕はないので近隣からの発注もない。だから仕事を好転させるには、もっと客層のよい場所に移ることが重要で、そのためには資金が必要だという。資金があればいい場所に自分の店を持ちたい。よい仕事や給料を得るには、お金とスキルが重要とのこと。

今は借家住まい。調理スペース込みの狭い1部屋で、家賃は月1,000ルピーである。電気代にも月400～500ルピーかかる。カラーテレビ、携帯電話、冷蔵庫、天井取付扇風機、仕事用のミシンがある。トイレと水道はあるが浴室はない。

生活水準は前回調査時と同じで、十分な所得上昇もなく、変化の実感はないという。また前回の調査では、子ども時代に比べ生活水準は少し上がったと答えたが、今回はやや低下と回答。理由は、子ども時代、田舎には電気もなく生活環境はよくなかったが、経済的困難はなく幸せに暮らしていたからだという。夜遅くインタビューを終え、迷路のようなスラム内を通り抜けて表通りの雑踏まで送ってくれたが、道々、気楽な二人暮らしから一転、住環境が変わって気苦労が多くなったとも語っていた。

22　CGさん　50代

荷車でビスケットの行商をしている。ムスリムで、マドラサ（イスラームの学校）に10年通い読み書きもできる。他州の村の出身。祖父も父親もマドラサに通ったので読み書きはできて、両者ともレンガ工で請負労働者としてレンガ焼工場で働いていた。

第4章　インフォーマル・セクター労働者の労働と生活：それぞれのストーリー　　*141*

　朝4時から9時までは一箇所にとどまって商売し、午後3時から8時までは行商をして廻る。場所は市街地の繁華な市場で、客はさまざまな階層の人びとである。30日間毎日働いている。売上は日に500ルピーで収益は75ルピー程度だから、月にすると売上は1万5,000ルピー、所得は2,250ルピーほどということになる。

　13歳の時、10人規模のベーカリーで清掃作業員として働き始め、そこに4年間勤めた。食事は提供されたが、給与は月30ルピー。同僚とのトラブルでそこを辞め、また同じくらいの規模のベーカリーに転職。今度は製造職人のヘルパーとして3年勤めたが再び同様の問題が起こって退職。その後7年間で12の小さなベーカリーを転々としたという。大体同僚とのトラブルが移動の理由だったらしい。最終的にはアフマダーバードの宗教暴動（注1参照）のときにベーカリー勤めはやめ、それ以降はずっと荷車で行商をしている。

　家族は妻（40代、非識字）、10代の2人の娘、まだ幼い息子が1人である。妻は家事使用人として上の娘とともに5軒の家で働いている。1軒あたり300ルピー支給されているので、1月当たり1,500ルピーになる。したがって一家の所得は月3,750ルピー。結婚費用として借りた借金が2万3,000ルピー残っている。取引先の店から1万3,000ルピー、親戚・友人から1万ルピー借りているそうだ。取引先との良好な関係と売上増により、商売は以前よりもやや上向きだという。転職は考えていない。

　土地は公有地だが持ち家で、トイレ、浴室、水道のない1部屋だけの極めて貧しい住まいだ。白黒テレビ、自転車、携帯電話、天井取付扇風機があった。それでも子ども時代に比べると、家族規模が小さくなった分生活はやや上昇したという。道を尋ねた近所の住人によると、彼にはもう1人の妻と家族がいる。

■8年後

　スラム・クリアランスで立退きを余儀なくされたが、書類不備のため用意されたアパートには移れなかったらしい。移動先を何とか探しあてると、前回調査時の妻ではなく、もう1人いると聞いていた妻（40代、非識字）、その妻との子である10代の娘2人と10未満の息子1人、計5人で暮らしていた。長女は小学生だが年齢からすると落第を重ねてきたようだ。

　仕事に変化はない。今も荷車でビスケットやトーストを売っている。ビスケット等の仕入れ先は以前勤めていたベーカリーで、客は現在の居住地の住人である。販売しているのは朝食時間帯の5〜9時で、夕方6〜8時が仕入れ時間である。売上は1カ月1万5,000ルピーになるが、仕入れ代金と、仕入れ時の交通費（シャトル

リキシャ料金が 20 ルピー / 日）がかかるので、純収益は月 4,000 ～ 5,000 ルピーだという。副業はないが、妻が朝 8 時から午後 2 時まで 3 つの家で家事使用人として働いている。1 着 6 ルピーで洗濯をし、日に約 100 ルピーになるから、1 カ月の収入は 3,000 ルピーほど。しかし、やはり往復のシャトルリキシャ代に 30 ルピーかかり、それを差し引くと 1 カ月の所得は 2,100 ルピーである。したがって、一家の世帯所得は月 6,600 ルピーである。

　かつて勤めていた仕入れ先のベーカリーに、4 万 5,000 ルピーの借金がある。家族の病気で、仕入れ代金が払えないまま積みあがったという。貯金はない。商売の状況は前よりやや悪化。というのも、以前住んでいたスラムに比べて住民数が少なく、顧客が減ったからだという。商売の発展に必要なのはよい立地と資金だが、自分が利用できるような公的融資スキームがあるとも思えないし、あっても膨大な書類を求められるから自分には関係ないという。転職にも関心はない。もちろんベーカリーの店を持ちたいとは思うが、資金がない。よい仕事を得るにはただただお金が必要。息子が将来よい仕事を得るには教育が必要だとも思う。今の商売については十分な経験があるので、とくにこれ以上何か技術が必要とも思わない。

　土地は公有地で借地料はないが、居住地の環境は極めて劣悪だった。家はシートで覆ったような自分で造った掘立小屋で、1 つのスペースからなる。水道は共用だが水量は不十分で、そもそも共同水道と呼べるような設備もない。トイレは共用のものがいくつかあるが、屋外で用を足しているらしい。浴室も共用のものがいくつかある。自転車と天井取付扇風機があるのみで、家の中に家財道具はほとんどなかった。

　生活水準は 8 年前に比べてやや下がったと感じていて、ビスケットの仕入れに移動費がかかるようになったのが大きな原因だという。また子ども時代は物価が低かったから、その頃に比べても今の状態の方がやや悪いと感じる、と述べた。

２３　DG さん　40 代

　DG さんの仕事は、食器（カップ＆ソーサー）の荷車販売である。教育レベルは 5 学年で、SC である。7 歳のときに他県の村から一家で出てきた。祖父は非識字で農業に、父親は非識字でカースト固有の伝統的仕事である皮の履物修理に従事していた。

第4章　インフォーマル・セクター労働者の労働と生活：それぞれのストーリー　　143

　DG さんが働き始めたのは 10 歳のときである。最初は小さな食堂のウェイターとして日当 3 ルピーで働いていた。3 年後には小規模染色工場で請負労働者として 8 年ほど染色に携わる。ここでも日給制であった。その後小さなカリヤナ・ショップの店員になり、そこで数年働いた。現在の仕事を始めて 10 数年になる。最初は委託請負ベースで販売を始め、仕入れ先に仲介料を払わねばならなかった。それを無駄と考えて 2 年後には完全独立し、その結果、収入は月 4,000 ルピーから 5,500 ルピーへと大きく伸びた。現在の売上は毎月 3 万ルピー、仕入れ費用等が 2 万ルピーで、これを差し引いて純益は月 1 万ルピーである。カップ＆ソーサーの仕入れ値は 1 ダース 160 ルピーで売値は 200 ルピーとのことだ。労働時間は朝 10 時から夜の 9 時までである。

　ここ 5 年間、仕事はどちらかと言えば好転しているという。理由は、①仕事への投資、②顧客からの信用、③よい品・適切な品の仕入れにあるとのこと。DG さんは投資資金として SC 向けの融資計画を利用し、国営商業銀行から 3 万ルピーの融資を受けた。うち 2 万ルピーは利子を付けて（利子率については回答できなかった）2 年間で返済する必要があったが、1 万ルピーは補助金で返済義務はなかったとのことだ。この融資計画は新聞を通して知ったという。DG さん曰く、ビジネスに成功する秘訣は、顧客層を把握し（彼の場合は低・中所得層）、その層の需要に応じた質やタイプの製品を仕入れることである。

　10 人家族で暮らしている。両親、2 人の弟、妻（30 代、非識字）、10 代および幼い 4 人の子どもである。本人と子ども以外は全員が非識字であった。妻も路上で果物売りをし、週 6 日労働で月に 1,200 ルピーほどを稼いでいる。加えて 2 人の弟が建設労働者として各 6,000 ルピーを稼ぎ、一家の所得は月 2 万 3,200 ルピーである。自身の結婚と病気治療費として親戚から借りた借金が 3 万ルピー残っている。

　二間からなる家は持ち家だが、土地は公有地である。カラーテレビ、自転車、携帯電話、圧力鍋、天井取付扇風機があった。水道やトイレはない。水浴びスペースはあるが汲み水を使っている。それでも生活水準は子ども時代より少し上がったと感じている。理由は、所得の上昇であり、それを可能にした自身のハードワークだという。家の壁には所属カーストのグル（導師）の絵が貼ってあった。詩聖人・社会宗教改革者であり、伝統職とされた皮履物の製造をしているグルの絵である。

■ 6 年後

　今は核家族で、妻、娘 2 人、息子 1 人の 5 人暮らしになった。娘の 1 人は両親や弟たちと田舎で暮らしている。長女（10 代）は家にいて、末娘と長男が学校に通う。

10代の長男は現在10年生で、私立学校（使用言語はグジャラート語）に通っている。

DGさんは、4年前から地区内にある公立診療所で警備員として働き始めていた。かつて新聞で知ったSC向け融資計画を利用したように、今度はグジャラート語の新聞に市が広告を出していたのを見て応募した。複数の診療所に関する警備員の求人に対し12人の応募があり、面接を経て6人が選ばれたという。朝7時から夕方3時まで毎日勤務している。とはいえ、派遣の警備員であり、病院が支払う月給は6,100ルピーだが、派遣元の会社が1,900ルピーを差し引くらしい。また退職準備基金の拠出金、従業員国家保険の保険料として267ルピーが控除されるので(16)、手取り額は月3,933ルピーである。ボーナスは確認し落としたが、1カ月分として(17)月割りにして500ルピーを加えると4,433ルピーになる。今も副業として夕方はカップ＆ソーサーを販売。行商ではなく固定場所で商う露天商になり、夜は荷車ごと倉庫に預けている。午後4時から9時までこの仕事をして、倉庫代を差し引くと純収益は月4,000～5,000ルピーだという。

妻は、以前は果物売りをしていたが5年前にやめ、6カ月前から自宅でニンニクの皮をむく内職をしている。月20日間ほど日に4時間、5キロのニンニクの皮をむいて50ルピーになる。したがって月に1,000ルピーの収入。こうして一家の世帯所得は月1万ルピー弱になる。家の改築工事のために公的融資機関から借りた借金が7万ルピーあり、貯金はないとのことだ。

診療所で働き初めて以降、仕事内容もサラリーも変わらず労働条件に変化はない。一緒に働いているもう1人の警備員が給与引き上げを訴えたこともあるが、警備会社からは市に伝えるとの回答があったきりで、今のところ変化はない。労組が必要と考えているという。転職の予定はないが、するとしても被雇用者がいい。よい仕事・給料のために必要なのは教育と経験、技術向上に必要なのは上司による指導と経験で、上司がしっかりとアドバイスしてくれれば、何が求められているかがわかり、改善できるはずだから、と述べていた。

土地は公有地だが家は持ち家である。トイレ、水道、水道はないがタイル張りのきれいな浴室が作られていた。カラーテレビ、バイク、冷蔵庫、天井取付扇風機、ミシンがある。物価が上がっているし、家は改築したものの雨のときは今も冠水する状態だから、生活水準は前回調査時に比べて変わらない。だが、子ども時代に比べると少し上昇したという。子ども時代は所得はもっと低く、村には電気も水もなかったのだから、経済的にはその時代よりもよいとのことだ。

■その後については次章「補」参照。

24　FH さん　30代

弟と一緒に野菜の販売をしている。教育レベルは8学年で、カーストはSCである。祖父は非識字で農民だった。父親の教育レベルは6学年で、同じく自営で野菜の露天商をしていた。

FH さんが働き始めたのは15歳のときで、最初は小規模作業所でヘルパーとして日雇いの請負雇用で働き始めた。当時の所得は月300ルピーだった。しかし作業所が閉鎖されたため、父親と同じ野菜販売の仕事を始めた。現在は毎日午前中の3時から10時まで野菜の卸売り市場で働いている。毎日仕入れに1,000ルピー、運送に30ルピーかかり、純益は1日あたり平均200ルピーだという。1カ月あたりの所得は200 × 30 = 6,000ルピーである。商売は経済の活況を受けてやや上向きとのことだ。もっと発展させるには、融資とより大きな市場を得ることが必要だという。転職は望んでいないが、望む仕事を得るには、とにかく技術と資金が必要と考えている。

家族は両親、妻（30代、非識字）、10歳未満と10代の3人の子ども、弟とその妻で、9人の拡大家族である。弟はカレッジを卒業し、FH さんと一緒に働いている。その妻も HSC を取得している。医療費として親戚から借りた借金が2万ルピー残っている。

家は持ち家だが、土地は公有地である。水道はあるが、トイレと浴室はない。カラーテレビ、携帯電話、圧力鍋、扇風機が主な家財道具である。家族に稼得メンバーが増えたから、生活水準は子ども時代より少し上昇したとのことだ。野菜販売以外の収入源については、明らかにされなかった。

■7年後

家族がさらに増え、11人家族になった。両親、回答者家族、弟一家が一緒に住んでいる。スラムから脱出し、まだ真新しい大きなアパートに転居していた。

FH さんは、今も弟と一緒に卸売市場で野菜の仕入・販売をしている。毎朝4時から10時まで地面にシートを敷いて営業し、毎日休みなしである。時間内にすべて売り切るので在庫が出ることはなく、倉庫等の設備は不要という。日に500ルピーの利益を上げているので1カ月の所得は1万5,000ルピーになる。高齢の父親はリタイアしたし、妻たちはこれから仕立ての内職を始めたいと考えているが、今は無職である。ただ、前に住んでいた家を賃貸に出しているので、月2,000ルピーの賃

貸料が入る。また年間1万ルピー分の穀物が田舎から送られてきて、これが月当たりにすると833ルピーになる。合わせて一家の世帯所得は月1万7,833ルピーである。借金も貯金もないとのことだ。

仕事はやや上り調子だそうだ。顧客との関係は良好で販売額が増えている。もっと発展させる上で必要なのは、客とさらに良好な関係を築くことと、販売場所である。店をもちたいと現在考えているところだが、そのためには100万ルピーが必要になる。ずっと以前から銀行に口座はあるが、金融機関から借りると利子負担が生じるし、申請に多くの書類が必要になるから嫌だという。転職したいというよりも、目指しているのは事業規模の拡大のようだ。よい仕事・給料を得るのに必要なのは、自分にとっては技術と経験だが、息子にとっては教育だ。技術向上に必要なのものは経験とハードワークと回答。子どもたちはみな学校に行っており、長男は現在カレッジ（商学）の2年生である。

今住んでいる高層アパートは賃貸で、家賃が月3,500ルピーかかる。2部屋＋台所からなり、水道、トイレ、シャワー付きの浴室がある。天井は高く、部屋は広く、近代的な造りである。とはいえ、11人家族で暮らすにはあまりに手狭なことは言うまでもない。カラーテレビ、バイク、天井取付扇風機、ミシンなどの家財道具があった。

よい家に引っ越してきたし、所得も上昇してきたから前回調査時より生活水準はいくらか上がった。また、子ども時代からずっとスラムに住んでいたが、父親は借金を抱えていたし、もっと貧しく何の設備もなかったから、その頃に比べるなら、生活水準はずっと上がったという。

追記：稼ぎ手は2人で被扶養者が9人いる。早朝4時に出かけるので、家に帰ると一旦眠る。起床後はまた何か仕事でもあるのかと思い何度か確認したが、とくに無いとのことだった。

露天の小売り市場（2019年）

第4章　インフォーマル・セクター労働者の労働と生活：それぞれのストーリー　　147

25　GH さん　30代

　レンタル・オートリキシャの運転手をしている。学校教育を受けたのは3学年までで、カーストは OBC である。父親の時代に他州からアフマダーバードにやってきた。祖父は非識字で食品の露天商をし、父親は2学年まで教育を受け、彼と同じくオートリキシャの運転手である。

　GH さんは20歳のとき、ごく小さな作業所で縫製工として日雇いで働き始めたが、面白くなかったし病気になったのですぐそこを辞め、今度は小さな店の梱包作業員になった。しかし、他人に雇われて働くのが嫌で、ここもすぐに辞め、父親と同じ自営のオートリキシャ運転手になった。オートリキシャはレンタルである。病気を抱えているため、労働時間は朝5時から昼の12時までだが、週6日働いているという。1日の売上は300ルピー。レンタル料が100ルピーかかるため1日の純益は200ルピーで、1カ月の所得は 200 × 26 = 5,200 ルピーである。

　経済の活況、客の評価、ハードワークによって仕事はやや上向きだと感じている。もっと発展させるには融資と技術へのアクセスが必要。転職はできるならしたいし、料理店を経営したいが、そのためには技術と資金が必要だろうとのこと。

　家族は両親、3人の弟、妻（20代、教育は6学年）と幼い子ども2人の、9人家族である。父親と弟の1人がオートリキシャ運転手で、それぞれ 5,000 ～ 6,000 ルピー、4,500 ルピーの稼ぎがある。したがって一家の世帯所得は1万 5,200 ルピーである。しかし借金が10万ルピーに上っている。GH さんの病気治療費として2～3人の金貸しから借りたものだが、利子率は年利60％になるといい、貯金はない。

　持ち家だが土地は公有地である。調理スペース込の2部屋で、水道はあるが、トイレや浴室はない。家族が多いので同じ地区内に部屋を月500ルピーで別に借りているが、そこには何もなく、家族はこの家に集まって食事をし生活している。家にはカラーテレビ、天井取付扇風機があるのみ。生活状態は子ども時代よりひどく悪化したと感じていて、その理由は、物価の上昇、出費の増加、自身の病気だという。

■ 7年後　（弟：GH-B）

　家族の話しでは、GH さんの病気は良くなっていないそうだ。帰宅が一体いつになるのかは見当もつかないということで、今回は在宅していた GH さんの三番目の20代の弟（教育は7学年）GH-B さんに回答者になってもらった。一家は今回の回答者、妻（20代、教育は7学年）と幼い子ども、兄（前回回答者）、その妻、学校

に通う 10 代の息子 2 人、両親、その他の男兄弟と妻、合わせて 13 人。同居家族が増えてさらに大家族になっていた。

GH-B さんも 4 年前からオートリキシャを運転している。1 日の収益は 200 〜 250 ルピーで、週 6 日労働なので所得は月 5,850 ルピーになる。母親や妻たち女性は、稼得労働は何の仕事もしていないとのことだ。元回答者である GH さんは、今もオートリキシャ運転手をしているが、月 2 度の通院が必要な上に病気の影響で仕事が安定せず 1 日の稼ぎは 200 ルピー。月 15 〜 20 労働日として月 3,600 ルピーの所得になる。ただし GH さんは、調子がよければ稼ぎを家に入れるが、自分で使ってしまうこともある。前回別に住んでいた次兄も、レンタル・オートリキシャの運転手をしている。賃料が 150 ルピーで燃料の CNG に 100 ルピーかかり、1 日の純益はやはり 200 〜 250 ルピー。週 6 日労働なので所得は月 5,850 ルピーである。すぐ上の兄は、小規模タクシー会社に雇われ、タクシー運転手をしている。退職準備基金、従業員国家保険は適用外とのことだが、月給は手取り 9,000 ルピーになる。弟（20 代）は失業中である。また、父親もまだレンタル・オートリキシャを運転しているが、高齢のため労働日数も労働時間もともに少なく、月 1,500 ルピーの稼ぎである。こうしてすべて合わせると、一家の世帯所得は月 2 万 5,800 ルピーになった。

GH-B さんも、できることならタクシー運転手になりたいという。別の兄はタクシー会社勤務の友人が同地区内に住んでいて、その紹介で仕事を得たらしい。教習所に通ったこともあるが、8 学年修了が免許取得の条件なので [18]、タクシー運転手になるチャンスはなさそうだ、と述べていた。

しかし仕事の調子はやや上向きだという。燃料がペトラルから CNG に代わってコストが低下したことが、利益の上昇につながったと思う、仕事をより発展させるには、何よりもお金が必要だという。資金があれば自分のオートリキシャをもつことができ、それが所得上昇につながるのはわかっているが、金貸しから借りるとなると利子率は法外だし、ほかの資金調達方法もわからないと述べた。そもそも、兄弟の結婚のために金貸しから借りた借金が今も 15 万ルピー残っていて、月 3% という高利のため月 4,500 ルピーの利子支払いが発生している状態だという。

転職は考えていないが、かりに可能なら、カリヤナ・ショップを自宅近くで開きたいとのこと。よい仕事・給料を得るのに必要なのは経験とお金で、技術向上には先輩による指導が必要だと回答した。同席した母親は、父親は、息子たちがオートリキシャ運転手になることは望んでいなかった。もっと勉強をして勤め人になってほしかったのだけれど、と述べていた。

土地は公有地だが家は所有している。前と同じく調理スペース込みの 2 部屋であ

第4章 インフォーマル・セクター労働者の労働と生活：それぞれのストーリー　149

る。水道はあるが、水道つきの浴室やトイレは共用である。地区全体に10ずつあり、使用1回につき5ルピーかかる[19]。ただし今も、別の地域に一部屋を月1,500ルピーで借りている。そこに台所はなく、食事は皆こちらに来てとるので、寝るためだけのスペースだという。相変わらず手狭な家にカラーテレビと天井取付扇風機以外に目立った家財はなかった。

　貯金ができたわけでもなく、自分の車が持てたわけでもない。世帯所得は増えたが物価も上昇した。だから、6年前に比べて生活水準が変わったとは思えない。それでも子ども時代に比べると、昔の家はカッチャー[20]だったが、今は電気や水道が使えるようになったのだから、少し生活水準は上がったと回答した。

オートリキシャ（2017年）

26　HHさん　40代

　液体漂白剤を行商販売している。学校に通ったのは1学年までで、カーストはSCである。祖父は小作人で農業に従事していたが、父親は材木市場で製材作業をしていた。祖父も父親も教育レベルは不明である。

　HHさんは現在体調が良くないため、働くのは月に20日ほどとのことだ。客は周辺地域に住む中間層の人々である。日に100ルピーの売上で仕入額が50ルピー（10～15ビン仕入れ）、レンタル・リキシャに1日10ルピーかかるので、所得は月に約800ルピーということになる。しかし、2人の息子（20代と10代）がスラムで神様の絵（複製）の販売をしていて、それぞれ日に55ルピーほどの稼ぎがあるので、

月に26労働日として2,860ルピーになる。妻（30代、非識字）も結婚シーズンなどには派遣業者を通して調理係として結婚式場に派遣されている。しかしその仕事があるのは年間1カ月分ほどで、その間は長時間勤務だという。娘（10代）と一緒に行くか、どちらか一方だけが行くこともある。食事付きだが日給は80ルピー、年間2,400ルピーだから月割にして200ルピー。全員の収入を合わせても世帯所得は月3,860ルピーである。とはいえ借金はない。息子がもう1人いたが、事故で亡くなったという。

15歳のとき、屋台の茶店でティーボーイとして働き始めた。客は近くの繊維工場の労働者で、夜の7時から12時まで働いていた。1980年代のことで当時の日給は2ルピー。しかし、茶店の屋台が警察に撤去されたため1年でやめざるをえなくなり、ドライフルーツの行商を始めた。それもすぐにやめ、次は市場で絵（複製）の販売を始めた。しかし売り場にしていた市場が閉鎖されたため続けられず、荷車を使う荷役人夫、いわゆる「車力」になった。その仕事を7年間続けたが、あまりに収入が低かったため（月300ルピーとのこと）、10数年前に現在の仕事を始めたという。それでも商売は以前よりやや上向きで、原因は評判がよいからだろうという。理想の仕事は警備員や用務員で、できるなら転職したいとのことだった。

家は持ち家で、トイレと水道はある。白黒テレビ、携帯電話、天井取付扇風機があるが、世帯道具は殆どなく住居の状態は極めて貧しい。それでも子ども時代に比べると生活はましだという。理由は所得の上昇や家族がいることなど。インタビューの時には隣人の塗装職人が同席していたが、彼は、インド経済の好調のおかげで建設需要が増え、生活にもプラスの影響があったと述べていた。

■7年後

同居している息子の1人が結婚し、孫も2人できて、家族は5人から8人の拡大家族になっていた。

HHさんの仕事は、以前と同じ昔ながらの漂白剤の行商だが、前は徒歩で、今は自転車で回っている。客はスラムの住人か中間層の人びとだという。週に1日は休業し、月に24日は朝9時から午後の2時か3時まで働いている。商品は近くにある3つの小さな製造所から日に200ルピー分ほどを仕入れ、所得は月4,000ルピーほどになる。

妻も以前と変わらず、結婚シーズンは調理係として年15日ほど働き、その時は夜出て朝帰って来る。日給250ルピーで、年間3,750ルピーになる（1月あたり310ルピー）。結婚した長男（学歴8学年）は、教材の営業で学校を廻り、また以前のま

ま神様の絵（複製）の行商も続けている。収入は低く、月に 1,000 ルピーほどだという。だとすると、一家の世帯所得は月 5,310 ルピー。息子の婚姻時に 3 人の親戚から借りた借金が今も 5 万ルピー残っている。

商品の売れ行きは悪くなっている。というのも新しい合成漂白剤が市場に出てきて、伝統的な漂白剤への需要がなくなっているからだという。商売の改善には資金が必要で、制度的融資が受けられればいいと思うし、実際、銀行に口座を開いて 5,000 ルピー預けたが、融資が受けられるか否かはわからない。転職して屋台の野菜売りになりたいとよく考えるのだが、資金がないので実現性は乏しい。いい仕事・給料を得るのに必要なのはただただお金だという。

家も土地も自分のもので、改修された家は前よりはずっとよくなったと言えるが、それは以前の状態があまりにもひどかったから。ベランダ部分に調理場所ができ、8 畳ほどの広さの 1 部屋は、壁で区切ってもう 1 つ小さな部屋が造られていた。トイレ、水道、水道なしの水浴場もある。とはいえ家財は、白黒テレビ、自転車、携帯電話、天井取付扇風機、そして大きなベッド。住環境の改善と所得上昇により前回調査時より生活水準は少し上がったが、物価上昇が激しいため、子ども時代に比べると生活水準は下がったと感じている。

娘（学校は 1 学年まで）は 4 カ月前に大工をしている男性と婚約した。数カ月後に結婚する予定だが、結婚資金として 5 〜 6 万ルピーが必要とのことだった。

追記：追跡調査 1 年後に偶然出会ったとき、家を建て替えたからと自宅に招待していただいた。屋上のある立派な 2 階建てに変わっていた。改築には 70 〜 80 万ルピーかかり、財産である妻や娘たちの宝飾品を売り、残りは月 5％の利子率で金貸しから借りて資金調達したそうだ。HH さんは同じ仕事を続けていた。

２７　IH さん　40 代

スラムでカリヤナ・ショップを経営している。非識字で SC である。グジャラート州の村の出身。祖父は非識字で農業労働者を、父親は 8 学年か 9 学年まで教育を受けて請負の熟練建設労働者をしていた。

店は朝 6 時から夜の 10 時まで開け、閉店日はない。客は同じスラムの住人である。概算で 1 カ月あたりの売上は 1 万 8,000 ルピー、仕入額が 1 万 5,000 ルピーで、所得は 3,000 ルピーとのことだ。

IH さんは 15 歳の時、屋台の茶屋のティーボーイとして日雇いで働き始めた。当時の日当は 2 ルピー。あまりの低賃金に 2 年ほどでやめ、次は小さな露天の果物屋に日雇いで雇われた。10 年間そこで働き、その間に日給は 7 ルピーから 20 ルピーに上がったが、警察の「嫌がらせ」（取り締まり、注 8 参照）のため露天は閉店せざるを得なくなった。次は中規模の繊維工場に就職できた。しかしやはり日雇いのヘルパーで日給も下がった。7 年間そこに勤めたが日給は 10 ルピーから 24 ルピーに上がったのみ。この工場が閉鎖された後は現在のカリヤナ・ショップを始めた。（開店資金の調達方法や、開店までの手順については聞けなかった。）

一緒に暮らしているのは、妻（40 代、教育は 5 学年）、20 代の長男とその妻、10 代の長女・次男である。手が空いているときには家族の誰かが店番をしている。調査で訪ねた時は妻が店頭に立っていた。長男はカレッジのコンピュータ・コースで学び、カレッジ卒（商学）の学歴を持つ。警察、銀行、鉄道、村役場などに応募したがうまくいかず、今は父親の店を手伝っている。

店の経営状態は以前に比べてやや悪化している。理由は他店の進出だという。地区内に以前は IH さんの店しかなかったが、今は 4 軒に増えた。競争が厳しくなり、それもあって客が減っているからとのことだ。

土地は市のものだが持ち家である。トイレと水道はあり、浴室はない。白黒テレビ、自転車、固定電話、天井取付扇風機があって、店に冷蔵庫があるが今は壊れている。出費の増加、子どもたちの教育や結婚に関してなど責任が増えて、子ども時代に比べて生活状態はやや厳しくなったという。

■ 7 年後

6 人家族から 5 人家族になっていた。同居していた長男の妻が病気で他界した後、長男は市内の別の場所に住み、働いている。まだ幼い孫娘はここに居て、今は回答者、妻、娘、下の息子、孫娘という家族構成である。

IH さんは妻らとともに今も同じ場所でカリヤナ・ショップを経営している。客はスラム住民で、朝 8 時から夜の 8 時まで営業（昼の零時から 2 時までは閉店）。1 日の売上は 2,500 〜 3,000 ルピーで、10% が儲けなので、1 カ月の所得は 300 × 30 日＝ 9,000 ルピーほどだという。田舎に 1 ビガーの土地があって兄弟 3 人で共同所有しているが、河岸近くの土地で何の使い道もないとのこと。一家の所得は月 9,000 ルピーのみで、借金も貯金もない。

また、カレッジ卒の学歴を持つ長男は、現在大手メーカー製品の販売・営業セールスマンとして働き、会社から委託販売料を得ている。所得は月 7,000 〜 8,000 ル

ピーほどである。前回調査時に聞いたように、カレッジ卒の息子は銀行や、鉄道、郵便局などの公務員志望だが試験に受からず、今も働きながら試験準備をしている。とにかく競争が厳しく、他の民間企業にもアプライしている。また次男は HSC まで終えた後、6 カ月の職業訓練を受けた。しかし実習が続かず戻ってきて、再び地元の ITI（産業訓練所）で訓練を受け、今はプラスチック工場で見習い中だった。20 代の娘もカレッジ卒の学歴を持つ。姪の世話を含む家事手伝いをし、稼得労働には就いていない。IH さん本人は非識字で妻の教育レベルも 5 学年だが、子どもたちの学歴はみな高い。

　商売はやや悪化しているという。第一の理由は、前回も指摘していたように、回答者が開店した頃は IH さんの店しかなかったのに、今は、150 世帯ほどのこの地区に他に 3 店舗あって競争が激化し、客が減っているからである。また今まで店では野菜も販売してきたが、近くの道路に多くの野菜売りが現れ、それも売上低下の一因だという。転職は頭になく、とにかく今の商売を改善させたいが、改善するにはハードワークと十分な品揃えしかないと考えている。よい仕事・給料を得るには資金と経験が重要で、技術レベルを高めるには経験とハードワークが重要だという。

　持ち家だが土地は公有地である。調理スペースを含む 2 部屋の住居と、路地を挟んで向かいに店舗がある。トイレ、水道、水道なしの浴室がある。物価上昇と所得減で生活水準は前より少し下がった。しかし子ども時代は、3 人兄弟、2 人姉妹で家族が多く、村には電気・水道、トイレの何れもなかったから、子ども時代に比べると生活水準は少し上昇したと感じている。また、この地区に何十年も住んでいるが、住み始めた頃は電気、水道など何の設備も無かったのだから、その頃に比べても少し上昇したと言えるとのことだ。

カリヤナ・ショップ（2017 年）

28 JH さん 30代

　熟練建設労働者である。非識字の SC で、アフマダーバード出身。祖父について
は一切不明だが、父親（60代）は非識字で、請負労働者として建設作業のヘルパー
をしていた。

　日雇いの請負労働者で、月に 20 日ほど寄せ場で仕事を得ている。請負人は固定
しておらず、仕事があればどの請負人の下でも働く。日給は 250 ルピーだから 1 カ
月の所得は 5,000 ルピー。一家にこれ以外の所得源はない。

　JH さんは一人息子で、3 人の姉妹がいた。父親の稼ぎは乏しく、姉妹の結婚費
用を稼ぐために彼は 15 歳のときから建設現場でヘルパーとして働き始めた。4 年
ほど続ける間に現場で仕事を覚え、技能を高めた。20 歳前後からは熟練労働者と
して働き始め、日給は 25 ルピーから 40 ルピーに上がった。ただし請負の日雇い労
働者という点に変化はない。姉妹の結婚資金として親戚・友人から借りた借金が今
も 3 万ルピー残っている。家族は両親と妻（20代、教育は 3 学年）、小学生を含む幼
い 3 人の子どもで、7 人家族である。

　転職希望はノーである。曰く、経験もお金もなく、今の建設関係以外の仕事に就
けるとは思えないからで、請負労働者でいいとのこと。もちろん常用で仕事がある
方がいいが、その可能性は全くないという。したい仕事に就くには、一にお金、二
にコネが必要だと述べた。

　持ち家で、トイレと水道はあるが浴室はない。自転車、携帯電話、天井取付扇風
機があり、テレビはない。家族が多く、支出が増え、子ども時代よりも生活はやや
厳しくなったという。

■ 7 年後

　子どもが 1 人増えて 8 人家族になっていた。子どもは 4 人で、上の 2 人が娘で下
の 2 人が息子である。長男と、落第を重ねたのか長女が小学校に通っている。

　職業は今も日雇いの建設労働者（熟練）である。今、熟練建設作業員の賃金相場
は日給 600 ～ 700 ルピーということで、JH さんは通常 700 ルピーを得ている。た
だし、この日給額は基本的にマーケット次第で変動し、人や能力で決まっているわ
けではないと言う。最近仕事の日数は減っていて、月に 10 日から 12 日しか仕事
がないそうだ。だとすると彼の所得は月 7,000 ～ 8,400 ルピーである。父親（60代）
も働いていないので、それが一家の所得の総額となる。以前の借金は完済し、現在、

第4章　インフォーマル・セクター労働者の労働と生活：それぞれのストーリー　　155

借金はないが貯蓄もないとのこと。

　仕事が減ったのは、高額紙幣 (21) の廃止の影響で建設が止まったせいではない
かと JH さんは言う。転職したいとは思わないが、建設労働の仕事は重労働できつ
く、いつまでも続けられるとは思わないので、チャンスがあるなら小さなカリヤナ・
ショップでも始められればと思う。ただし、多額の開業資金(回答者は 30 〜 35 万ルピー
と推測) が必要だろうから、できる見込はうすい。じゃあ、請負人になるのは望み
ますかと尋ねると、請負人は労働者への給与支払いや人集めなど、苦労が多いので
まったく関心はないと述べた。よりよい仕事・高い収入を得るには、自分自身につ
いては経験が最も重要だと思うが、子どもについては教育が第一だという。また、
技術向上には現場でのハードワークあるのみで、制度的な技術訓練に関心はないと
いう。

　公有地で、1部屋とベランダからなる貧しい住環境に変化はないが、持ち家であ
る。トイレと水道はあり、前回同様に浴室はなく戸口近くにある水道の近くで水浴
びしている。目立った家財もないが、中古ミシンを購入し妻が現在練習中だという。
使えるようになったらこれで仕事をする。

　借金を完済し、両親も一緒に平和に暮らしているから、数年前に比べると生
活水準は少し上がったと感じている。また、子ども時代に比べても、所得が増えて
よい家族に恵まれているので生活はよくなったと思うとのこと。

２９　KH さん　20 代

　日雇いの熟練建設労働者である。非識字でカーストは SC、他州の出身である。
祖父・父ともに非識字で、すでに他界している。二人とも結婚式等で伝統楽器を演
奏する辻楽士だったそうだ。

　KH さんは、13 歳のとき、請負の日雇い建設労働者として働き始めた。従兄弟
がすでに熟練労働者として寄せ場に通っていて、最初は彼に連れられて寄せ場を訪
ねた。手伝い仕事だったのだろう、日当 20 ルピーで月 18 日働き、所得は月 360 ル
ピーだった。そうして 6 年ほど未熟練建設労働者を続けた後、熟練の建設労働者に
なった。その頃、未熟練建設労働の日給は 100 ルピーに上がっていたが、熟練労働
者になってさらに 50 ルピー上昇したので 150 ルピーなった。ただし、請負の日雇
労働者であることに変わりはなく、今も近くの寄せ場に毎日通っている。現在仕事

があるのは月15日ほどで、あれば朝9時から夕方の6時まで働いている。日給は300ルピーになっているので、300 × 15 = 4,500ルピーが1カ月の所得である。ただし、モンスーン期には10日ほどしか仕事がない。今は建築ブームで労働力不足が言われているのに、なぜ労働日数が少ないのかと尋ねると、寄せ場ではベテランから雇われるからだという。確かに彼は若く、経験もまだ浅い。

　妻（10代、非識字）と2人暮らしで、妻も冬の4カ月間は調理人として働いている。月に1週間結婚式会場で料理をつくるが、24時間勤務で1日100ルピー。ゆえに100 × 7 × 4で年間にして2,800ルピーになり、1カ月当たり233ルピーの所得ということになる。また彼は副業として縄張のベッドに麻縄を張る仕事をし、その手間賃が月200ルピーほど入るので、一家の世帯所得は合わせて月4,933ルピーである。結婚資金として親戚や友人から借りた借金が2万ルピー残っているが、貯蓄はない。田舎に母親と3人の妹や弟1人が暮らし、弟も日雇い労働者として働いている。田舎には親戚もいて母親たちはその援助を受けているが、回答者も時々仕送りをしているという。

　転職は望んでいない。たとえ別の仕事に就けたとしても、とても月2,000ルピー稼げるとは期待できないからだという。望む仕事に就くには教育が欠かせないと考えている。

　持ち家だが土地は公有地。水道もトイレも浴室もない。家の入り口を入ったところに水貯めがあって、その水を汲んで使っているとのことだが、汚水が混じりそうな水貯めだった。天井取付扇風機と大きなタンス以外に、世帯道具は殆どない。照明には小さな電灯がついているだけで、夕方になると室内はひどく暗かった。

　それでも子ども時代より生活水準はいくらか上がったという。子ども時代はあまりにも貧しかったし、また、今は家族規模が小さいから、というのがその理由だ。子ども時代は父親が病気で、幼い弟妹が4人いた。父親が他界した時、長男である彼はまだ11歳だった。

■7年後

　夫妻の間には2人の子どもが生まれ、家族は4人になっていた。

　今も熟練の建設労働者で、以前と変わらず寄せ場に通う日雇い労働者である。日給は500ルピーに上がっていた。月に15～20日仕事があるから、所得は月6,500～1万ルピーになる。短期の仕事ならば日給は600ルピーになるのだが、例えば15日間など長期に継続的に雇われる場合、日給は下がる(22)。彼は継続して働ける方を優先している。寄せ場には朝9時に行き、そこから現場に行って6時まで働

第4章　インフォーマル・セクター労働者の労働と生活：それぞれのストーリー　　*157*

いている。妻は、子どもたちがまだ小さいので前ほど頻繁にはできないが、今も結婚式会場の調理人を続けている。日給 300 ルピー、10 日間ほどの勤務なので年間 3,000 ルピーになり、1 ヵ月当たりにすると 250 ルピーの収入である。KH さんの収入は中をとり 7,750 ルピーとすると、一家の世帯所得は月 8,500 ルピー。前にあった借金はすべて返済し、今は貯金もないが借金もない。田舎で弟と暮らす母親には、必要があれば今も仕送りをしているという。

　この 1 〜 2 ヵ月は仕事が減っていた。しかしすでに回復し、寄せ場に通う日数が以前より増えたし日給も上がっているから、雇用状態は少し改善したと言えるとのこと。転職したいと考えているわけではないが、どうせならば勤め先の大小は問わないから、月 1 万ルピーの固定給が得られる常用の被雇用者がよいと思う。今の仕事の状態を改善するには、ハードワークといい仕事をすることが大切。そして資金があるならば、建設資材を買って自営業者としても仕事を請け負いたいという。よい仕事・給料を得るのに必要なのは技術と経験で、技術レベルを上げるには、低料金の訓練所があればいいし、ハードワークが重要だと述べた。

　間取りは、調理スペース込みの 1 部屋と入り口のベランダである。前回調査時と違ってトイレと水道が設置されたが、浴室はなくベランダで水浴びをしている。主な家財は、カラーテレビと天井取付扇風機くらいである。前よりはましになったとはいえ、住環境は依然厳しい。貯金はできないし、まともな家財道具も買えず、生活水準は前回調査時と変わりはないという。また、子ども時代を過ごした田舎にも水や電気はあったし、むしろ今は責任が増えて、子ども時代よりも生活は厳しくなったと感じるという。ウサギが一羽飼われていたが、子どもたちのためとのこと。

　追記：技術はあるのだから、少し元手があれば自分でも仕事を請け負えるのに、と考えるのはもっともなことだろう。日雇いで毎日仕事があるわけではなく、KH さんは「合間に副業をしたい」と考えている。しかし技術を修繕などの仕事に活かすには元手が必要で、ところがそれが無い。

30　LH さん　20 代

　日雇い建設労働者でヘルパー（未熟練）である。学校教育を受けたのは 5 学年までで、SC である。祖父の代の 50 年以上前に、一家で州外からアフマダーバードにやってきた。祖父は非識字で木樵だった。父親（40 代）は非識字で今も建設労働

者（熟練）として働いている。

　寄せ場に通って仕事を得ている。朝 9 時から夜の 6 時まで働いて労働日数は月に20 日ほど。日給は 200 ルピーだから所得は月 4,000 ルピーである。10 代で、まず今と同じ日雇い建設労働者として働き始めた。一旦やめて日雇いの染色工として小さな作業所に勤めたが、日給が 50 ルピーとあまりに低いため数カ月で辞め、再び建設労働者になった。彼の他の家族や親戚も、寄せ場に通って仕事を得ている。

　家族は両親、妻（20 代）、妹 2 人、弟 1 人、合わせて 7 人家族である。母親は継母とのことで、妹、弟はまだ幼い。幼い弟妹を除き、妻や両親を含めて家族の殆どが非識字だった。熟練労働者である父親の日給は 350 ルピーだが、労働日数が今は10 日ほどと少ないので所得は月 3,500 ルピー。一家の世帯所得は月 7,500 ルピーである。結婚のために親戚や友人から借りた借金が 7,000 ルピー残っている。転職希望はないとのことだった。

　土地と煉瓦造りの家はともに所有している。水道、トイレと、外に水浴場があり、主要な家財道具として、カラーテレビ、スクータ、携帯電話、天井取付扇風機があった。子ども時代に比べると生活水準はやや上昇とのことだ。理由は、住宅状況の改善と、借家住まいから持ち家住まいになったことが大きいという。

■ 6 年後

　上の妹が結婚して家を離れ、妻、両親、小学生の妹・弟の 6 人家族になっていた。本職は以前と同じ日雇い建設労働者で、ヘルパーのまま。そのため日給は低く 300ルピーである。しかし働き始めた当初は 130 ルピー、前回調査時が 200 ルピーだったから、名目では上昇している。月に 20 日間この仕事をして収入は月 6,000 ルピーほどになる。加えて、それ以外の日はオートリキシャの運転を始めていた。オートリキシャの賃貸料は、新しいリキシャなら 200 ルピーだが、リキシャの質で客数が変わるとも思えず、1 日 150 ルピーの安い方のリキシャを借りているそうだ。この仕事で月に 2,500 ルピーの副収入になる。2 つの仕事を掛け持ちして寸暇を惜しんで働いている様子だった。

　また父親が今も月に 20 日ほど日雇いの建設労働者（熟練）として働いていて、日給は 500 〜 700 ルピーだから月 1 万 2,000 ルピーほど稼いでいることになる。一家の世帯所得は合わせて月 2 万 500 ルピーである。貯金は少しあるが、借金については言いたくないと回答。

　なお、オートリキシャでの稼ぎは最近減り気味らしい。高額紙幣廃止、GST [23]、物価上昇が影響したと感じている。それでも資金があれば自分のオートリキシャを

第4章　インフォーマル・セクター労働者の労働と生活：それぞれのストーリー　　159

買いたいという。ローンで買うと26万5,000ルピーになるが、書類を整えて貧困層向けの低利融資を受けたいと考え、今、思案中らしい。建設労働の仕事についても上と同じ理由で、状況は少し悪くなったと感じている。転職は考えていないが、あえて言うならば自営業者がいいとのこと。よい仕事につくのに必要なのは教育とお金で、技術向上には経験が必要だという。

　家も土地も所有しているが、間取りは調理スペース込みの2部屋で、水道、トイレ、水道のない浴室がある。寝るときは外にもベッドを出す。カラーテレビ、バイク、天井取付型と床おきタイプの扇風機があるが、ほかに目立った家財道具はなかった。7年前より少し生活水準は上がったと感じているが、そう思う理由は言えないとのこと。子ども時代と比べて変化はないそうだ。

3 l　　MH さん　　40 代

　河岸の建設現場で働く警備員。教育レベルは5学年、カーストはSCで、州内の村の出身である。祖父については不明だが、父親は非識字で、小規模綿繰り工場で直接雇用のボイラーマンとして働いていた。

　朝8時から夜8時まで毎日河岸で働いている。ただし請負労働者であり、この建設工事があと数カ月ほどで終わると彼の仕事も終わるという。賃金は月単位で受け取っていて月2,500ルピーである。

　働き始めたのは15歳の時である。最初は病気になった父親の代わりに、父親が働いていた綿繰り工場で、請負労働者のボイラーマンとして働き始めた。労働日数は月15日ほどで、収入は月に700ルピーだった。5年ほどそこで働き、そのあと日雇いの請負労働者として土方になった。この状態を17年ほど続けたが、炎天下での作業のために日差しの強さで目を患い、手術を受けねばならなくなった。そのため5年ほどほぼ失業の状態が続いたが、建設現場で働いていた親類が推薦してくれて、現在の仕事を得ることができた。

　家族は妻（40代、非識字）と、10代、20代の3人の息子、長男の妻の計6人の拡大家族である。妻と長男も働いている。妻は卸売市場で主に野菜の運搬作業をし、朝6時から午後2時まで日給100ルピーで月に24日働いている。長男は建設労働者で所得は月1,500ルピーである。したがって一家の世帯所得は月7,500ルピー。日々の生活費や祭事のために親戚から借りた借金が3万ルピーあるが、貯金はゼロ

だという。転職は望んでいないが、就きたい仕事に就くには、一に技術、二にコネが必要だと述べた。

家・土地ともに所有している。カラーテレビや扇風機がある。水道はなく、トイレはあるのだが下水道に通じていないため使えないらしい。水浴び場は外にあって溜め水を使っている。それでも住環境の改善と所得の上昇により、生活水準は子ども時代に比べて少し上昇したと感じている。子ども時代に住んでいたのはカッチャーハウスだったが、今はパッカーハウスに住んでいるからとのこと。

■6年後

息子が3人いたが、末の息子は1年前に他界。すでに結婚していた長男に加えて次男も結婚し、今はMHさん夫妻、2組の息子夫婦、孫2人、合計8人の3世代拡大家族で暮らしている。

警備員としての仕事は今も続いていて、大手警備会社の下請会社を通して河岸に派遣されている。月30日間、朝8時から夜8時までの勤務形態にも変わりはないが、月収は6,000ルピーに上がっていた。退職準備基金法も従業員国家保険法も適用されていない。年に1度1カ月分のボーナスがあるので、それを算入すると所得は月6,500ルピーになる。

妻も以前と同様、野菜の卸売り市場で商人等の野菜の運搬・荷の上げ下ろしをしている。作業1回の手間賃が約10ルピーで、毎日朝8時から夕方3時頃まで働き、月に6,000～7,000ルピーになる。長男は小さな繊維工場の捺染工に転職していて、所得は月7,000～8,000ルピーになった。25歳の次男は今も学生で、カレッジ（商学）に在籍している。こうして一家の世帯所得は、6,500＋6,500＋7,500で2万500ルピーである。さらに膨らんでいた借金は完済したが、貯金はないとのこと。

賃金が上がってきたとはいえ、労働条件に変化があったとは思えないという。労組もなく変える方法はない。転職は考えていないが、もしチャンスがあって収入が増えるならば何でもいい。しかし、やはり野菜売りなどの自営業者がいい。それならば収入を増やせると思うから、という。

よい仕事・収入を得るにはお金も必要だが、子どもにとっては教育こそが重要だろう。実際に次男はよりよい仕事に就きたいと自分の意思でカレッジまで進むことを選び、必要な費用は今もMHさんが賄っているという。技術力向上に必要なのは経験とのことだ。

ほぼ30年間ここに住み続け、土地・家ともに所有している。3世代8人家族だが間取りは調理スペース込みの2部屋のみである。水道、トイレ、水道のない浴室

がある。カラーテレビ、自転車、扇風機以外、家財はほとんどない。

3人の稼ぎ手それぞれの賃金が上昇して、世帯所得は上昇した。しかし同時に物価が上がっているので、生活水準は前回調査時から変わらないという。子ども時代に比べると、当時は何の設備もなかったから今の方がましかもしれないが、生活水準が上がったとまでは言えないとの回答であった。

32　NM さん　40代

ごく小さな製粉所に勤めている。非識字で、カーストは SC である。ルーツは県外にあるが、彼自身はアフマダーバードで生まれた。祖父は非識字で農民、同じく非識字の父親は大規模繊維工場でカーストの伝統職に近い織工として働いていた。

NM さんが勤めているのは、雇い主と2人だけの小さな製粉所である。常用として製粉作業をしている（彼自身は臨時と答えたが、20年以上勤務し報酬も月給で回答したので常用と見なした）。勤務は朝8時から夜の8時までで週6日勤務である。月給は手取り1,600ルピーで、年次ボーナスというのではなく、ディーワーリー時に500ルピー程度の支給がある。

15歳のときに、やはり2人だけの別の小さな製粉所で日雇いとして働き始めた。その頃日給は25パイサであった。5年ほどそこに勤めた後、父親が働いていた大規模繊維工場でバドゥリ労働者として働き始めた。"Employee's son" 制度（注14参照）よる採用だったかと思われる。しかし5年ほど後にその工場は閉鎖され、それ以降現在の製粉所で働いてきた。

妻は他界し、息子2人とその妻、孫娘の5人暮らしである。30代の長男の学歴は HSC で、工場に請負で雇われて箱の製造をしている。20代の次男は学校は9学年までで、請負の建設労働者である。それぞれ所得が月2,400ルピーほどということで合わせて4,800ルピー。したがって一家の世帯所得は月6,442ルピーである（ディーワーリー祝儀—注15参照—の月割り分を含む）。息子の結婚資金として親戚・友人から借りた借金が3万ルピー残っている。

転職は考えていないが、できることなら自分の製粉所を持ちたかったという。土地も家も自分のものではなく、家賃は月50ルピー。小さな庭に面して粗末な小さな二つの部屋があり、向かい側にトイレと浴室が並ぶ。浴室のドアにかけられたコップには、家族分のカラフルな歯ブラシと歯磨きチューブが入っていた。水道もある。

カラーテレビ、自転車、天井取付扇風機がある。子ども時代に比べて少し生活水準が上がったかなと思うのは、住環境がよくなったからとのこと。

調査で訪問したのは日曜日だった。しかし彼の休日は月曜日で、丁度昼食をとるために一旦家に戻り、一休みしているところだったらしい。回答に協力してくれた後、大慌てで職場に向かって行った。

■7年後

息子一家が市内別地区に転居し、そこで6〜7カ月一緒に暮らしたが、元の家に戻り一人暮らしになったという。仕事に変化はなく、小麦等を扱う小さな製粉所で今も働いている。月曜日が休みで朝9〜12時と午後4〜7、8時が労働時間である。週6日労働で、月給は3,000ルピーだから以前より少し上昇した。ディーワーリー時には1,000ルピーの祝儀が支給される。これを月割りで足して所得は月3,083ルピー。副業はなくこれが全所得とのことだった。親戚の結婚祝い（マメル(24)）として別の親戚から無利子で借りた借金が2万5,000ルピー残っている。また、銀行に2,000ルピーほどの貯金があるそうだ。

息子2人のうち、長男は段ボール製造の小規模工場で箱を作っている。常用ではなく、退職準備基金法や従業員国家保険法は適用対象外という。今の月給はわからないが、2年前は4,000ルピーだった。下の息子は小さな仕立屋で仕立て職人をし、出来高給だがやはり月4,000ルピーほどの収入だろうという。

仕事の状況はひどく悪化しているらしい。今は製粉済みの小麦等が食料品店やスーパーで簡単に手に入るから、勤め先の小さな製粉所でも客が減って作業量が減り、店の売上が大きく落ち込んでいるという。客の数は、以前は日に30〜40人いたが、今は15〜20人に減った。製粉は1キロ3ルピーで、現在の売上は1日あたり400〜500ルピー。打つ手はなく、改善の見込みもないので、あと2カ月ほどしたら店を辞めるつもりだという。つまり転職を考えていた。退職金として恐らく5,000から1万ルピー手に入ると期待しているので、それを元手に、荷車でカップ＆ソーサーなり女性用の装飾雑貨なり売りたいと考えている。親戚に行商人がいるのでやり方はそこから教えてもらえるだろうとのこと。よい仕事・よい給料のために必要なのは資金と技術、技術向上に必要なのは経験だという。

土地は所有していないが持ち家で、以前のまま2部屋ある。水道、トイレ、水道のない浴室があって、カラーテレビ、固定電話、天井取付扇風機もある。自転車も所有しているので、距離はあるが職場には自転車で通っている。

息子家族と一緒に暮らしていた時は、経済的にもその他の面でも色々な制約が

あって窮屈に感じていた。今は自由度が増して健康状態もよくなったし、前回調査時より生活水準も少し上がったと感じるとのこと。また、子ども時代は貧しく、村にはトイレも水道も何もなく、教育も受けられなかったから、子ども時代に比べても生活水準は少し上がったのではないかという。

追記：前回同様に、収入に関する回答など、数値もかなり正確という印象を受けた。また、回答者本人が語ったように、前回調査時よりずっと快活に見えた。

町中の零細製粉所（2017年）

33　PMさん　30代

機械を使ってスプーンの研磨作業に従事している。教育レベルは8学年で、カーストは、SCである。祖父は農業労働者。父親は大規模繊維工場（1980年代に閉鎖）のワーカーだったが、彼が2歳の時に亡くなった。そのため彼は十分な学校教育を受けられなかったという。祖父、父親の教育レベルは不明である。

零細なスプーン製造所に常用で勤め、月給は4,000ルピー。ディーワーリー時に300ルピーのボーナスが支給されるから、これを月割りにして加えると、所得は月4,025ルピーになる。仕事は友人の紹介で得た。

14歳の時に屑拾いとして働き始めた。日に10〜15ルピーの稼ぎで毎日働いた。しかし労働環境が悪かったので3年でやめ、小さな牛乳屋で缶ミルクの積み下ろし

作業員として働き始めた。しかしそこも2年でやめ、別の小規模なスプーン工場に転職する。5年ほど勤めたが賃金があまりに低いので、数年前に現在のスプーン製造所に移った。

家族は妻（30代、教育はSSC）と10歳未満の息子2人である。妻の収入はない。1年ほど前に女性自営業者協会（SEWA）[25]に登録し、職業訓練をすぐ提供してもらえるとのことだったが、これまでのところ何の連絡もないらしい。

PMさんは転職したいという。大規模工場の常用が最も望ましい仕事である。土地も家も自分のものではなく、家賃が月700ルピーかかっている。しかも理由は不明だが、家主から1年以上の継続は認めないと言われているらしい。水道はあるが、トイレ、浴室はない。カラーテレビ、自転車、携帯電話、天井取付扇風機があった。それでも子ども時代に比べて生活水準はやや上がったと感じている。所得が増え、小さな家族で、子どもを学校に通わせることができているから、という。

■7年後

4人暮らしはそのままで、10代の長男と次男はともに学校に通い、順調に進級している。後述するように、PMさんは子どもの教育に熱心だ。

仕事は以前と同じで、零歳作業所（前より雇用規模縮小）でスプーンの研磨をしている。月給は7,000ルピーでディーワーリーに1カ月分のボーナスが支給される。妻は2年前から病院で清掃員として働き始めた。毎日朝の8時から午後2時まで、休日なしで働き、給与は月3,500ルピーである。前回調査時SEWAのメンバーということだったが、その後もとくに支援は得ていないという。回答者のボーナスを月割りにして加えると、一家の所得は月1万1,083ルピーになる。借金はないが貯蓄もないとのことだ。

働いている作業所の従業員が減らされたのは最近のことで、PMさんはGST導入の影響だと述べた。真偽はさておきそう噂されていたのだろう。仕事量が減少して整理解雇が行われ、古参が残されたそうだ。給与の上昇幅は名目で75％。労働条件に変化はない。

労働条件の改善策を問うと、経営者自身そう豊かでもないから、何の手立ても考えられないという。だから、できるなら転職したいし、転職するならやはり被雇用者がよく、具体的には警備員の仕事がいいとのことだった。よい仕事を得るのに重要なのはコネのみで、「推薦があればどんなに能力がなくとも雇われる」と述べる。とはいえ、子どもがよい仕事を得るには、何よりも教育が重要だとも述べた。

今は同じスラム内の妻の実家の二階に間借り（1部屋＋台所）しているので、家

第4章　インフォーマル・セクター労働者の労働と生活：それぞれのストーリー　　165

賃は不要になった。水道、トイレ、水道付きの浴室もある。自分の家を買いたいとも思ったが、それよりも今は子どもの教育への投資を優先すべきだと考えている。前回調査時も子どもへの教育の必要性を語っていたが、そこにブレはない。

　家にはカラーテレビ、自転車、天井取付扇風機がある。給与の十分な上昇がないのに物価は上昇し、また、子どもを私立学校に行かせ、塾にも通わせて教育費が嵩んでいるので、生活水準は7年前よりやや下がったと感じるとのこと。しかし、回答者の子ども時代は、本も買えず教師の嫌がらせを受けて8学年で学校をやめてしまったほど貧しく生活環境は酷かったので、その頃に比べれば生活水準は少し上昇したという。

> ## ３４　RM さん　50代

　機械の修繕業をしている。教育レベルは5学年、カーストはOBC、出身は他州の村である。祖父も父親も農民であった。祖父の教育レベルは不明だが、父親は小学校に何年か通ったようだ。

　修理場を持っているのではなく、依頼があれば自動車の修理工場など依頼元まで出向いて修繕をする。道具があれば出来る仕事で、経費はとくにかからないという。所得は月平均4,000ルピーである。

　RMさんは、13歳の時から10年ほど、田舎で家族と一緒に農業に従事していた。そのあと小さな作業所で溶接工として働いた。しかし独立して自営でやることを友人から勧められ、それ以来現在の形で修繕業をしている。ハードワークによって、仕事は以前よりもまあまあ好調だという。転職に関心はないが、どうせなら大規模企業に常用で雇われたかったという。

　家族は妻（40代、非識字）と20代の息子の3人家族である。息子も同じように自営で修繕業をし、所得は月2,000ルピーほどだ。したがって一家の世帯所得は月6,000ルピーである。家は持ち家で、一間の家を軒続きで2軒所有している。トイレ、浴室、水道もある。家財道具として、ラジオ、カラーテレビ、自転車、スクータ、携帯電話、天井取付扇風機などがあった。

　生活水準の変化を問うと、よい仕事を得て所得が上がったし蓄えもあるから、子ども時代に比べてやや向上したと回答。ただし、貯蓄に関する質問では貯蓄なしとの回答だったので確認すると、あらゆる所有物すべてが貯蓄だとの説明だった。借

金はないとのことである。

■ 2017年　30代（息子：RM-S）

　RMさんは帰村中で不在、しばらく戻らないとのことだったので、今回は、前回調査時から同居していた30代の息子RM-Sさんを回答者とした。

　前回調査時は両親との3人暮らしだったが、結婚して子どもも2人でき、一家は6人の拡大家族になっていた。学校教育は9学年まで終え、2年間は民間工場で見習い工（無給）をしていた。10年ほど前からは、機械工として電話で依頼を受け修繕に出向くスタイルで働いている。修繕の依頼主は自動車の修理工場や繊維工場で、部品店をとおして取引先を増やしてきた。1カ月の収入は1万2,000ルピー、経費を差し引くと純益は月1万1,000ルピーである。子どもが小さいので妻（教育は11学年）は内職もしていないが、父親もまだ月に10日から15日は同じ仕事をし、月に5,000～6,000ルピー稼いでいる。したがって一家の世帯所得は1万6,500ルピーほどになる。家族は増えたがここでも所得は大きく上昇した。借金はなく、貯金が2万ルピーある。

　仕事の状態はやや悪化しているとのこと。というのも、修繕対象の部品が変化し、今ある機材では対応できないことがある上に、部品の品質が向上して故障しにくくなっているせいである。したがって、商売を好転させるには新しい機材が必要だが、そのためには機材購入の資金が必要である。新機材になっても、操作のための新たな訓練は不要だから、購入しさえすればいいのだが、1万5,000～2万ルピーが必要になり、その負担は自分には大きいという。今のまま自営業がよく転職に関心はない。よい仕事・収入のために必要なのはスキルと経験で、そしてスキルを上げるのに必要なのはハードワークとのこと。

　以前と同様、住居は調理スペース込みの一間の家を2軒続きで所有している。土地は公有地である。カラーテレビ、バイク、冷蔵庫があり、トイレ、水道、水道つきの浴室もある。よい仕事に就いているし所得も上がっているから、生活水準は7年前より少し上昇したと感じるそうだ。また所得向上と仕事量が増えたおかげで、子ども時代に比べると生活水準はずっと上がったという。衣類なども子ども時代よりずっといいものを身につけているよ、と述べていた。

35 SMさん 60代

　傷もののカップ＆ソーサーを荷車で行商販売している。学校に行ったのは2学年までで、カーストはSCである。グジャラート州他県の出身で、1960年代末にアフマダーバードにやってきた。祖父は自宅で世襲職といわれる機織りをしていたが、父親の教育レベルは2学年で農業労働者だった。

　SMさんも、大規模繊維工場で世襲職に関わる紡績工として長年働いていたが、その工場が1980年代に閉鎖され、現在の仕事を始めた。朝10時から夜の10時まで片道3時間かけて近在の村まで荷車を押して移動し、同じ距離を戻ってくる。路上など一箇所に留まって商売するには免許が必要で、免許なしにそれをすると警察の取り締まり（「嫌がらせ」と表現）対象になるという。1日あたりの売上は200ルピーで収益は50ルピー、営業日数は月20日なので、月収は1,000ルピーということになる。

　SMさんが働き始めたのは10歳のときだ。村で10年ほど農業労働者として働いていた。その後小さなセメント管の製造工場に雇われ、セメント・ミキシングのヘルパーとして日雇いで2年ほど働いた。先述の繊維工場で働き始めたのはその後である。紡績工だが最初はバドゥリ労働者として働き、そして日雇いのヘルパーとして3年、やがて常用雇用になって10年ほど勤めた。工場に勤めていた頃、通り道にある駅近辺で働く行商人をよく見ていた。そこで失職後は、そうした商人や卸売商から商売のやり方・仕入先等を教えてもらい、現在の行商を始めたという。SMさんの兄も今同じ仕事をしている。

　一緒に暮らしているのは50代の妻（教育は8学年）、20代の娘1人と3人の息子である。失職により教育費を支出できなかったこともあって、教育は娘が7学年、息子たちは皆SSCのテストに受からなかったよと苦笑いしていた。息子たち全員が同居し、工場で機械工ヘルパーをしている。工場の規模は、零細または小規模で、日給は大体の目安で70、60、50ルピーとの回答だった（当時の相場としては低すぎると思われる）。したがって息子たちの所得は合わせて月およそ4,500ルピーになり、一家の世帯所得は月5,500ルピーである。

　商売はやや上向きとのことだ。理由は景気が好調なのと、客の評判がよいこと、行商地域を拡げたからだ、という。販売価格も上昇していて、1970年には1グロス（12ダース）36ルピーだったのが、今は1,500ルピーになる。年齢が高いので転職は望んでいないし、好みの仕事は自営業で同じ仕事がいいとの回答だった。

土地は公有地だが家は持ち家である。水道はなくトイレと浴室はある。カラーテレビ、自転車、携帯電話、天井取付扇風機などの家財道具があった。家は小さいけれど掃除が行き届き清潔だった。結婚をして家を出た娘一家が近くに住んでいるようで、孫が遊びに来ていた。子どもたちが成長し、稼ぎ始めて一家の収入も増えたから、自分の子ども時代に比べると今の生活水準の方がやや上昇したと感じるという。

■7年後

妻、息子3人、長男の妻の6人暮らしである。5年前に仕事はやめて今は隠居生活である。息子3人が働いているのは以前どおりで、2人は同じ小規模製粉所に勤め、1人は旋盤機械の部品を製造する小さな作業所に勤めている。3人とも臨時雇用ということで、常用になる可能性はないという。3人の給与を合わせると所得は月1万4,300ルピーで、前回調査時より名目上は大きく上がった。長男が6月に結婚し、その結婚資金として親戚から借りた10万ルピーの借金がある。

SMさんが仕事を辞めたのは高齢が理由で、商売の状態が悪かったわけではないとのこと。今は悠々自適のようで、前より元気そうに見えたし、同地区を訪ねると、ぶらぶらと歩いている回答者を何度か見かけた。よい仕事と給料を得るには教育とコネが必要で、加えて推薦はどんな仕事を得るにも重要だ、息子たちもすでにそこで働いている友人の推薦があったから就職できたんだ、と述べる。

土地は公有地だが持ち家で、2013年に家をリノベーションして二階建になっていた。その経費に40万ルピーかかったらしいが、そのローンはすでに完済している。一階は1部屋と台所の2部屋で、相変わらずきれいに維持されているが、大人6人が寝るには手狭で、就寝時などはどうしているのかと思う。二階には、前は離れて暮らしていた娘一家が住んでいる。携帯電話、冷蔵庫、天井取付扇風機、そして壊れているがカラーテレビがある。冷蔵庫は中古だが、電気代がかさむので夏の間だけ使い、夏以外は物入れとして使用しているとのことだ。今は家の中に水道があって、トイレ、水道つきの水浴場もある。

家の改修でとても住みやすくなったから、前回調査時よりも生活水準はやや上昇したという。また幼いときに父親が亡くなり、学校に行くこともできず賃金も低くて子ども時代はとても苦労したから、子ども時代に比べると、生活水準はずっと上昇したと感じるとのことだった。

３６　TMさん　50代

　荷車曳きである。教育レベルは３学年で、カーストは「その他カースト」に分類される。他州の村の出身で、父親の代にアフマダーバードにやってきた。祖父は田舎に大きな土地を持つ耕作農民だったが（教育レベルは不明）、父親（同３学年）は荷車曳きをしていた。

　TMさんが働き始めたのは、父親が病気になった18歳のときだ。レンタル荷車を使い自営の荷車曳きになった。当時１日当たりの収入は10ルピーで、30日働いて所得は月300ルピーに過ぎない。そこでオートリキシャの運転手になるため、正式の教習を１カ月受け、30歳を過ぎた頃からは、荷車曳きを続けながら同時にオートリキシャの運転も始めた。ところが10年ほど経った頃に事故でオートリキシャが破損したため、ふたたび荷車曳き専業にもどった。現在は朝10時から夜８時まで、月に26日働いている。ただしモンスーン期は輸送依頼が減る。得意先は複数あるが、最近は特定の電気店の仕事をすることが多く、テレビや冷蔵庫など家電製品を主に運搬している。今の荷車は自分のもので、20数年前に500ルピーで購入した。今なら8,000ルピーほどするだろうとのこと。運送料は日に80〜90ルピーで、所得は月2,210ルピーである。

　仕事はどちらかというと下降気味だという。彼がかつて仕事を請け負っていた繊維工場等が閉鎖し、そのため顧客を失ったことが主要な理由らしい。仕事を好転させるには、何よりも政府による融資制度が必要だという。転職は考えてないが、同じ運搬業ならオートリキシャを使った運搬業がいい、だが、そのためには技術と資金が必要だと述べていた。

　妻（40代、非識字）との２人暮らしである。妻も工場近くにある従業員向けの茶店で日雇いで働いている。朝の８時半から夜６時までほぼ毎日働き、日給は100ルピーなので１カ月の所得は3,000ルピー。こうして一家の世帯所得は月5,210ルピーである。借金も貯金もない。狭い１部屋だけの家だが、家も土地も所有していて、水道、トイレ、浴室もある。自転車、携帯電話、圧力鍋、扇風機が主な家財道具である。そして田舎にも家があり、そこには結婚した娘と幼い孫たちが住んでいる。娘はコミュニティ・ベースの見合いで結婚したが、家庭内に深刻な問題があって、心配なTMさんは、娘や孫の様子を見るため２カ月に１度村に通っているらしい。電車代だけで片道125ルピーかかり、この経済的負担が大きいと言う。

　それでも子ども時代に比べると、生活水準は少し上がったと感じているとのこと

だ。理由は、今は家族規模が小さいこと、また子ども時代は父親が病気で、そのとき2人の弟たちはまだ学校に通っていて、あまりにも過酷な状態だったからだ、という。

TMさんの父親は5人兄弟で、祖父の土地は5分割して相続された。ところが父親は相続した土地を売却し、アフマダーバードに出て荷車曳きになった。そしてTMさんも弟たちも荷車曳きになった。叔父たちは今も自営農民で、暮らし向きは悪くないそうだ。息子たちに教育を受けさせ、中にはエンジニアになって大都市でそれなりの暮らしをしている従兄弟もいる。田舎で暮らしている彼の娘を叔父たちもいくらかサポートしてくれているとのことだ。

■7年後

今も同じ所に居住している。しかし4回訪問したがドアは外から施錠されたままだった。翌年ようやく妻には会えたが、TMさんは帰宅が遅くなるとのことで会えず、しかも翌日の祭日からTMさんは田舎に出かけるとのことだったので、調査は断念した。

37　VPさん　30代

ムンバイなどで販売される、安手のネックレス用金属フックを製造している。教育レベルは4学年で、カーストはSC。祖父（非識字）も父親（教育は2学年まで）も大規模繊維工場の労働者だった。

住居の奥にこざっぱりした小さな作業場がある。この仕事は同地域に多い家内工業で、VPさんも15歳で働き始めた。見よう見まねでやり方を覚え、近隣の作業場を訪ねて取引先を確保していった。VPさんが就職を考え始めた頃、繊維産業は斜陽産業としてリストラ時代に入っていたので、繊維工場への就職は考えなかったという。朝の7時から夜の7時まで作業し、週5日労働である。1カ月当たりの売上高は1万5,000ルピー、経費が1万ルピーかかって所得は5,000ルピーとのことだ。

母親が他界したときに葬儀費用として借りた借金が4万ルピー残っているが、同時に生命保険のこれまでの掛け金が3万5,000ルピーになっているという。ビジネスはどちらかと言うと上向き。取引先との良好な関係、妻の手助け（無給の家族労働者として）、自分自身のハードワークによるとのことだ。

昔は、県内の工場地帯で、兄弟姉妹を含む15人の大家族で暮らしていた。だが今は娘3人と妻（30代、教育は8学年）の5人暮らしで、兄弟達の面倒を見る負担もなくなり、暮らし向きは子ども時代よりもよくなったと感じている。土地・家ともに所有していて、ラジオ、カラーテレビ、携帯電話、天井取付扇風機、加えて冷蔵庫もある。トイレ、浴室、水道もあった。

■7年後

　VPさんの10代の娘2人は、この7月から州外の寄宿舎つきの学校に転校したが[26]、休みには戻ってくる。末娘を加えて3人の娘と夫妻の5人家族のままである。

　長年携わってきたネックレスのフック製造は、取引量が減って3年前にやめていた。その後、市場で材料を仕入れてキーホルダーやラーキー（手首に巻く飾り紐）を作り、トレーダー（仲介業者）に渡すという形でやはり自宅で製造業に携わっていたが、結局それも十分な収入に結びつかなかった。そこで7カ月ほど前に小さなカリヤナ・ショップを開業した。製造業から小売業への大きな転職である。販売していたのは、スナック菓子、ビスケット、食用油、米、小麦、香辛料、石けん、シャンプー、ミルクなどで、この地区唯一の雑貨店である。

　客は99％がこの地区の住人で、毎日朝5時から夜11時まで営業し、家族の誰かが店番をしている。利益額はすぐには弾き出せないということだったが、5,000～7,000ルピー程度とのこと。また、配管工をしている友人から仕事を習い、副業として配管関係の仕事もしている。今はまだ月に3、4日しか依頼はないが、1日出ると400ルピーの収入が得られる。また妻は、店にミシンを置いて、店番の傍ら縫い物（衣類修繕）の請負を始めていた。今のところ手間賃として月800～1,000ルピーの収入がある。こうして一家の世帯所得は月に約7,000～9,600ルピーである。

　開業には多額の資金が必要だったが、一部はネックレス・フック製造時の取引先（規模の大きなネックレス・メーカー）から無利子で借りることができた。その15万ルピーに生命保険会社から借りた10万ルピーを加えて、開業資金は合わせて25万ルピーに上った。貯金はないという。

　店を始めて間はないが、商売はやや上向いてきた。何が求められているかに気を配り、品揃えにも注意していて、客の評判はいいと感じている。もっと発展させるには資金が必要で、そのために公的融資を受けたいと考えている。モディ政権が始めた自営業者のための融資・スキームを知り、必要書類をそろえて融資を申請[27]、すでに口座も開いた。無論、今、転職は考えていない。よい仕事・給料を得るのに必要なのは教育とお金で、技術向上に必要なのは経験だという。

家は店舗部分＋台所＋1部屋からなり、土地とともに所有している。カラーテレビ、バイク、自転車、携帯電話、天井取付扇風機、ミシン、冷蔵庫（商売用）があり、水道、水道のあるユニット浴室がある。家庭内に心配事があって、それを思うと今の状況は数年前に比べてよくない。しかしまともな家もなかった子ども時代に比べると、今は収入源も持ち家もあって、経済状況はずっとよくなった感じているという。

■その後については次章「補」参照。

38　YPさん　40代

散髪屋をしている。教育レベルは8学年でOBCである。父親（教育は5学年まで）は他州出身だが、YPさんはアフマダーバードで生まれた。祖父（非識字）は村の床屋、父親はアフマダーバードの同じ場所で床屋をしていたし、床屋はカースト固有の家業だという。

YPさんは、20歳の時から父親と一緒に床屋で働き始めた。しかし父親の存命中はそう真面目に働いていたわけではなく、父親が亡くなった後、責任が増えたという。2人兄弟で、兄（もしくは弟）は現在他州に住み、屋台でギフト商品を販売している。家族は母親、妻（30代、教育は5学年）、14歳を頭に3人の息子がいる。

店舗は借り店舗で、従業員が1人いるから雇用主である。所得は月2,500ルピーと回答。従業員への賃金およびその他経費が4,000ルピーだから、月の売上げは6,500ルピーということになる。ただし1日当たりの客数は15～20人ということなので（散髪20ルピー、ひげそり10ルピー）、売上げは実際はもっと大きく、純益ももう少しあると推測された[28]。とはいえ回答者は、従業員に給与を支払うと、儲けは消えてしまうとも話した。

経営状態は以前に比べて非常に厳しくなったらしい。昔は家族で経営していたのに、今は信頼できる親戚もおらず、よい従業員の確保は難しいからというのが一つの理由だ。また、今までは地域に数件しかなかった床屋の数が急増して競争が厳しくなったし、加えてYPさん自身が病気を患って1年半ほど店を閉めざるを得なくなり、その結果顧客を失ったからだという。病気治療のために借りた4万ルピーの借金も抱えている。

それでも子ども時代に比べると、生活水準は少し上昇した。所得の上昇と住環境

がよくなったことが、そう感じる理由だという。家も土地も所有していて、父親が30年前に購入したものだ。それ以前は借家住まいだった。敷地内に数件の家族が住んでいるが、彼の家は小さな前庭もあり、台所は狭いながらも別で、部屋も2部屋ある。彼が住むスラム地区は、全般的に住空間に比較的ゆとりがあった。家にはトイレ、浴室、水道もあり、カラーテレビ、携帯電話、天井取付扇風機に加え、珍しいことに冷蔵庫があった。

■7年後

　前回調査時と同様に、店舗を借りて床屋をしているが、今は従業員を雇っていない。客は男性のみで、散髪が40ルピー、ひげ剃りも加えると60ルピーになり、サービス料金は7年前の倍になっていた。客数は日に10～12人。月収を尋ねると、売上げが5,000ルピー、所得3,000ルピーとの回答だったが、回答者が述べた客数と料金から考えるならば、前回同様に純収益はもう少しある可能性は高いだろう[(29)]。店舗の店賃は月70ルピーで低い。

　家族規模は前と同じ6人である。しかし3人の息子のうち2人が働いていて、稼ぎ手は1人から3人に増えていた。2人とも数人規模の小さな商店の販売員で、臨時雇いで働いている。それぞれ月に4,000ルピーほど稼いでいるので、YPさん本人の所得と足し合わせると、世帯所得は月1万1,000ルピーになる。借金はなく、額は不明だが息子の結婚資金として貯蓄はしている。

　経営状態は、同業との競争の激化と自身の病気のため大きく悪化してきた。しかし転職したいとは考えていない。よい仕事・よい給料を得るのに必要なのはお金と技術で、技術向上には経験こそ必要だという。

　土地も家も所有している。2部屋と台所からなり、トイレは隣に住む親戚と共用で、水道および水道つきの浴室もある。携帯電話、カラーテレビ、冷蔵庫、天井取付扇風機がある。住環境に大きな変化はないが、以前から極端にひどいわけではなかった。

　一家の所得は増えたが、故郷の村に帰村することが多くなり、支出も増えていて、生活水準の変化はこの7年間ない。しかし、今は安定した仕事があるし所得も上がっているから、子ども時代より生活水準はずっと上がったと感じるという。

39　AP さん　50代

　工場地帯の路上で屋台の茶店を出している。教育レベルは7学年で、カースト
はOBC。父親の代に、州内他県から移動してきた。祖父も父親も非識字だという。
祖父は農民だったが、父親は大規模繊維工場で働いていた。父親は最初、バドゥリ
労働者として働き始めたとのことだ。

　茶店はAP さんの息子が始め、息子と一緒に働いている。客はダイヤモンド研磨
工場などで働く労働者である。営業時間は朝8時から夕方5時までだが、11時か
ら午後1時までの2時間はお昼休みで閉めている。日曜を除く週6日の営業である。
ミルク、茶葉、砂糖などの経費が日に500ルピーかかり、経費を差し引くと1カ月
あたりの所得は約5,000ルピーというから、売上げは月に1万8,000ルピーほどと
いうことになる。（1杯5ルピーだとすると、日に140杯ほど売上げている計算になろう。）

　AP さんが働き始めたのは16歳の頃である。最初は小さな製粉所（経営者＋彼
の2人）で、日雇いとして2年間働いた。午前中は学校に行き（といっても学歴は
7学年だから、留年していたのだろう）、午後は製粉所に行っていた。18歳のときに
は、父親が働いていた大規模繊維工場で紡績工として働き始めた。最初は父親のヘ
ルパーとして働いていたが、その後、常用雇用者になった。しかし、工場は10年
後に閉鎖され、やむなく請負・日雇いの建設作業員として働き始める。ところが3
年後に工場が再開することになって同じ工場に復帰し、また常用の紡績工となった。
そして工場はついに完全に閉鎖される。その後数年間、実質的には失業状態を余儀
なくされたという。やがて再び請負の建設労働者として働いた後、数年前から息子
と茶店を経営している。

　家族は、妻（40代、非識字）、息子夫婦以外に、3人の娘、弟が同居していて、8
人家族である。弟は大工のヘルパーとして木箱製造の仕事をしているが、稼ぎは少
なく月1,500ルピーである。妻はネックレス作りの内職をしている。ネックレスは
1ダース作ってもわずか1ルピーとのことだ。日に3時間ほど働いて10ダース作
るから日収は10ルピー、月に15日働くから、妻の所得は月150ルピーである。

　こうして一家の世帯所得は合わせて月6,650ルピー。息子や娘の結婚資金として
親戚・友人から借りた借金は5万ルピーに上っている。土地も家も自分のものでは
ないが、40年前から住んでいるので家賃は月50ルピーと低い。小さな家の前に出
された縄張りのベッドに腰掛けて話をし、家の中には入らなかったが、トイレ、浴
室、水道はあるとのことだった。テレビはなく、自転車、携帯電話、天井取付扇風

第4章　インフォーマル・セクター労働者の労働と生活：それぞれのストーリー　　*175*

機はあるという。

　子ども時代に比べて生活水準に変化はない。所得は上がったのだが物価も上がったからとのことだ。

■7年後

　数年前まで屋台の茶店を続けていたが、仕事からは退いていた。娘たちはこの間にみな結婚して家を離れ、以前の8人家族から、妻、息子夫婦、孫1人の5人家族になった。今は息子（前回は非識字との回答だったが正しくは3学年とのこと）と義理の娘（学歴はHSC）が病院内のテラスで茶店を経営している。客は病院スタッフなどで、以前の茶店より客は経済的により豊かな層である。それで所得は前の5,000ルピーから1万～1万2,000ルピーにまで上昇した。娘たちの結婚のために親戚から借金せざるを得なかったが、5万ルピーがまだ返済できずに残っていて、貯金もないという。

　息子の店の経営状況はやや上向きのようだ。病院での開業のために7万ルピーの新規投資をしたこと、比較的高所得の客が多いことなどが幸いしているらしい。事業の発展に必要なのは、資金、場所、よい客だろうし、よい職よい収入を得るために必要なのは、経験、技術、コネで、技術向上に必要なのは経験と教育だという。

　住環境に変化はなく、家の造りは相変わらず見るからに貧しい。しかし、今は土地・家ともに所有しているそうだ。調理スペース込みで1部屋＋ベランダ。水道、トイレ、水道なしの浴室がある。カラーテレビ、携帯電話、冷蔵庫、天井取付扇風機もあるとのこと。

　以前は習慣化していた飲酒を止めた。娘たちもみな結婚して今はさまざまな責任から開放され、生活状況はやや好転したという。自身が子どもだった時は5人家族（3人の男兄弟）で今より貧しかったから、子ども時代に比べても生活水準はやや上昇したと述べた。前回は子ども時代に比べて変化なしとの回答だったから、まさにこの数年間での変化の反映と言えるかもしれない。

４０　BR さん　60 代

　荷車で野菜の販売をしている。教育レベルは SSC でカーストは OBC、他州の村の出身である。祖父、父親ともに非識字で農民だった。

　休みなしで毎日朝 8 時から昼の 12 時、午後 4 時から 10 時まで働いている。ただし昼の 12 時から午後 4 時までは休憩時間で、居住スラムの入り口に荷車を置いて商売している。ゆえに客はスラム住民である。毎日仕入れに 2,000 ルピーを要し、利益は 300 ルピーだから、日々の売上は平均 2,300 ルピー。月にすると売上げは約 6 万 9,000 ルピーで純益は 9,000 ルピーである。妻（50 代、非識字）と 20 代の息子が無給の家族労働者として手伝っている。娘 2 人は結婚して家を離れ、息子の妻を加えた 4 人家族である。

　BR さんが働き始めたのは 21 歳の時だった。最初は大規模繊維工場に請負労働者として雇われ、労働者に原材料を配って廻る仕事をしたが、雇用日数が少ないので 1 年も経たずに辞めた。次は別の大規模繊維工場で常用のヘルパーとして働き始めた。しかし、15 年ほどして工場が閉鎖されたため、小規模パワールーム工場の織工になった。臨時雇いで 6 年勤めたが、低賃金のためそこを辞め、一旦は村に帰って 2 年ほど農業を手伝った。けれども無給の家族労働者だったので、再び街に出て警備員として働き始める。しかしこれも臨時雇いのためすぐに辞め、1994 年に現在の野菜売りを始めた。工場に勤めていた頃、露天商が傷んだ野菜を売っているのを見るたびに、自分ならば傷ませたりしない、そうすれば利益が上がるのにと考え、野菜販売の仕事に関心を持っていたからだという。彼は今、一度きれいに洗い、乾かしてから販売する（訪問時も子どもがバケツでジャガイモを洗っていた）。

　借金はない。貯金は 5 万ルピーあり、貯蓄額を答えた稀なケースの 1 人だった。土地は公有地だが家は所有、トイレ、水道はあるが浴室はない。カラーテレビ、自転車、スクータ、携帯電話、天井取付扇風機がある。

　子ども時代に比べると生活はずっとよくなったそうだ。所得が上がり、家族規模が小さくなり、いい仕事に巡り合ったからだという。

■ 7 年後

　幼い孫 2 人が家族に加わって、6 人暮らしになっていた。今も荷車で野菜売りをし、妻と息子が手伝っている。息子の学歴は 9 学年でその妻の学歴は 8 学年である。

　毎朝、野菜卸売市場に仕入れに行くが、年齢を重ねて今は朝の 6 時半から昼まで

第4章　インフォーマル・セクター労働者の労働と生活：それぞれのストーリー　　177

働いている。午後4時半から夜の10時半までは息子と妻が路上で販売しているから、午後は息子たちにお茶を運んだりしている。仕入れ額は毎日3,000ルピー、輸送費としてオートリキシャに100ルピー掛かるが、所得は月に2～3万ルピーになるという。借金はなく、貯金額は前回の5万ルピーから大きく増えて今は20万ルピーほどになった。

　商売は少し上向きとのことだ。以前は荷車を表通りの道路脇に設置していたが、もう少し内側に移動した。これが奏功して道路側と住宅地の両方から客が来るようになり、売上げは上がった。商売向上に重要なのは、場所と情報だよと言う。

　転職は考えていない。「運命のままに」が回答者の信条だ。「何事も思うようには進まない」「なるようになる」と語る。よい仕事・給料を得るのに必要なのは、自分にとっては技術と経験だが、孫にとっては何よりも教育だと思う。とくに英語での教育を高等教育まで受けさせたい。妹の息子は、親が十分な教育を受けさせられなかった中、一人でムンバイに行って自分で働きながら勉強し、やがて親・兄弟をムンバイに呼び寄せた。そして自分の息子たちには英語で教育を受けさせている。また、孫にはよい人たちがいる職場で働いてほしい、貧しい人を嘲ることのないよう子どもたちを育ててきたが、孫にもそうなってほしい、と言う。

　土地は公有地だが持ち家である。起伏のあるスラム地区で、家の造りは貧しい。しかし2部屋あって、水道、トイレ、水道つきの浴室がある。カラーテレビ、自転車、バイク、冷蔵庫、天上型扇風機、エアークーラーも所有している。

　自身は4人兄弟4人姉妹で育ったが、非常に貧しく家はカッチャー（注20参照）でもちろん電気も水道もなかったから、子ども時代に比べると、今の方がずっと生活水準は上昇した。しかし7年前に比べると、ほんのわずかに所得が上昇しただけで、生活水準に変化はないという。

　追記：相変わらずの暮らしぶりに見えたが、所得は明らかに上昇したようだ。質問に対して常に一家言ある面白い人物である。

ジャガイモ販売の屋台（2019 年）

4 1　CR さん　50 代

　オートリキシャ運転手である。教育レベルは 6 学年で、カーストは OBC、アフマダーバード出身である。祖父、父親ともに小さな布店で布地梱包の仕事をしていた。両者ともに非識字だったという。
　学校に通いながら 9 歳で働き始めた。小さな食堂のウェイターで日給は 5 ルピーだった。5 年ほどして運送業に変わったが、稼ぎが少なく 19 歳で結婚をしたのを機に、オートリキシャの運転手を始めて現在に至っている。
　CR さんは今、自分のオートリキシャを所有している。週に 6 日働き、1 カ月の収入は燃料費などを差し引くとだいたい月に 5,000 ルピーだという。副業として、15 人規模の布店で布の梱包作業を息子 2 人と一緒に行い、3 人で月に 1 万ルピーになる。したがって一家の月収は 1 万 5,000 ルピーである。妻（非識字）は他界し 3 人家族である。借金も貯金もない。
　最近は、燃料費が下がったことで仕事はやや上向きだという。転職は考えていないが、好みの仕事は自営業だ。土地は公有地だが家は持ち家で、トイレ、水道はあ

るが、浴室はない。カラーテレビ、自転車、携帯電話、天井取付扇風機があり、商売用のオートもある。子どもたちも成人したし、生活水準はやや上昇したと感じている。

■7年後（息子：CR-S）

　CR さんは仕事に出ていたため、今回は同居している次男 CR-S さん（30代）を回答者にした。今は彼が一家の主な働き手である。家族構成も変わり、以前の3人家族から6人家族になっていた。回答者、その妻（20代、非識字）、10歳以下の娘1人、息子2人、父親である CR さん（60代）である。妻とは4年ほど前に結婚し、2人とも2度目の結婚だったそうだ。

　CR-S さんは前回調査時を含めて12年間、布店で出来高給で働いていた。そして数年前に父親と同じオートリキシャの運転手になった。毎日午後1時から9時まで働いている。1日600ルピーほどの収入だが、オートリキシャのレンタル料（親戚から借りている）が200ルピー、燃料の CNG（圧縮天然ガス）に100ルピーほどかかるから、利益は日に300ルピー。週6日労働で月7,800ルピーである。父親の CR さんも古いオートリキシャを親戚から借りて、運転手を続けている。レンタル料は1日100ルピーである。父親は眼を悪くし暗くなると働けないので利益は日に約200ルピーで、月に5,000ルピーほどになる。以前していた梱包の副業は今はしていない。こうして一家の月収は1万2,800ルピーである。父親の病気治療のため借りた借金が5万ルピーあるが、姉からの借金で利子はない。

　仕事の状況はやや悪いという。理由は、GST の導入で物価が上昇し、それで人びとが公共交通機関を使うようになったからではないか、と述べる。また、オートリキシャ間の競争が激しくなったせいで、客が減少したとも感じている。だから、仕事を好転させるには客の増加が必要だが、客が増えるのは祭りなどの特別なシーズンで環境次第だから、自分の力で増やすのは難しいという。転職は考えていないが、できるなら小さなカリヤナ・ショップを持ちたい、日用品を扱うのだから毎日客がいるだろう、という。

　よい仕事・給料のために必要なのは技術で、技術向上に必要なのは経験だが、子どもたちについては教育が最も重要だと思う。妻もできるだけ高い教育を受けさせたいと強く主張していた。高い教育を受けさせるにはまずお金が必要だし、塾に行かせるなど親が支援しなければ、という。

　土地も家も所有している。間取りは調理スペース込みの2部屋。トイレ、水道、水道なしの浴室がある。ラジオとカラーテレビ、天井取付扇風機、冷蔵庫があり、

また音楽好きとのことで、スピーカー付きの小さなオーディオ・セットがあった。

父親は一時病気で稼ぎがなかったが、今はほぼ治って働けるので、その当時より生活状態は良くなったそうだ。だが、2人兄弟2人姉妹の大家族で幸せに暮らしていた子ども時代より、生活水準は少し下がったと感じている。

42　DR さん　50代

旋盤工で、零細な機械製作所に常用で雇われている。教育レベルはSSCでカーストはOBC、他州の村の出身である。祖父も父親も非識字で、農民だったとのこと。

DR さんは15歳の頃からずっと変わらず同じ工場で働いてきた。当初の日給は3〜4ルピーだったが、仕事の中で技術を身につけ、現在は月給制で3,000ルピーを得ている。付加給付は一切ない。しかし年次ボーナスは3,500ルピーで、給料の10〜12%分が支給されている。これを月割りにして加えると月収は3,292ルピーとなる。

20代の長男と2人で暮らしている。息子も旋盤工だがヘルパーなので月収は1,500ルピー。したがって彼らの所得は合わせて4,792ルピーである。妻やその他の家族は田舎に住んでいるので、仕送りもしている。転職は考えていないが、退職後は田舎に帰ってゆっくり暮らしたいとのこと。借金もなければ貯金もない。

土地も家も自分の所有である。トイレ、水道はあるが、浴室はない。ラジオ、カラーテレビ、天井取付扇風機はある。子ども時代に比べると、生活は格段によくなった。理由は所得の上昇と小さな家族だという。

■7年後

長男が結婚して、その妻、幼い孫との4人暮らしになった。家は改築されていた。次男や妻は今もDRさんの故郷の村に住んでいる。

仕事は働き始めて以来ずっと変わらず、同じ作業所で旋盤工をしてきた。勤務時間は朝8時から午後5時までで、今は日給制だという。250ルピー×26日＝6,500ルピーの月収だが、超過勤務分を含むと月約32日分の稼ぎ、つまり8,000ルピーになるそうだ。ディーワーリー時には1カ月分のボーナス（6,500ルピー）が出るので、これも月割りにして加えると月収は8,542ルピーになる。

長男（20代）の学歴はHSCで、その妻（25歳）はカレッジ卒（文学）である。

息子はやはり旋盤工で別の零細機械工場に勤めている。日給は 220 ルピーで、超過勤務手当とディーワリー・ボーナスを加えると月に 7,517 ルピーになる。田舎に土地をもっているがそこからの収入はない。こうして一家の所得は月 1 万 6,059 ルピーである。借金も貯金もないが、何年も前から銀行口座は持っているという。離れて暮らす次男はカレッジ卒（文学）。また ITI（産業訓練所）の電気技師コースで学び、別の職業訓練所でも学んだ。電気関係職の公務員で月 2 万ルピーの給与を得ているそうだ。

　日給制になったことを除いて雇用・労働条件に変化はない。超過勤務があれば収入が増えるのだが、超過勤務はあったりなかったり。できるだけ早く退職し、田舎に帰って農業をしたい、という願いは前回調査時と同じだった。次男がいい職についているから、老後の心配も無く、彼が結婚し次第退職するつもりだという。次男については、本人が望む限り進学を助ける心づもりだったが、先立つものはお金。だからよい仕事・給料を得るのに必要なのはお金で、技術向上に必要なのはハードワークと自信とのことだ。

　土地も家も所有している。家は 3 年前に改築し、狭いながらもすっきりとした造りになっていた。調理スペース込みの 2 部屋で、水道、トイレに加え、水道なしの浴室もある。カラーテレビ、自転車、バイク、天井取付扇風機、エアークーラーがある。

　長男が結婚し、家も改築して調理にガス（ボンベ）も使えるようになったから、生活水準は 7 年前に比べるといくらか上がった。また、子ども時代は所得が低く、よい仕事もなかったが、今はよい家族に恵まれ、家族規模も小さく、住環境もずっとよくなった。昔のように暴動もなく社会環境も改善したので、生活水準はその頃よりずっと上がったと思うという。

４３　FR さん　30 代

　ごく小さな機械製作所で旋盤工ヘルパーとして常用で働いている。学校教育は 5 学年まで、カーストは OBC で、他州の村出身である。祖父は農民、父親は大規模繊維工場でボイラーマンをしていた。2 人とも非識字である。

　月給は 2,000 ルピーで超過勤務手当として 250 ルピー支給されているので合わせて 2,250 ルピーである。ボーナスが 2,500 ルピー（年収の 12%）支給されるので、

それを月割りにして加えると 2,458 ルピーになる。

FR さんは、15 歳の時に無給の家族労働者として農業を手伝い始め、農民として5 年ほど働いていた。その後小規模鉄工所で 2 年間日雇いのヘルパーとして働いた後、この 10 年以上現在の作業所で働いている。妻（30 代、非識字）と二人暮らしだが、妻は稼得労働は何もしていないので一家に副収入はない。借金も貯金もない。転職したいと思っているが、やはり零細工場の常用雇用者がいいという。

土地・家ともに所有している。トイレはあるが水道も浴室もない。カラーテレビ、自転車、携帯電話、天井取付扇風機がある。子ども時代に比べて生活状態は格段に上がったと感じている。理由は、所得の上昇、雇用の安定、小さな家族とのこと。

■ 7 年後

FR さんは今も妻と二人暮らしだ。訪ねたのは平日の昼間だったが、この日は目が充血し医者に行く予定とのことで家にいた。

前と同じ小さな作業所の旋盤工だが、従業員はさらに減った。彼は今もヘルパーである。この作業所に勤めて長いから技術レベルは熟練工と差はないのだが、ヘルパーのままだという。それでも月収は前の 2,000 ルピーから 7,500 ルピーに上がっていた。小さな作業所なので退職準備基金や従業員国家保険は適用外である。朝 8時から午後 4 時半までの 8 時間勤務で、4 時半以降も 7 時まで超過勤務をすることが多いため、月収は 1 万 1,000 ルピーになる。熟練工ならば給与はさらに 2,000 ～3,000 ルピー高いはずだという。ボーナスはディーワーリー時に給料 1 カ月分ほど支給される。これを月割りにして加えると、月収は 1 万 1,625 ルピーとなる。妻による稼ぎはない。借金も貯金もないとのことだ。

上述のように、腕は上がったがスキル評価に変化はない。そこで、すでに旋盤機を熟練工並みに扱えるのだから熟練と認定して欲しいと経営者に頼んだそうだ。経営者の返答は、それならば別の工場に行けばいい、というものだった。つまり、労働者側に交渉の余地はなかったということだろう。

今、転職は考えていない。するなら規模の大小は関係なく、やはり雇われて働くのがいい。給与次第だ。よい仕事・給与を得るのに重要なものは、まず経験、そしてお金で、技術向上には低料金で夜間の職業訓練所が必要だという。

土地も家も所有しているが、調理スペース込みの 1 部屋の小さな家である。水道、トイレ、水道のない浴室、カラーテレビ、自転車、天井取付扇風機がある。それでも 7 年前に比べると所得が上がったので、生活水準は少し上がったと感じている。また、子供時代は 6 人家族で田舎の住環境は良くなかったし、所得はずっと低かっ

第4章　インフォーマル・セクター労働者の労働と生活：それぞれのストーリー　　183

たから、あの時代に比べても生活水準は少し上がったとのことだ。

4 4　GS さん　50 代

オートリキシャの運転手。非識字のムスリムで、父親の代に他州からやってきた。父親も非識字で、レンタルのオートリキシャの運転手だった。祖父については一切不明である。

10歳の時、卸売り市場にあった大きな食堂で、日雇いのティーボーイとして働き始めた。朝から晩まで働いて日当は1ルピー。1年後には小規模な捺染工場で、請負労働者として日雇いの捺染工になり、そこで6年間働いた。最初は見習いで日当は0.5ルピーだったが、3年後に3ルピーになり、オーバータイムで働くと7ルピーになった。しかし工場が閉鎖されたため次の5年間は、荷車を使って廃品回収業をした。収入があまり低いため、オートリキシャの運転手に転職し、その後30年以上この仕事に就いている。オートリキシャのレンタル料は、運転を始めた当初は1日20ルピーだったが、徐々に上がって今は150ルピーである。このレンタル料が儲けを圧迫していると嘆いていた。燃料のCNGにも日に100ルピーかかる。こうして1日あたりコストが計250ルピーになり、収益は75ルピーとのこと。朝7時から夕方5時まで月に21日働き、所得は月1,575ルピーである。

同居している長男（20代）も、レンタル・オートリキシャの運転手している。所得は月2,500ルピー。別の2人の息子は小さな工場でハンカチなどの梱包作業に従事し、それぞれ日に50ルピーを得ている。週6日働いているので2人分で2,600ルピーになる。妻（50代、非識字）は今よりもさらに貧しく子どもたちが小さかった頃は、内職で凧揚げ用の凧を作っていたが、息子たちも働くようになって今はとくに稼得労働はしていない。こうして一家の世帯所得は合計で月6,675ルピーである。子どもの結婚費用として、息子の勤め先から借りた借金が3万ルピー残っている。

家族8名（母、妻、息子4人、長男の妻、本人）が、調理スペース込みの1部屋の住居で暮らしている。この狭い家に8人でどう暮らしているのかと思われる状態だった。家は持ち家で、トイレと水道はある。カラーテレビ、携帯電話、天井取付扇風機はあるが、他に目につく家財はなかった。

オートリキシャは、2台所有している同じ地域の知り合いから、GSさんも息子も1日150ルピーのレンタル料で借りている。今、オートリキシャを買おうとして

も 15 万ルピーはかかると思うから、買いたくてもとても手が出ないと述べていた。オートリキシャ組合には加入していない。とくに損はなくともまったく利益にはならないし助けにならないという。

■ 7 年後

同じ場所で今は 15 人暮らしになっていた。20 代、30 代の 4 人の息子のうち 3 人が結婚し、それぞれに子どもも生まれ、幼い孫が 5 人いる。母親も健在である。娘 3 人は皆結婚をして家を出ていた。

以前のまま、レンタル・オートリキシャの運転手である。職業にも働き方にも大きな変化はなく、今も週 6 日間働いている。しかし、高齢になってきたため 1 日の労働時間は減らし、今は朝 6 時から昼 12 時までの 6 時間労働だそうだ。1 日の売上は 550 ～ 600 ルピーで、オートリキシャのレンタル料金 200 ルピーと燃料（CNG）費約 100 ルピーを差し引くと、1 日の収益は 250 ～ 300 ルピー、したがって 1 カ月の所得は 6,875 ルピーである。また、前回調査時は息子 4 人のうち 1 人がオートリキシャ運転手だったが、今は他の 2 人も同じ仕事をし、その稼ぎが合計 2 万 3,800 ルピーになるとのこと。さらに息子の妻の 1 人が凧づくりの内職で（1,000 個加工して 100 ルピー。毎日午後の時間を使い、6 時頃まで作業）、月 3,000 ルピー稼いでいる。こうして一家の世帯所得は、月に 6,875 ＋ 2 万 3,800 ＋ 3,000 ＝ 3 万 3,675 ルピーになる。貯金はなく、息子たちの結婚のため銀行から借りた借金が 10 万ルピー残っていて、利子負担が大きく大変だという。

GS さん自身の仕事はやや不調で、売上はこのところ落ちている。オートリキシャの数が増えていることが原因かとも思うが、それでも自分のオートリキシャを購入できれば収入は増えるのだが、と言う。転職に興味はないが、もしするならば自営業者がいい。前回調査時と同じく、今回も屋台の茶店を経営したい、自営業が一番だと語っていた。オートリキシャ運転にせよ何にせよ、いい仕事と稼ぎのために最も必要なのは一も二もなく資金だという。

驚くのは 15 人という家族規模に比して狭すぎる住居である。1 部屋だった家の中に壁をつくり、2 部屋＋小部屋＋台所になっていた。土地は公有地だが持ち家である。狭い家の中に置かれたベッドは、冠水対策なのか、あるいはその下のスペースを活用するためだろうか、脚の下に煉瓦を数個ずつ積んで高くしている。不安定にかさ上げしたその下に、ハンモッグのようにして布を下げ、その中で赤ん坊が眠っていた。またベッドと壁の間の 1 m ほどの隙間には息子の一人が寝転び、聞き取り調査の間中、赤ん坊もその息子も眠り続けた。カラーテレビ、携帯電話、圧力

第4章　インフォーマル・セクター労働者の労働と生活：それぞれのストーリー　　185

鍋、天井取付扇風機はあるが、家財道具といえるのはその程度である。水道、トイレ、水道無しの浴室があった。

　それでも家族一同元気な様子で、雰囲気は至極明るかった。非常に高齢のGSさんの母親も、耳は遠くなったけれど健康だといい、多くの家族に囲まれ大切にされている様子だ。その日は結婚して家を出た娘たちも集まっていて、外に置かれた縄張りのベッドに腰掛けて話し、賑やかだった。娘たちの夫はオートリキシャ運転手、機械工、テンポを使った運送業者で、それぞれ4人、3人、3人の子どもがいる。したがって、回答者の孫総数は15人である。7年前に比べると、息子たちも働き所得が増え、生活水準は少し上がったと感じている。また、子ども時代は収入があまりにも低かったから、今の方がやはり生活はましになったという。

オートリキシャ（2024年）　　　　自宅前での刺繍の内職（2024年）

4 5　HSさん　40代

　市場のお茶屋で働いている。教育レベルは5学年で、カーストは上位の「その他カースト」である。父親（70代）は非識字。工場勤務を経て、屋台でお茶とスナックを売っていた。父親は他州の出身で、故郷を離れて都市に出、母親と知り合い結婚してHSさんはそこで生まれた。祖父については一切不明だった。

HS さんも、15 歳で父親と一緒に屋台で働き始めた。もう 1 人小さな子どもが雇われていたそうだ。仕事を覚え、20 年間そうした形で働いていたが、橋の建設で屋台は立ち退きを迫られ (30)、閉めざるを得なくなった。それで現在は、知り合いの茶店（路上に一定のスペースを確保。屋台ではないが店舗と呼べるほどでもないとのこと）に雇われて、お茶を作っている。日給 150 ルピーで 30 日間労働なので、所得は月 4,500 ルピーである。野菜の小売・卸売市場にあるその屋台で、早朝 4 時間（朝 5 ～ 9 時）働き、1 日の仕事は終わりだという。何度か確認したが、副業はないとのことだ。ただし父親が借家をもっていて、月 800 ルピーの副収入があるので、一家の所得は月 5,383 ルピーになる。

転職できるなら、オートリキシャの運転手になりたいが、免許取得には 8 学年の学歴が条件なので無理だという。息子については公務員になるのがベストだろうと述べていた。

現在の家は、政府の住宅スキームを受けて 1970 年代に購入した。ワンルームだったが、建て増しをして現在は 2 部屋ある。家の前後にもまだ若干のスペースが残っている。地区内は非常にハエが多かったが、この家は狭いけれど清潔で快適に維持されているようだった。トイレ、浴室、水道もあった。家財道具としては、ラジオ、カラーテレビ、携帯電話、天井取付扇風機を所有している。家族は、両親と妻（30 代、教育は 7 学年）、10 代の息子と娘で、子どもたちは学校に通っている。ただし両親は、定期的に別の兄弟の家を訪ねてそこでも暮らしている。子ども時代に比べて生活水準はやや低下したと感じている。理由は物価上昇と責任の増加だという。

■8 年後

今は妻、息子、娘との 4 人暮らしになった。息子は HSC 取得のあとコンピュータ専門学校に進み、修了した。娘の学歴は SSC である。

場所は少し変わったが、近くにある卸売・小売市場内の橋の下でお茶屋の屋台を出しているという。営業時間は市場のピーク時である早朝 5 時から昼の 12 時までで、お茶の値段は 1 杯 20 ルピー、半カップならば 10 ルピーである。売上げは日に 1,500 ルピーで経費が 1,200 ルピーかかるので (31)、1 日の純利益は 300 ルピー。週に 5 日働き、6,000 ルピーが 1 カ月の所得だという。妻は働いていない。息子は専門学校を修了した後ムンバイのコールセンターで 1 カ月働いたらしいが、調査時は失業中だった。コールセンターの仕事を探す傍ら、ときどき回答者の屋台を手伝っている。また、以前は父親の借家からの収入があったが、その借家には現在母親や兄弟たちが住んでいるので家賃収入はなくなった。娘はそこで祖母の看病をしていて稼

第４章　インフォーマル・セクター労働者の労働と生活：それぞれのストーリー　*187*

得労働は何もしていない。こうして今、一家の収入源は回答者の稼ぎのみで、世帯所得は月 6,000 ルピーである。しかし借金はなく、貯金が 5、6 万ルピーある。

　仕事の状況はやや厳しくなったらしい。理由は、第一に同業者の増加である。周りに同じような屋台が 15 〜 20 台ほど出るようになり、競争が厳しくなった。そのせいもあって顧客が減り、売上げが低下しているという。仕事を好転させるには、よい立地場所の確保や自分の店舗を持つことが必要だろうが、ローンに関心はない。また、昔は自営業より工場に職がある方が良かったけれど、今は 12 時間工場で働いてもわずかな給料しか得られないだろうから、転職したいとも思わないという。

　よりよい仕事を得るのに必要なのは、まずはお金と経験、そして伝手だろう、また同じ仕事ならば、顧客とのよい関係と良質の紅茶の提供が大事だという。技術向上に必要なのは、低料金での職業訓練、経験、ハードワークと回答した。

　住居は前と同じで家も土地も所有している。家には、カラーテレビ、冷蔵庫、天井取付扇風機、携帯電話、圧力鍋があった。自宅内にトイレと水道、そして水道のない浴室がある。

　所得低下に加えて物価上昇で、8 年前に比べて生活水準はやや低下したという。また、子ども時代に比べてもやや低下した。子どもの頃は、物価は安かったし、父親はお茶屋の前は工場勤務で月給を得ていたので、食料などを買うのに困ることもなかったからだという。

４６　IS さん　40 代

　自転車でビスケットとペパーミントを行商している。ムスリムでマドラサにも行っておらず非識字である。祖父（非識字）は市内にあった大規模繊維工場の織工だった。60 代の父親も非識字で、自転車つき荷車を使い荷役人夫をしていた。

　18 歳で働き始め、それ以来ずっとこの商売をしている。市中心部の卸売市場で仕入れをし、仕入額は日に 250 ルピー、1 日の収益は 75 ルピーとのことだから、1 カ月あたりの所得は 1,950 ルピーである。朝の 9 時から夜 8 時まで自転車で行商している。この地域の貧しい家の子どもたちが客である。

　生活費を補うために親戚・友人から借りた借金が 1 万 8,000 ルピーほど残っている。しかも病気をして、商売は以前より不調だ。店を持ちたいし、できるなら転職したい、転職するにしてもやはり自営業者がいいが、お金がなければ何ともならな

いと嘆く。10代の息子3人と妻（30代、非識字）との5人暮らしである。

ISさんはしきりにお金がないと訴えていた。貧しい家で小商い、子どもたちは学校にも行っていないという。ハエが多く、衛生環境も悪い。住まいは借家で家賃は月500ルピー。水道もトイレも浴室もなく、テレビもない。自転車、携帯電話、天井取付扇風機があった。物価上昇と自身の病気のせいで、子ども時代に比べても生活はやや悪化したという。

■ 7年後

家族は8人に増えていた。同居する3人の息子のうち長男が結婚し、子供が2人いる。息子は3人とも非識字とのことだ。年齢はしっかり認識していないのか、前回調査時から7年後だったが、息子たちの年齢はすべて＋5、本人は＋9、妻は＋10で回答された。

回答者ISさんは5年間体調不良の状態で、とくにこの4年間は十分働けずにいるらしい。妻と息子の妻も働いておらず、長男と三男が主要な稼ぎ手になっていた。長男は零細な鉄のスクラップ工場に日雇いで雇われ、古鉄の運搬をしている。朝9時から夜の8時まで働き、日給400ルピー×20日で月8,000ルピーほどの稼ぎである。三男は日雇いでシャツの梱包作業をし、朝10時から8時まで働き、日給200ルピーなので月26労働日として5,200ルピーほど得ている。したがって一家の世帯所得は合わせて月1万3,200ルピーとなり、稼ぎ手が増え世帯所得は上昇した。次男は入院中で、生活費と病気治療費のため7～8人の友人から借りた借金が8万ルピーに上っていた。

転職するにしても自営業者がよく、衣類の販売がよいという。よい仕事・よい給料のために必要なものは何かという問いには、関心がないのか理解困難だったのか、答えなかった。

土地は公有地だが、今回家は所有していると回答した。一階には調理スペース込みの1部屋、二階にもう1部屋がある。前回調査時から改修はしていないとのことだ。扇風機と自転車、壊れたカラーテレビ、また壊れてはいないが使用していない冷蔵庫があった（電源にはつながず物入れとして使用していた）。水道、トイレは4～5世帯の共用で、浴室はない。水道については昔は行政に設置を訴えたが、反応はなくそのままになっている。なお、このスラム地区の何割かは行政による改善・移動対象となり、地域の規模は縮小していた。

前回調査時に比べて生活水準はひどく下がり、仕事はあっても賃金・収入が低すぎるという。また子どもの頃も兄弟姉妹が多く、父親は荷車曳きで貧しかったが、

第４章　インフォーマル・セクター労働者の労働と生活：それぞれのストーリー　　189

今も貧しいのは同じなので、生活水準は子ども時代からも変わっていないという。

４７　JS さん　40代

　屋台で果物を売っている。非識字のムスリムである。自宅を訪ねると仕事に出た後だったため、路上の屋台を訪ね、その傍らでインタビューした。祖父については一切不明だが、父親は非識字で、かつては大規模繊維工場で働いていたという。家族は妻（30代、教育は７学年）、10代の息子２人と娘１人である。

　JS さんは11歳で働き始めた。最初は小規模繊維工場の染色工として５年ほど勤めた。しかしその工場が閉鎖され、屋台で果物売りをしていた兄と一緒に市場で働き始める。半年間ほど見習いをして仕事を覚え、その後兄が屋台を提供してくれたらしい。現在は朝10時から夜の８時まで毎日働いている。仕入れに日に1,000ルピー必要で、利益は150ルピーということだったから、所得は月およそ4,500ルピーになる。妻は無給の家族労働者として、カットした果物の袋詰めを家で手伝っている。毎日２時間ほどその仕事をしているという。

　転職を考えたことはあるが、やはり自営業がよいとのことだ。例えどこかに勤めても日に60〜70ルピーも稼げないだろうからと述べる。しかし、息子の将来について聞くと、勤め人がいいとの回答だった。

　親戚・友人から４万ルピーの借金がある。目的は事業資金とのことだったが、さらに具体的な内容は聞けなかった。土地も家も自分のものではない。家賃は月1,000ルピーで高いが、水道はあってもトイレ・浴室はない。テレビはなく、携帯電話、天井取付扇風機、ミシンがある。子ども時代から生活水準が変わったとは思えないという。

■ ７年後

　仕事も働き方も前回調査時と同じで、屋台の果物売りをしている。所得は月9,000ルピーほどに上がっていた。家族５人での暮らしも前と同じで、妻は無給の家族従業者として、今も家でマサラの袋詰め作業等を日に２〜３時間手伝っている。20代の長男が今は小規模縫製工場に常用で勤め、月7,800ルピーを得ている。次男（10代）も同じ工場で同額で働いている。こうして一家の世帯所得は合わせて月２万4,600ルピーまで上昇していた。しかし、貯金はなく、生活費の足しに借りた借金

が現在10万ルピー残っているという。娘は今も学校に通っている（12学年）。息子たちにも教育を受けさせたいと思っていたが、彼らは学校にも勉強にもあまり関心がなく、SSCのテストには受からなかったそうだ。

GSTの影響か売上は一時下がったが、現在は前と同じレベルだという。転職したいとも思わないし、息子たちについても、どんな仕事がいいとも思わない。よい仕事に就くのに必要なのはお金と技術で、技術力を上げるのに必要なのは経験だとの回答だった。

前回調査時と異なり、今回は家も土地も所有していると回答した。住居は改築し二階建てになっていた。一階に1部屋＋台所＋ベランダ、二階に2部屋あり、水道、トイレ、水道付き浴室もある。住宅は非常に良くなっていて、カラーテレビ、バイク、冷蔵庫、ミシン、洗濯機、エアークーラーがあるなど家財道具も充実していた。

こうして住環境はよくなったし、長男・次男ともに働き始めて世帯所得も上昇したが、生活水準は7年前の調査時から大きな変化はない、とのことだった。ただし子ども時代に比べると、住環境が良くなって生活水準はやや上がったと感じているという。一家全員揃ってのインタビューになった。

48　KSさん　60代

自宅で繕い仕事（ラフ）をしている。教育レベルはSSCで、カーストはSC、他県の村の出身である。祖父も父親も非識字で、日雇いの農業労働者だった。

材料費として月50〜80ルピーがかかり、儲けは1日35ルピーだという。20日労働なので所得は月700ルピーである。最近の仕事状況については、注文は増えているのだが、病気で以前のように働くことはできないため、低迷しているとのこと。

20歳の時に農業労働者として働き始めて、10年間は村で農業に従事していた。しかし、その後アフマダーバードに出てきて、大規模繊維工場に日雇いのバドゥリ労働者として20年以上勤めた。そしてようやく常用になったその途端、1990年代に工場は閉鎖された。その後から現在に至るまで、繕い仕事をしている。3人兄弟のうち、工場労働者になったのは彼だけだったらしい。学校教育を10学年まで受けたのも彼だけで、親が教育熱心だったというわけではないとのことだった。兄弟は農業等に従事している。

妻（60代、教育不明）も夫とともに繕い仕事をしている。2人1組で請け負って

いる状態だから、妻はこの仕事では無給の家族労働者といえるが、調理係として外で働くこともあるらしい。1日60ルピーになり、月に5～10日仕事がある。10日分で月600ルピーとしても、世帯所得は合わせて月1,300ルピーに過ぎない。

　家の前で話を聞き、中には入らなかった。子どもはなく2人暮らしで家は持ち家だ。携帯電話、天井取付扇風機、ミシンがある。トイレと水道はあるが浴室はない。子ども時代に比べて生活水準はやや下落しており、理由は所得低下と本人の病気だという。

■7年後
　妻とは会えたが、回答者本人は数年前に他界していた。

> ## ４９　LT さん　40代

　荷車曳きである。ST で学校には4学年まで通った。祖父は田舎で農民だったが、父親の代に仕事を求めて他州からやってきた。父親（非識字）は日雇い労働者として大規模繊維工場の精紡部門で働いていた。

　LT さんは、ごく小さな建設資材店に雇われて、店の荷車でレンガ、セメント、石などの建築資材を運んでいる。いわゆる「車力」である。朝8時から6時まで月30日労働だという。重い資材を積み、「寄せ場」のある地区と店の間を日に4往復（片道約1.5ｋｍ）する重労働である。26年間勤めているが、今も日給100ルピーの日雇いだという。ディーワーリー時には150ルピーの祝儀が支給される。これを月割りにして加えると所得は月3,013ルピーとなる。

　LT さんが働き始めたのは15歳の時で、やはり荷車で荷役人夫をしていた。数年働いた頃に家主から追い出しに遭い、かなり離れた現在地まで引越した。そのため仕事も辞めざるを得なくなり、一時は請負の建設労働者をしていた。しかし近くの住人から、働いてくれる人を探している店があると誘われて始めたのが、現在の店での運搬の仕事だった

　妻（40代）、10代の2人の娘と息子1人がいて、長女以外は非識字である。妻は、上位中所得層と言えるだろう6軒の家で、家事使用人として働いている。1種類の仕事の報酬が月100～150ルピーで、合わせて月に1,500ルピーほどの収入がある。上の娘も母親と一緒に働いていて、賃金は2人分の仕事に対する支払いだという。

息子は靴下工場で1年ないし1年半ほど見習いをしている。こうして一家の世帯所得は月4,513ルピーである。結婚した娘の出産費用として、雇い主から借りた2万ルピーの借金が残っている。

もしできるなら転職したいし、やるなら野菜の行商で、自営業者がいいという。労働組合があるなら参加したいが、どのような利益・サポートを得られるのかは知らないとのこと。

子どもたちは大きくなったが、その分支出も増えたので、生活水準は上がったとも下がったとも言えないという。家は自分のもので、トイレ、浴室、水道はあるが、住居の状況は劣悪である。狭い1部屋で天井は低く、立ち上がると天井に据付けられた扇風機に頭がぶつかりそうになる。カラーテレビはあった。

■7年後

妻、息子夫婦、娘、本人の5人家族である。娘の1人は結婚をして家を離れていた。仕事は同じで建築資材を荷車で運んでいる。数十年間同じ仕事で、日給は以前の100ルピーから150ルピーに上がっていた。朝9時から夜7時まで週6日労働で、月に3,900ルピーになる。ディーワーリー時には150ルピーの祝儀支給がありこれを月割りして加えると3,913ルピーになる。

妻は、今は下の娘と一緒に通いで家事使用人をしている。朝10時から夕方4時まで10軒の家を回る。娘と手分けしてモップがけや拭き掃除などをし、1カ月あたり2人で6,000～7,000ルピーの所得になる。息子は日雇いでヘルパーとして働いているとのことだが、仕事の内容は答えられなかった。声がかかると出かけるとのことだ。日に200ルピーの収入で20日ほど仕事があるから月4,000ルピーになる。こうして一家5人のうち4人が働き、世帯所得は月1万4,413ルピーになった。前回調査時からかなり上がったといえる。しかし、娘や息子の結婚式のために借りた借金が20万ルピーに上っていた。借金先は、家事使用人である妻の雇い主と親戚で、貯金はない。

賃金以外、労働条件に変化はない。働き方は同じで毎日同じことの繰り返しだという。現在の労働条件を変える手立てもない。今は子どもも大きくなり、とくに仕事を変えたいとは思わないが、いずれにせよ雇われて働くのがいい。自分のテンポ（荷運び用のオートリキシャ、注7参照）があれば自営もできるが、買おうにも15万ルピーかかると聞く。技術向上に必要なのは経験だが、よい仕事よい給料を得るのに必要なのは結局お金で、お金があるならテンポを買いたい、という。

土地は所有していないが家は持ち家である。数年前に20万ルピーかけて改修し、

今は調理スペースを含む1部屋ともう1部屋、小さな部屋が2つになった。水道、トイレ、水道無しの浴室がある。カラーテレビ、天井取付扇風機がある。冷蔵庫は家事使用人として働いている家が中古のものをくれた。洗濯機も戸口外に置かれていた。電気も水も不足しているとのことで、いずれも使われている様子はなかった。

物価上昇のため、前回調査時に比べて生活水準は上がったと思えず、同じだという。だが、子ども時代はもっと貧しくて、自分の家もない状態だったのに対し、今は自分の家を持ち経済状況もよくなったので、子ども時代より生活水準はいくらか上昇したと述べた。

前回母親と一緒に家事使用人をしていた長女は結婚し、夫は屋台でスナック・パンを販売している。長女は、前回調査では7学年まで学校に行ったとの回答だったが、今回確認すると非識字とのことだった。

50　MTさん　40代

スラムでカリヤナ・ショップを経営している。教育レベルは8学年で、カーストは「その他カースト」、他州の出身である。祖父は学校で用務員をし、父親はレストラン（規模不明）の調理人だった。教育レベルはどちらについても知らないという。

売っているのは菓子類や食品雑貨などで、朝6時から昼2時間の休憩を挟んで夜11時まで毎日営業している。売上は日に500ルピーで月1万5,000ルピー、純益は月4,000ルピーとのことだった。15歳で小さな食堂の調理人として働き始め、数年後にビスケットやペパーミントなどを売る今の小さな商売を始めた。

客は同じスラム地区の住人で、彼らの要望に応えるかたちで取り扱う商品の種類を増やし、少しずつ商売を拡張してきた。かつて同じような店舗はこの地区に2、3軒あるだけだったが、今はずいぶん増えて競争が厳しくなっている。ビジネスを発展させるには資金と場所が重要と考え、よりよい場所を求めて州都のガンディー・ナガルまで見に行ったこともあるという。身近な同業者の中には1店舗から4店舗にまで増やした者がいて、彼によると、その成功の秘訣は、家族や親戚一同が商売に関わり、それぞれが品物の管理に気を配り、店の経営に真剣に取り組んだことにあったのだろうという。

またMTさんは妻（30代、教育は5学年）とともに、注文があれば調理人として料理のケータリングもしている。自宅で調理して持っていくこともあれば、結婚式

場などに呼ばれて会場で調理することもある。需要があるのは5～6月の結婚シーズンで、年間15日ほどに過ぎない。日に800～1,000ルピーの収入になるから15日間で年1万5,000ルピーになり、月割りで1,250ルピー。これを加えて一家の世帯所得は月5,250ルピーである。

MTさんには10代と20代の3人の息子がいて、長男は以前は大きな布店で店員をしていたが、今は3人とも失職中だといい、それ以上の詳細は聞けなかった。息子たちの学歴は全員SSCに達していなかった。妻と10代の娘をいれて6人家族である。子ども時代に比べて生活水準はかなり下がったという。理由は、所得の低下、家族規模の拡大、出費の拡大である。店先での調査だったため自宅は訪ねていないが、土地、家ともに所有はしていない。兄の家を借り月々500ルピーを渡している。家にはカラーテレビ、携帯電話、天井取付扇風機、冷蔵庫、そしてトイレ、浴室、水道もあるとのことだった。

■7年後

同じ地域にある住宅地に転居していた。町外れとはいえスラムではなく普通の住宅地で、住居も概観は立派な建物に見えた。調査協力をお願いしたが同意が得られず、断念した。

---

5 1　NTさん　30代

旋盤工（水道管用パイプのつなぎ部分を製造）である。非識字でカーストはOBC。祖父（非識字）は農業労働者で、父親（非識字）は鉄鋼関係の作業所で土運びの肉体労働者として働いていた。

NTさんは水道管パイプを製造する零細作業所に勤務している。常用雇用である。勤務は朝8時から夜8時までで、うち4時間は超過勤務である。週6日働き、月給はオーバータイム分も含めて2,300ルピー。年間ボーナスが1カ月分あるが、これを月割りにして加えても2,492ルピーである。

15歳のときに茶店（従業員は彼のみ）のティーボーイとして働き始め、そこはすぐに辞めて小さなチョコレート製造所で日雇いとして働き始めた。チョコレートの梱包が仕事だったが、そこも2年間で辞め、その後2年間は請負労働者として建設作業に従事した。そして現在の作業所で10年以上旋盤工として働いている。技術

は１年か１年半ほどオンザジョブ・トレーニングで習得した。働き始めた当初の日給は50ルピーで、月給制になったとはいえ賃金が低いので、できればまた転職したいと考えている。

妻（20代、非識字）は稼得労働はしていないが、60代の母親は個人宅で清掃婦をしている。3軒の家で働き、一軒当たり月200ルピーを得ているので、月に600ルピーになる。一家の世帯所得は合わせて月3,092ルピーである。

母親、弟、妻と、幼い子どもが3人、そして自分、あわせて7人の拡大家族である。持ち家だが極めて貧しい住環境で周りの環境も悪い。小さなレンガ造りの家は3年前に自分で建てたもので、現在7～8万ルピーの値打ちはあるだろうという。土地は所有していない。トイレと水道はあるが、浴室は無い。家財道具としてカラーテレビと天井取付扇風機があった。

それでも子ども時代より生活は少しましになったとのことだ。理由は、ましな仕事を得ていることと、住環境がよくなったからだという。とはいえ、上で述べたように、家はパッカーだが極めて貧しい造りである。またこのスラム地区は市中心部からかなり離れている上に、地区内の道の状態や下水など、生活インフラの整備は非常に遅れている。

■7年後

家を訪ねたが、1カ月ほど前に病気で他界されていた。母親と妻子が7年前と変わらない貧しい家に残され、この間に生まれた末の子はまだ幼い。

［52］　PTさん　20代

小さな仕立屋に勤めている。学校教育は9学年までで、カーストはSCである。祖父の代に他州からアフマダーバードにやってきた。祖父は非識字で掘削作業を行う建設作業員をしていた。50代の父親も非識字で、請負の熟練建設労働者（メーソン）として寄せ場に通っており、兄弟たちも同じく熟練の建設労働者である。

PTさんは身体に障がいがある。15歳で働き始め、零細な靴下工場で数年間糸くず処理の仕事をした。その後小さな仕立屋を3軒転々としたが、同僚だった友人が近くで小さな仕立屋を開業し、誘われて1年前からそこで働き出したという。技術は現場で身につけてきた。現在、作業場では女性が着るサルワール（ワンピースやチュ

ニック様の衣類とともに着用するズボン式下衣）を製造していて、4人で分業して縫い上げる。彼の担当パートの手間賃は1着2ルピーなので、1日100着縫えば日給は200ルピーになる。週6日勤務で、朝9時から昼の休憩時間を挟んで夜10時まで働いている。一家の世帯所得は約5,000ルピーである。

　妻（20代、非識字）と、幼い息子2人の4人暮らし。しかし父親や兄弟など3家族が中庭を囲むように一つの敷地内に住んでいる。家・土地ともに父親の所有で、家は父親が建てた。中庭には父親が熟練労働者として建設に関わった家の住人から譲りうけたという小さなブランコがあり、空間的には比較的ゆとりがあるようだった。カラーテレビ、自転車、天井取付扇風機、また水道はあるが、トイレと浴室は家族間で共有だった。妻の病気治療のために親戚から借りた借金が1万2,000ルピー残っている。

■7年後

　同じ場所に、以前と変わらず中庭を囲み3家族が暮らしている。現在PTさんの家で一緒に食事をし生計を同じくしているのは、PTさん夫妻、小学生の息子2人、両親、弟の7名である。

　仕事は同じだが、働き方は変わっていた。今は前に勤めていた仕立屋の下請けとして自宅で働いている。子ども用のサルワールの一部分を縫う作業を担い、出来高給である。12ピースで手間賃は6ルピー。月に15～20日働いて8,500ルピーほどの収入になるが、電気代が1,500ルピーかかるので純収益は7,000ルピーほどである。朝8時から午後5時までと、午後9時から11時まで働き、妻も日に3時間ほど彼の仕事を手伝っている。父親は建設労働者をやめ、今は路上で小さな店を出し、月に2,000ルピーの収入があるそうだ。一緒に暮らしている弟は、日雇い建設労働者（ヘルパー）として寄せ場に通う。日給250ルピーで20日ほど仕事が得られるので月に5,000ルピーの稼ぎだ。こうして一家の世帯所得は月1万4,500ルピーである。今は妻も手伝っているので、仕事の状況は少しよくなったそうだ。さらに良くするのに必要なのは、よい立地場所ともっと性能のいい機械への買い換えだという。そのためには資金が必要で融資を受けたいが、方法が全くわからないと言っていた。

　転職は考えていない。長い間仕事がないときなどは、スナックなどを売る屋台を経営しようかとも思うが、今の仕事がやはりいいとのことだ。よい仕事よい給料を得るのに必要なのはお金、技術を高めるには夜間の職業訓練所が必要だという。しかし子どもについてはただただ教育が重要と強調した。

　土地は公有地だが家は所有している。2部屋（1部屋は仕事部屋）とベランダ、台

第4章　インフォーマル・セクター労働者の労働と生活：それぞれのストーリー　　197

所がある。水道もあるが、トイレと水道つき浴室は今も共有である。
　貯金はないが1万9,000ルピーの借金がある。生活費や教育費、仕事の運転資金（電気代や原材料費）として、友人4〜5人から無利子で借りている。しかし妻が手伝うようになってから生活水準は少し上昇したという。子ども時代からずっと同じ場所に住み、昔は父親だけが働いていて、家もカッチャーで雨漏りした。だから子ども時代に比べても生活水準は少し上昇したと思うとの回答だった。またPTさんは障がい者支援のスキームがあれば利用したいが情報がない、情報が欲しいが、できるだけ自分の力でやるつもりだとも語っていた。
　途中から同席した父親曰く、「インドは日雇い仕事ばかりだ。仕事があったり、なかったり。一体どうすれば生活を向上させられるのか……。」敷地内の別棟にはもう1人の弟とその家族が住んでいる。彼の職業は、かつての父親と同様、熟練の建設労働者である。

自宅前でジーンズ糸くず処理の内職（2024年）

53　RTさん　20代

　日雇い建設労働者である。教育レベルは6学年、SCで、父の代に他州からやってきた。祖父（非識字）は建設労働者だったし、今一緒に暮らしている60代の父親（非

識字）も、日雇いの熟練建設労働者で寄せ場に通っている。両親、妻と子、10代までの5人の弟妹、合わせて10人の拡大家族である。

RTさんは4年前に建設現場で働き始めた。最初は父親の手伝い程度の仕事で、まじめに働くこともなく日に5ルピー程度をもらっていただけだという。見習いと言っていいだろう。今も寄せ場に行って仕事を得ているが、働くのは月に15日ほどで日給は100ルピー。超過勤務手当が2時間20〜30ルピーで、彼の所得は月1,560ルピーである。父親は熟練労働者だというが日給は150ルピーとの回答で低い。妻（20代、非識字）と娘がいて、妻は内職でマットレス作りをしている。日に2〜3時間で1つを作り、日収は20〜30ルピーとのこと。月に10日ほど作業をしている。本人、父親、妻の収入を合わせると一家の世帯所得は月4,110ルピーになる。ただし、日雇い労働市場調査での当時の実態を考えると、父親は熟練労働者ではないか、あるいは日給が過小報告の可能性があろう(32)。結婚資金として親戚・友人からの借りた借金が5万ルピー残っている。

仕事を変えたいとは思っていない。熟練労働者と一緒に働いているうちに仕事を覚え、いずれは熟練労働者になれるだろうという。一家は現在の場所に40年ほど住み、持ち家とのことだ。トイレ、浴室、水道はある。家財としてカラーテレビ、自転車、天井取付扇風機があった。

■ 7年後

以前と同じ1軒の家の中だが、壁で仕切り、2世帯に分かれて暮らすようになっていた。子どもがさらに3人増えて、RTさんは、妻と幼い4人の子どもたちとの6人で暮らしている。両親と妹、弟たちとその家族は、隣の部屋に住んでいる。同じ屋根の下、2部屋＋ベランダからなる家に2世帯総勢11人が暮らす。

今も日雇い建設労働者だが、数年前に作業中に足場から転落し、脚を骨折した。治療は受けたが、それ以降は雨が降ると脚が痛み、今も不自由だという。それでも朝の8時半には寄せ場に行き、9時か9時半頃から夜6時まで働いている。仕事は月にだいたい15日ほどあるが、モンスーン期には10日に減る。日給は300ルピーまで上がったということで、15労働日だと月4,500ルピーになる。請負人の調達対象にならないときは、寄せ場にやってくる個人依頼主の注文を受け、家の修繕を請け負ってもいるそうだ。1回で400〜450ルピーの稼ぎになり、月4、5回はそうした仕事をしてさらに1,800ルピーほど稼いでいる。妻は2軒の家で清掃婦をし、月に700×2＝1,400ルピーの収入がある。今、一家の世帯所得は月7,700ルピーである。以前の借金は返済したが、脚の治療費として複数の親戚から借りた借金（無

利子）が今も 4 万ルピー残っている。貯金はないが、妻と 2 人の子どもが政府の政策を受けて銀行口座を持っている。

隣の部屋に住む 20 代の弟も建設労働者のヘルパーをし、父親は今も建設労働者として働いている。10 代の弟は仕立屋で糸くず処理の仕事をしている。

労働状況はやや悪化しているらしい。日雇い労働者への需要が増えているわけではないし、また、賃金が上昇していても怪我をしてから十分に仕事ができないからだ。また事故以来、外に組まれた足場での作業は危なくてできなくなり、熟練労働者になるのはもう無理だとも述べていた。状況を変えるには、請負人との良好な関係が欠かせないだろうという。転職も時々考えるが、もうこの脚では何もできないのではと思うし、雇われるには教育がなく、自営業をするには資金がなく、どちらにしても難しいという。

よい仕事や給料を得るために重要なのは経験だが、子どもにとっては教育。だから仕事から帰ると子どもたちの勉強を見ているそうだ。技術向上に必要なのは、経験と先輩による指導だと考えている。

土地は公有地だが持ち家である。回答者一家が住むのは調理スペース込みの 1 部屋で、同じ屋根の下、両親たちが住むもう 1 部屋と共有のベランダがある。水道はあるが飲料水としては使えない。飲料水は近隣のポンプで地下水をくみ上げて使っている。トイレ兼水道なしの浴室も 2 世帯で共有している。カラーテレビは隣の両親宅にあるが、回答者の部屋には天井取付扇風機以外、家財道具はほとんどなかった。

7 年前に比べて生活水準に変化はない。もし事故がなかったら生活はもっとよくなっていただろう。しかし子どもの頃に住んでいた家はずっと小さかったし、トイレも何の設備もなかったから、その時に比べると生活水準はいくらか上がったと思う、とのことだ。

■その後については次章「補」参照。

結びにかえて──改めての「気づき」

前章では、データから明らかになった傾向を分析・整理し、またそれを踏まえて最後に次の点を指摘した。⑴インフォーマル・セクターにおける経営状態や労働条件の改善のため、人材育成やマイクロファイナンスなどさまざ

まな施策が採られてきたが、その施策への彼ら自身の認識が希薄で、必ずしも彼らには届いていない実態、(2)世帯内の生産年齢人口が増えるとき1人当たり所得は上昇するが、やがて再び被扶養者が増え、1人当たり所得低下の可能性を孕んでいる点、である。本章は、冒頭でも述べたように、それでもなお見えづらい個々それぞれの複合的実態を示しておくことを主眼とした。少数の事例から浮かびあがった気づきを上記といくらか重なるが、記述しておきたい。

　まず、児童労働から始まる転職の歴史についてである。インフォーマル・セクター労働者の転職経験の特徴については、第一回調査の報告の中で述べた［木曽2012、第4章］。つまり、フォーマル・セクターへの転職は限られてはいたが、転職の多くが賃金・収入の上昇を伴っていた（賃金・収入の変化とは、前職離職時と、次の仕事に就いた当初の賃金・収入の差）。しかし、児童労働として働き始めた回答者は多く、それが転職による賃金上昇の一因になっていることもそこで指摘していた。事例からはそれが確認でき、彼らがどのような背景で何歳頃から働き始め、どのような仕事内容、賃金・収入レベルだったのかも具体的に読み取れるだろう（キーワード「児童労働」該当者、参照）。

　また、転職の多くが賃金・収入の上昇を伴っていたとはいえ、賃金・収入の水準は総じて低い。多くの回答者がそうした仕事を転々としていた。被雇用でも日雇い、また雑業的な自営業が多く、日雇い賃金が極めて低かったことは、時期は限られるが第1章（図表1-23）でも確認されたとおりである。それでも、さらに転職を望む者も、回答者11や33を例外とし、望む転職先として大規模企業・工場の常用雇用を挙げることは殆どなかった。資金さえあればと、多くが自営業とくに露天商など身近な仕事を挙げる。前者が選択肢として現実的ではないという彼らの認識も、その一因と思われる。

　次に、インフォーマル・セクターとフォーマル・セクター間の移動についてである。家族や本人に大規模工場労働者の経験者が多かった点は、インドにおける工業の構造変化とともに、アフマダーバードの工業化の歴史を如実に反映している。かつて労働集約的な近代工業（アフマダーバードではとくに繊維工場の増加）が、社会集団固有の世襲職からの離脱を伴い労働者を吸収

していた事実は、この調査の回答者たちにも投影され、本人または父祖世代にフォーマル・セクターでの就業経験がかなり見られた。しかし経済危機と経済改革の中で伝統的な近代工業は衰退し、工場閉鎖やリストラが進んだとき、彼らや次世代の次のモビリティを決めたのは、フォーマル・セクター雇用が伸び悩む、その後の「雇用なき成長」だったといえる。職種や正規・非正規間でその影響は異なっていたが［木曽 2012、第3章］、ここに登場したのは、まさにインフォーマル・セクターへと流れ込んだ者だった。そして回答者15、32、35のように、かつての世襲職への回帰も一つの選択肢となった。

　他方で、世代を通して同じ仕事に就いてきた例も見られた（キーワード「カースト固有の（世襲的）職業」該当者、参照）。ただし職種は同じでも、転職を経てまた世代間で働き方や技術は変わる。例えばオートリキシャの運転手がタクシー運転手に、露天商が商店主に、手織りの職工が工場の職工に、日雇いの荷運びが自営の運搬業者に変わり、それが所得上昇につながり得た。職種、産業の大まかな分類では出にくい変化といえよう。

　子世代になっても職業・技能訓練の経験者は多くない。しかし学齢期の子どもも多く、今後増えてゆく可能性はあろう。また、次世代の教育に熱意を示した回答者は多かった（キーワード「教育への熱意」該当者、参照）。フォーマル・セクターへの脱出はその重要な目的だろう。とはいえ彼らの経済状況や住環境はともに厳しい。豊かな人びとと異なり英語を日常生活で使用することもない。そしてその苦難を乗り越えて、仮に高等教育まで進んだとしても、現状その先に待つのは、厳しい競争と高学歴失業という問題を孕む労働市場である（例えば回答者27）。

　さて、零細事業所に雇われている場合、労働条件の改善は難しい。勤め先は雇用・労働法の適用外であり、労働者は組合などに組織化されていない。待遇改善を求めても、代わりはいるから辞めてもらってもいいと言われることさえある（回答者23や43）。そもそも事業所が極めて零細で十分な利益をあげておらず、待遇改善の余力がない可能性もあろう。回答者32が働く零細製粉所のように、衰退業態として経営の継続自体が危ぶまれるような例もあった。他方で、自営業者はさまざまな工夫を重ねていた。回収廃材

の再利用（同1）、商品のより適切な維持管理（同40）、販売場所の選択（同40、45、50）、顧客の需要をにらんだ仕入れの工夫（同23、37）等々である。しかし、資金がないとの声は多く聞かれ、融資スキームの重要性が改めて確認された。

第2章で述べたように、マイクロクレジットの普及には政府、民間や、NGOなど市民団体が積極的に取り組んできた。例えば回答者23や37は情報収集に熱心で、実際の借入まで行動に移していた。一方、回答者34（RM-S）は、仕事はやや不調で新たな機材があれば好転させられるとわかってはいても、機材購入のためのわずかな資金（1.5～2万ルピー）をひねり出すのが難しく、資金調達の方法もわからないといい、そうした例は少なくなかった。情報をもたない、または情報は知っていても手続きを進める上での困難（時間を要する、文字理解や必要書類準備の壁など）、あるいはその思い込みや誤解が、アクセスを制約している可能性は高い。

見てきたように、スラムと呼ばれる地域に住み、都市インフォーマル・セクターやインフォーマル雇用で働く人びとの生活と労働の環境は厳しい。しかし低い賃金・収入という状況に大きな変化がなくとも、住環境の改善や、さらにはスラム環境からの脱出、少なからぬ金額の資金調達などが行われ、公的スキームの活用によりそれが可能になった場合もあった。また本章冒頭で注意点として述べたように、貯蓄や所得の過少申告による矛盾という場合もあるだろう。さらに付け加えると、出身地を含む親類縁者との関係が助けになり、変化を支える一要因になった可能性も推測された。変化を促したこうした事情も見極めつつ、まともな雇用・仕事が伸び悩む「雇用なき成長」の中で欠かせないのは、働く人びとが働くことで変化を実現できる労働・仕事環境の整備だろう。人びとの技術・技能の改善とその価値の適切な評価、妥当な最低賃金の保障など労働条件の改善、自営業者を含む零細ビジネスの実効性のある支援等、本書第2章で述べたさまざまな政策やスキームが真に彼らに届き、労働の成果・評価へとつながることが求められる。

注

（1）1992年、インド北部のアヨーディアで、ヒンドゥー寺院再建を旗印にモスクが破

第4章　インフォーマル・セクター労働者の労働と生活：それぞれのストーリー　　203

壊された。この事件が火種となり、2002 年にはヒンドゥー教徒が乗った列車の焼き討ち事件が勃発。これを機にアフマダーバードでは両教徒間の大規模な暴動が発生し、多数の犠牲者が生み出されるとともに社会の混乱が続いた。

(2)　インド政府はそれまでも金融包摂の努力を続けていたが、2014 年に新たな金融包摂ミッション PMJDY を発表。口座開設手続きを容易化し、それまで金融アクセスの難しかった低所得層を含み、多くの新規口座開設につながった。同回答者の開設年は不明。

(3)　2011-12 年の全国標本調査によると、55 〜 59 歳層の大卒率は 6.4％だから［NSSO 2014, p. A46］、数少ない大卒者の 1 人である。このスラム調査では、インフォーマル・セクター就業者 189 名のうち、大卒は 3 名のみだった。

(4)　マハラーシュトラ州を事例に、こうしたカースト・ベースの清掃職の歴史と現状を論じた次の文献が参考になる。Darokar（2020）、時期は遡るが篠田（1995）も参照にされたい。

(5)　雇用規模 10 人以上の工場などで、労使双方が月々保険料を拠出し、疾病給付、被扶養者給付、出産給付、障害給付、医療給付を保障する。

(6)　雇用規模 20 人以上の工場などで、労使双方が月々基金を拠出することで、退職後の生活に備える。

(7)　テンポとは主にモノの輸送に使われるオートリキシャ(三輪自動車)。オートリキシャとテンポを同義で使う場合もあるが、グジャラート州では、人を運ぶオートリキシャと区別して荷物・資材などを運ぶ場合はテンポと呼ぶのが一般的といえる。

(8)　露天商への「嫌がらせ」や「賄賂」の要求については、露天商に関する実証研究 Saha（2017）でも詳細に述べられた。その権利保護のために、「露天商（生活の保護と路上販売規則）法」が 2014 年に施行されている。

(9)　バドゥリ労働者とは、不意に欠員が生じた場合の補充要員として使われる日雇いの臨時雇用の労働者である。

(10)　彼の経験によると、オートリキシャ免許の取得過程は次のとおり。まず関係事務所に出向き必要な書類に記入。1 カ月ほどのうちに呼び出しがあり、20 分程度運転のテストを受ける。うまくいけばそれで取得できる。運転の練習はどこででも独自に行うとのこと。

(11)　寄せ場とは、主に建設作業に従事する日雇い労働者が仕事を求めて集まる場所（日雇い労働者市場）で、ここに請負人（調達人）や雇い主が来て労働者を調達していく。

(12)　奨学金は 600 ルピーとのこと。ST を対象とした奨学金と思われる。1 〜 10 学年までが対象で、適用には親の所得水準に上限がある。

(13)　必要とされる最低預金残高は銀行によって異なるようだ。5,000 ルピーという額は、回答者 No.35 が口座開設時に預け入れたという額と同じ。

(14)　繊維などの大規模工場などでは、古くから "Employee's son" 制度により、従業員の子息が雇い入れられた。つまり縁故採用である。

(15)　ディーワーリーはヒンドゥー教の祭で、毎年 10 〜 11 月の新月の日に行われる。

冬の播種期を迎える祭であり、商人達には新年の祭でもある。辛島ほか監修 (1992)。

(16) いずれも法の規定では派遣（＝請負）労働者も対象に含まれる。法の定義は注 (5) (6) 参照。

(17) ボーナス支給法によると、ボーナス支給額は俸給/賃金の8.33%（1カ月分）か15歳以上なら100ルピー、いずれか高い方である（2017年）。

(18) タクシーなどの輸送車の運転免許は、20歳以上で教育レベルは8学年以上が取得の条件となってきた。運転技術を有するとりわけ経済的弱者層の就業機会を増やすと謳い、2019年に輸送者免許について8学年の学歴条件をなくす改正案が出されるが、実情は車の種類や州規定により異なるようだ。

(19) 2018年夏の情報では、トイレ使用料は8カ月前から男性2ルピー、女性1ルピーに下がっていた。

(20) パッカーは熟した、カッチャーは未熟なの意で、住居を表現する場合には、パッカーとはセメント、コンクリート、焼成レンガ、石等の硬質建材でできた家屋を、カッチャーとは壁、屋根が草葺き、竹、泥、日干しレンガ等のパッカー材以外の建材でできた家屋を意味する。また半パッカーとは、壁か屋根のどちらかがパッカー材でできている家屋である（全国標本調査のスラム調査における定義）。

(21) インドでは2016年11月、地下経済の資金の浄化などを目的として、高額紙幣（500ルピーと1,000ルピー）の廃止が突如発表され施行された。

(22) これは寄せ場日雇い労働者の調査（2010年実施）でもよく聞いた。1週間や2週間継続して雇われる場合、通常の日雇い労働者＝ハジュリと区別してヴァルディと呼ぶ。雇用が継続して確保される代わりにヴァルディの日給は低い。木曽 (2012)、第5章参照。

(23) GSTは、複数の間接税を統一して2017年7月に導入された物品・サービス税。

(24) 姉妹の娘が結婚する際に、おじが姪に贈る祝いのこと。

(25) SEWAとは自営女性協会の略で、アフマダーバードで1972年に零細女性自営業者の労組として設立された。膨大な数のメンバーを有し、貯蓄・融資事業、職業訓練や識字教育など多様な活動を展開してきた。第2章第4節3にも記述あり。

(26) この寄宿学校への転校は親戚の口利で可能になったとのこと。経費は無料とのことだった。

(27) 本人によると、申請には、電気料金領収書、配給カード、住民票などの書類が必要だったとのこと。

(28) 例えば散髪のみの客が日に15人とすると、それだけで日に300ルピー。週6日労働だと売上げは月7,800ルピーになる。

(29) 仮に散髪の客だけ10人と低く見積もっても、1日あたりの売上げは 40 × 10 = 4,000 ルピーとなる。週6日労働として月収は1万ルピーを超える。

(30) 露天商は路上、歩道、公園など公有地での営業が多いため、立ち退きを迫られることは多い。注 (8) で述べたSahaの露天商調査では、2,000サンプルの約60%が立ち退きを経験 [Saha, 2017]。

第4章　インフォーマル・セクター労働者の労働と生活：それぞれのストーリー　　205

(31) HS さんが言うには、違法業者として摘発されると困るので、見回りの警察に毎週
100 ルピーを渡している。とはいえ皆が受け取るわけでもないという。

(32) ほぼ同時期（2010 年）にアフマダーバード市内の寄せ場で行った聞き取り調査では、
多くの男性非熟練労働者の日給が 150 ルピーで、それ以下はわずかだった。熟練建設
労働者ならばその倍以上でもっと高給を得ていた。もし金額が正しいならば熟練労働
者のヘルパーか何かと考えてよい。木曽（2012）、第5章参照。

補

コロナ・パンデミックを経て

序

　インドにおける社会的弱者・貧困層への対策や格差縮小の努力はさまざまな形で確認される。しかし、経済成長と裏腹に、期待されるべき「まともな仕事」の機会拡大は容易ではなく、人口ボーナスの実現も難題である。こうして高等教育進学が急増する一方で高学歴失業の問題を抱え、同時に社会経済的モビリティを制約される多くの貧しい労働者が存在している。そうした状況下、2019年末に報じられ、その後世界を大きな不安に陥れた新型コロナウィルス感染症（以下、COVID-19またはコロナ）は、インドにも苛烈な影響を及ぼした。最後にごく簡単にではあるが、コロナ禍の雇用への影響、政府の支援策、そして以前の調査対象労働者数名のその後を紹介したい。

第1節　COVID-19と労働市場と支援策

　COVID-19パンデミックの労働市場への影響を、まずマクロデータから確認しておこう。
　図表補-1は、*PLFS*（定期労働力調査）の4半期ごとのデータ（調査対象期間を1週間とした全国サンプル調査）から、労働時間の変化を従業上の地位別、また農村・都市別に示したものである。農村に比べて都市の方が変動幅は大きく、働くことのできない状況は深刻だったことがわかる。また農村では、農業従事者の多い自営業者と日雇い雇用者の変化は小さかった。日雇い雇用者には恐らく後述するようにMGNREGS（全国農村雇用保障計画）の影響もあっただろう[1]。他方、都市ではむしろ日雇い雇用者の変化は小さいが自営業者と常用雇用者がほぼ同じような変化を示し、とくに2カ月強に及ぶ

図表補-1　COVID-19と労働時間の変化

1週間あたりの平均労働時間（農村）

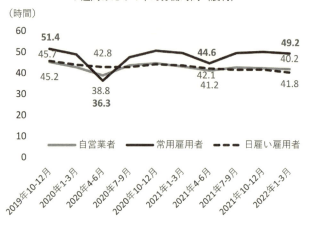

1週間あたりの平均労働時間（都市）

（出所）NSO (2021), p.61, NSO (2022c), p.62, NSSO (2023a), p.64 より作成。

補　コロナ・パンデミックを経て　209

図表補-2　都市における四半期ごとの失業率の変化

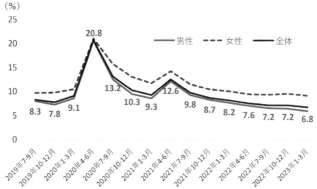

(注)　調査対象期間を1週間とした全国サンプル調査。失業者とは当該7日間に最低でも1時間の仕事を求めたか働らけたが、1時間すら働くことのなかった者で、失業率は15歳以上の労働力（就業者＋失業者）に占めるその割合である。図に示した数値は全体（男女計）の失業率。
(出所)　NSO (2021b), p.6, NSO (2022a), p.7, NSO (2022b), p.7, NSO (2023), p.6 より作成。

ロックダウン(2)と重なる2020年4〜6月と、第二波の猛威と重なる2021年4〜6月の労働時間減少が目立った。

　図表補-2は、同じ *PLFS* から明らかになった都市の失業率の変化である。ここで失業者とは、当該7日間に最低でも1時間の仕事を求めたかまたは得られたが、1時間すら働くことのなかった者で、失業率とは15歳以上の労働力（就業者＋失業者）に占める失業者の割合である。ロックダウン時と重なる2020年4〜6月期には失業率は全体で約21％まで達した。その後は低下していたが、COVID-19第二波の時期に再び上昇し、その後低下を続けて2023年度1〜3月期には7％弱まで下がっている。ただし、**図表補-3**から確認できるように、労働力率（15歳以上人口に占める労働者の割合）はロックダウン期に若干の低下がみられたものの、それほど目立った変化はない。つまり、失業者は一時期増えたが、全体として非労働力化が目立って進んだわけではなかったと言えよう。

　こうした労働や雇用への影響については、事態が深刻だっただけに早くから調査が行われていた。例えばAzim Premji大学のワーキングペーパーAbraham, Basole and Kesar (2021) は、大規模なパネルデータを用いて、

図表補-3 都市における労働力率の変化

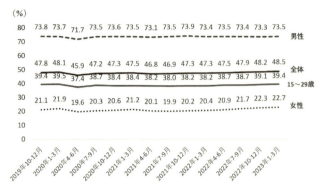

（注）労働力率とは15歳以上人口に占める労働力（就業者＋失業者）の割合。
（出所）NSO (2021b), p.2, NSO (2022a), p.3, NSO (2022b), p.3, NSO (2023), p.2より作成。

①ロックダウンの前（2019年12月）、②ロックダウン期（20年4月）、③解除後（20年8月）を比較し、雇用・労働への影響を分析している。サンプル数は8,807件で、ロックダウン前は就業者だった人びとである。調査によると、半数強は一貫して就業を続け、一旦は失職した者等も含めてロックダウン後になると85％が就業していた。しかし性別による差は大きく、ロックダウン解除後、男性は9割近くが就業していたが、女性は逆に6割が失業・非労働力状態で回復していなかった。こうした数値は、カースト、宗教、年齢層、従業上の地位、産業によっても異なっていた。失業・非労働力の状態を経ずに一貫して就業を継続できた者の割合が比較的高かったのは、低位のカーストよりも中位や上位のカースト、ヒンドゥー教徒よりもムスリム（イスラーム教徒）、若年層（15～24歳）よりも壮年層（とくに35～44歳層）、日雇いより常用雇用者や自営業者、建設業や食品・工芸・雑貨よりも行政・個人サービス・保健サービスなどであった。失職・非労働力状態をロックアウト中・後に経験した者の割合は、この逆ということになる。

Azim Premji University（2021）は、カルナータカ州ベンガルールのインフォーマル居住区住民、露天商、廃品回収業者、建設労働者などインフォーマル・セクター労働者や脆弱層への影響を調べている。インフォーマル居住

区住民の調査は 2020 年 12 月、250 人を対象に草の根団体の協力を得て行われた。回答者の 4 分の 3 はパンデミック前と同じ仕事をしていたが、その 3 割が休職中で、6 割強が所得低下に陥っていた。かなりの数の回答者が、貯金の取り崩しや地元金貸しへの借金に頼らざるを得なかったという。222 人回答のうち 46％は政府、NGO、政党などから物質的な援助を受けていたが、45％は受けていないと回答している。

　また Haokip, et al.（2020）は、2020 年 5 ～ 6 月に、マニプル州の市場の女性露天商（販売免許を得て市場で販売）70 名を対象に行った聞き取り調査の報告である。ロックダウンの間、市場は閉鎖されていたが、日銭で生活している彼女たちは、自身の住居前や路地での販売や、携帯電話を利用した宅配など、様々な工夫をして営業を続けていた。また販売品をロックダウン対象外とされたエッセンシャル品目に変更した者もいた。解除後は 93％が営業再開のために借金せざるを得なかったという。

　さらに突然のロックダウンを受けて農村からの出稼ぎ労働者が追い込まれた状況は、当初からさまざまなかたちで報じられた。例えば Chakraborty（2020）は、ロックダウンによる移住労働者のビハール州への帰村を背景に、MGNREGS による雇用機会提供増加の実態を述べ [3]、Kumar（2020）もロックダウン期間の MGNREGS による雇用創出の実態をマクロデータから整理・考察している [4]。また『経済白書』（*Economic Survey*）では、仕事の創出人日数が 2020-21 年度に史上最高になったと成果が強調された。賃金の 99％が電子決済で口座に振り込まれたという ［GoI 2021, pp.358-359］。

第 2 節　インフォーマル・セクター労働者——COVID-19 を越えて

　こうした未曾有の事態に直面する中で、インフォーマル・セクター、日雇い、出稼ぎ労働者など雇用の不安定な者ほど失職のリスクは高く、しかし失職状態を続けることの困難が、上の調査でも指摘された。では、本書で詳細に述べたインフォーマル・セクター労働者と家族は、パンデミックを挟んでどのような経験をし、変化を辿ったのだろうか。それを最後に紹介したい。訪ねたのは、2017/18 年の追跡調査の回答者の中でも、仕事への工夫や子どもへ

212

の教育の熱意が印象的だった労働者を中心に、異なるスラムに住む6名であ
る（訪問時期は5名が2023年で、1名が2024年）。インド政府は、ロックダウ
ン発令後、さまざまな救済策を講じたが、そうした貧困層、インフォーマル・
セクター労働者への支援策についても、彼らの経験を聞くことができた。

　確認した支援策は、食料の無料配給 PMGKAY（首相の貧困層食料福祉計
画）、PM-JAY（首相の国民医療計画）、PM-SVANidhi（首相の露天商自立基金）、
e-Shram（e-労働）、その他の社会保障策、NGO による支援である。インド
にはずっと以前から PDS（公共配給制度）(5) があり、対象者には極めて低
価で食料穀物等が配給されてきたが、PMGKAY は、2020年3月のロック
ダウン開始後すぐ公表された食の保障政策である。当初は4～6月の予定で、
配給カード所有者に主要穀物の無料での追加配給が始められ、その後何度も
延長されてきた。PM-JAY は、貧困家庭を対象にコロナ前の2018年9月に
開始された国家医療保険制度で、保険料は不要である (6)。PM-SVANidhi
はロックダウンで大きな影響を受けた露天商を対象としたマイクロファイナ
ンス計画で、2020年6月に開始された (7)。e-Shram は非組織部門で働く
労働者の登録により、データベースの構築を目指す。アイディアは以前から
出ていたが、コロナ禍のさ中、非組織部門で働く労働者に関する情報が不十
分だったため彼らへの施策が遅れたことを踏まえ、2021年8月に開始され
た (8)。なお、全国消費者物価指数（CPI）は、都市部では2017-18年度から
2023-24年度の6年間で38％上昇している。以下、回答者番号は前章と同じ
だが順不同である。

37　VP さん　40代

　娘2人が結婚して家を離れ、家族は妻と10代の末娘の3人になっていた。VP
さんの仕事は今はカリヤナ・ショップ（小さな食料雑貨店）の経営のみである。1カ
月の売り上げは約15万ルピーで純益は3万ルピー。前回調査時の5,000～7,000
ルピーより大きく上昇していた。ただし、2、3年前にすぐ数件隣に別のカリヤナ・
ショップができ、競争は厳しくなったという。妻は以前同様に店に立ち、注文があ

補　コロナ・パンデミックを経て　213

れば衣類の縫製・修繕も行い、その副業で月平均2,000 〜 3,000ルピーの収入がある。末の娘は商業コースを修了しHSC（後期中等教育修了認定）を得たが、就職はしていなかった。

　コロナ禍でロックダウン時の1カ月は店を閉めざるを得なかった[(9)]。しかしその間に政府の融資スキームを利用して7万ルピーを借り入れ、完済したそうだ。BPL（貧困線以下）カードを所有し、政府の公的配給制度の対象であるため、ロックダウン後は政府のPMGKAYにより、小麦、米などの無料配給も6カ月間受け、需要の半分ほどはこれで満たされたとのことだ。e-Shramは周りの人が登録しているので、将来の利益を期してVPさんと娘が登録した。初回調査時すでに生命保険には加入していたので、PM-JAYには加入していない。

　家は調理スペースを含む2部屋と店舗からなり、今は二階建てになった。家の改修工事を進めていたが、新型コロナと資金不足のため2020年に中断し、二階への階段は今もセメントむき出しのままになっていた。娘2人の婚姻のために借りた借金が50万ルピー残る。それでも生活水準は、子ども時代に比べても前回調査時に比べてもかなり上昇したと感じているそうだ。別の工場地帯に暮らしていた子ども時代は住環境が非常に厳しかった（15人の大家族）からで、また中断しているとはいえ家の改修を始めたし、娘2人の結婚という大仕事を終えたからだ、とのこと。

　初回調査時よりも二回目調査時の方が、さらにコロナ禍を経ても今回の訪問時の方が、ずっと生活水準は上昇したとの回答は、この回答者のみだった。高利貸しではなく金融機関や政府融資スキームで資金調達をするなど、以前と変わらず情報を求め、アクセスし、状況をみて柔軟かつ堅実な取組をしている。

23　DGさん　40代

　以前の5人暮らしから7人暮らしになった。妻はニンニクの皮むきを内職で行っていたが、路上での販売に変えていた。20代と10代の3人の娘たちは8学年からHSCまでの学歴で、学歴8年の長女は、NGO運営の職業訓練所で刺繍の訓練を3カ月半受けたらしい。そして資格を取得して機材（ミシン）も提供されたが、就職はしていなかった。紹介された工場が遠方だったのが就職しなかった理由で、DGさんは別の仕事を探しもしたが、今は結婚が優先事項とのことだった。息子はカレッジに進み卒業していた。超高倍率で難関の公務員（警官）採用試験を受けたが受か

らず、求職中で高学歴失業の状態だった。また、回答者の弟が2カ月前に建設現場の事故で亡くなり、その妻もそれ以前に他界していたため、まだ幼い甥をひきとり一緒に暮らしていた。弟たちと田舎で暮らしていた氏の両親も2年前に他界したという。

仕事は以前と変わらず診療所の派遣警備員である。コロナによるロックダウン中、家族は自宅に閉じこもったが、診療所勤務の彼の仕事はいつもどおり行われた。ただし派遣元からのサラリー支給は遅れた。ロックダウン時、政府の低利融資スキームのポスターを診療所の壁に見つけ、手続きを始めたのだが、書類の準備と手続きが煩雑なため途中で断念した。また、食料の無料配給は受けなかったとのことだった(10)。E-Shram には妻とともに登録し、また PM-JAY には家族のうち4名が加入している。妻は NGO が運営するマイクロファイナンスのメンバーでもある。

副業にしていた食器の荷車販売は、体力の衰えと重労働、加えて貸し倉庫代など負担が嵩むため止めていた。警備員給与は、6年前からわずかに上がっていたとはいえ7,500ルピーで、退職準備基金の拠出金や派遣業者の天引きが1,500ルピーになるので今も手取りは約6,000ルピーに過ぎない。前回調査時からの上昇幅は2,000ルピーほどだった。妻はロックダウンで6カ月間仕事がなかったが、8カ月前から現在のような自営の露天商(通り沿いの地面に座り販売するスタイル)になり、日に100〜150ルピーの収入があるそうだ(週6日、午後4〜8時就労)。持ち家だが土地は公有地で、家族は増えたが炊事スペース込み2部屋という間取りに変化はない。毎月の支出に1万5,000ルピーが必要で、赤字のため今は親戚に15万ルピーの借金がある。娘の結婚を急いでいるが、婚姻には25万ルピーほどかかるだろう、という。コロナ禍後のインフレで前回調査時よりも生活はいくらか悪化したし、今より子ども時代の方が生活はましだったと述べた。

貧しい中でも情報収集力と行動力があり、子どもの教育にも熱心で、変化を期待させる人物の一人だった。しかし、子ども時代に比べた時の生活水準の変化は、かつて二回の調査での「いくらか上昇」から、「やや低下」へと変わった。子どもたちが成長した一方で家族規模は再び拡大し、また子どもの高等教育進学や職業訓練の成果は今のところほぼ出ていない。コロナ禍が変化にさらに歯止めをかけたという印象である。教育や職業訓練を受けた子ども世代が、その知識・技能を活かせるよりまともな仕事を得るならば、状況はもっと変わると期待される一例だろう。

7　HC さん　40 代

　家族は 6 人から 7 人になっていた。妻、20 代の娘 2 人、10 代後半の息子 2 人、そして、前回調査時に深刻な病状と聞いていた田舎の父親が他界した後は、母親もこの二間の家に同居している。また、かつて父母らと田舎で暮らしていた長男も、2020 年に病気で亡くなっていた。

　仕事は以前同様に運送業だが、今は 3 輪のテンポに加えてトラック、ピックアップバンの 3 台の車を所有していた。上の息子（教育レベルは SSC）と一緒に手分けして運送業（自営業）をしている。仕事の受注方法は基本的に以前と変わらず、近くに運送業者の寄せ場があり、多くの依頼人と運送業者が集まって集荷・運搬を請け負う。HC さんも毎日朝から夕方までそこに居て、運搬の仕事を得ている。息子と 2 人で 1 カ月の稼ぎは 5 〜 6 万ルピーになるとのことだ。また娘 2 人はそれぞれ別の小規模縫製工業で働き、月収は各人月に 7,000 〜 8,000 ルピーである。相変わらず低いが前回調査時の 1.6 倍（名目）ほどに上昇し、給料はすべて家計に回している。こうして世帯所得は前回調査時に比べて大きく上昇した。ただ娘 2 人は今も常用雇用ではないので、いつ雇い止めになるかわからないと述べていた。

　ロックダウンの頃は、1 カ月かそれ以上の間まったく仕事がなかった。今も状態は完全には回復していない。4 カ月にわたって米・麦など食料の無料配給も受けたが、量的にはまったく足りなかった。その他の補助は受けなかったし、E-Shramも PM-JAY も知らないとのことだ。世帯所得は上昇したものの、キッチン・スペースを含む 2 部屋という住環境は同じで、そこに 7 人が暮らしている。生活水準は、土地無し農業労働者で貧しかった子ども時代に比べると、車を 3 台所有し仕事もあるのだから「やや上昇した」とのこと。ただ、下の息子が長年にわたり病気を抱えていること、治療の効果がないままその治療費が嵩んでいること、厳しいインフレ、不十分な仕事量により、前回調査時からは変化を感じないという。また、娘たちの婚姻がこの家でも大きな懸案事項となっていた。

　初回調査時から、冷静な受け応えが印象的な回答者である。住環境の厳しさや家族の病気等々、今もさまざまな問題を抱えている反面、現時点では家庭内の就業者率は上がり、常に目標として語っていた車の所有を増やすなど、自営業者としての設備環境は大きく変わっている。

14　PD-S さん　30 代

　妻が 4、5 年前に家を去り、小学校低学年の 2 人の幼い子ども、および母親との 4 人暮らしになっていた。同居していた妹も婚姻を機に家を離れていた。

　ロックダウン時を含む 1 年間はほぼ仕事がなかった。預金を取り崩し、NGO からの援助を受けて暮らしたという。一家は BPL カードを持ち、以前から配給制度による食料補助を受けてきたが、PMKVY により米・小麦の無料配給を受け、豆や砂糖は低価での供給を受けてきた。接触を避けるため、近隣住民たちは必要時に配給店に携帯で事前連絡し、店からの連絡を受けて受け取りに行った。また NGO からも小麦、砂糖、香辛料などの無料提供を何度か受けることができた。E-shram は聞いたことがないし、PM-JAY はとにかく手続きが複雑で大変そうなので加入を試みたことはないとのことだった。

　2017 年調査時に新たにオート・タクシーの仕事を始めていて、翌年会ったときは警察の取り締まりが厳しくなり継続が厳しいため、中断して再び日雇い仕事に出ていたが、現在はオートの仕事を復活していた。朝から晩まで働いて、オートリキシャのレンタル料は 1 日 300 ルピーかかる。これと燃料費を差し引くと 1 日 400 ルピーほどの収入というが、ほぼ毎日働いているから月 1 万 2,000 ルピーほどになる。副職として若い頃していた塗装工の仕事もし、月に 5,000 ルピー稼いでいたのだが、今は中断している。かつて家事使用人として働いていた 50 代の母親は、孫たちの世話があるため今は仕事に出ていない。

　家は 1 部屋とキッチンで相変わらずだ。生活水準は、2017 年の調査時の方が仕事の状態が良かったのでそのときよりやや下がった感じるし、子ども時代に比べても、当時はパッカーハウスではなかったけれど、今のインフレがひどすぎて下がったと感じるという。

　2017 年調査時は、貧しいながらも住居が整備され、結婚し、長男が誕生し、妹の結婚も決まり、運転技術を身につけて新しい仕事に臨んでいるという、変化の持続性を期待したい状況だった。オートリキシャの購入費を尋ねると、現金支払いならば 28 万ルピーだが、ローンだと 40 万ルピーになると回答が得られ、一つの現状打開策として購入を検討しているのかもしれない。ただ、融資スキームの利用には非常に厚い壁を感じているようだった。

補　コロナ・パンデミックを経て　217

1　AB さん

　回答者の AB さんは今回訪問した 2 週間前に他界していた（50代）。第 2 回調査のときも体調不良のため仕事も中断していると述べていたが、長く肺を患っていたという。今回訪ねたとき、家族は一時的に自宅を離れて親戚宅に身を寄せ暮らしていた。息子たちとは再会でき、長男から話しを聞くことができた。

　一家は AB さんの逝去により、妻、長男（30代）夫婦、次男（20代）夫婦、まだ幼い孫 3 人の、8 人家族になっていた。働いているのは長男と次男の 2 人で、長男は以前と同じ零細布店に常用で勤務し、月給は 1 万ルピーでボーナスが年 5,000 ルピー。次男は 3 年前から臨時雇いだがスクールバスの運転手になり、月収は 1 万ルピー程度とのことだが、時間がある時はオートリキシャの運転手もし（収入額不明）、一家の月収は 2 万ルピー＋α となる。もと回答者 AB さんの妻は、夫の病気と次男の妻の妊娠などのため、一軒の家の専属メイドの仕事は辞めていた。長男は自分でビジネスを始めたいらしいが資金がなく、借りるにも手続きが複雑で大量の書類の提出を求められるから、手が出ないと述べた。

　ロックダウン時を含む 8 〜 9 カ月、まともに仕事ができず貯蓄を取り崩して生活した。食料は BPL カード認定世帯として、米、小麦、豆の供給を十分に受けることができてきた。その他の援助は公的にも NGO からも受けなかったし、E-shram は登録していない。亡くなった AB さんは、貧困層を対象とした州の健康保険[11]に加入し、これにより病院の診療を受けていたが、処方される薬は高価で入手は容易ではなかったらしい。

　土地・家ともに今も AB さんの弟の所有で、調理スペース込み 2 部屋からなる家は、外から見る限り早くもひどく老朽化が進んでいた。長男によると、彼の子ども時代よりも生活水準はやや低下した。理由は、激しい物価上昇と、子ども時代は父親が働いていたし、ほぼ境目のない隣家に叔父一家が住んで助け合って暮らしていたからだという。

　世帯所得はやや不正確との印象も受けたが、回答のとおり前回から大幅な変化がないとすれば、個々の増収が十分にないまま働き手の数が減り、他方で被扶養者が増えていて、厳しい状況がうかがわれた。

５３　RTさん　40代

　以前と同じ家の１部屋に、家族７人で暮らしている。家族は父親、妻、初等教育段階の10代の４人の子どもたちである。壁で隔てられた隣の部屋に兄弟家族が住み、父親は隣にいることもある。

　RTさんの仕事は今も日雇いの建設労働者だが、初回および追跡調査時の未熟練から、熟練の建設労働者になっていた。今も基本的には寄せ場に通って仕事を得ているが、懇意の請負人が２〜３人いるので携帯電話で仕事の連絡が入ることもある。熟練なので日当は800ルピーだという。制度的上昇もあって前回の300ルピーからは大きく上がっていた。月に平均20日ほど仕事がある。妻の収入も上がった。今は４軒の家でメイドとしてさまざまな家事労働をし、月に6,000ルピーを得ている。

　ロックダウンの間はほぼ家に閉じこもらざるを得なかった。妻は３カ月間は働きに出られなかったが、RTさんは継続の仕事もあって月に5、6日は仕事に出たそうだ。配給カードを所持しているので以前から極めて低料金で配給を受けていたが、コロナ禍が始まって以降は月あたり一定量の小麦、米、ひよこ豆、調理油が無料で得られ、調理油以外は今も無料配給で得ているとのことだ。また当該スラムでは、近くの寺院やNGOから米や小麦を含む調理済みの食事が１カ月半提供されたし、妻の働き先からの援助もあったので、食事には困らなかったという。e-Shramは登録済みで、また政府から現金支給があった。本人はスキーム名を認識していなかったが、BOCW（建築その他建設労働者（雇用・勤務条件規定）法）の下、登録済み建設労働者を対象に2020年３月実施が公表された支援金の支給だったのだろう(12)。

　家財で増えていたのは圧力鍋、携帯電話、カラーテレビ、洗濯機である。洗濯機は妻が勤め先からもらった中古品で、実際に使用しているそうだ。トイレがあり電気も滞りなく使えるので、子ども時代に比べて生活水準はやや上がったし、今は水漏れもなく住環境が改善し、貯蓄もできるようになったから、数年前に比べても「やや上昇した」と感じるとのことだ。とはいえ、キッチン込みの１部屋で７人が暮らす環境は客観的には極めてきびしい。子どもたちはみな公立学校に通っている。塾にも行き勉強してほしいが、本人たちは勉強したがらないとつぶやく。住環境や貧しさなどその理由は複雑だろう。

補　コロナ・パンデミックを経て　　219

結びにかえて

　調査地の生活環境は衛生面、密集度、経済面で厳しく、より深刻な感染状況も想定された。しかし対話の中でコロナ感染を語った人はなく、真偽のほどは定かではないが、地区での感染者はゼロだったとの声さえ聞かれた。そして仕事への影響は無論ほぼ誰もが受けたが、切り抜けてさらに成長を遂げている者もいれば、停滞したままの者もいた。また、婚姻と病気は彼らにとって大きな出費となり、借金につながっていたのは以前と同じである。物価上昇を嘆く声はよく聞かれた。

　具体的には最初の3名は、初回調査から13年を経て、スラム脱出まではまだ至っていないとはいえ、仕事の改善や子どもの教育といった面でプラスの変化を着実に実現してきた事例といえる。他方残る3名は、世帯内の被扶養者比率が高まり、プラスの変化はまだ見えにくい。子世代が生産年齢へと転じても、まともな仕事・雇用が増えない限り、変化の持続性を期待するのは難しいことが改めて示された。

注
(1) ロックダウン最中の2020年4月15日、政府はMGNREGS等の活動の4月20日以降の再開を正式に許可している。
(2) インド政府は3月25日〜5月31日までの2カ月以上の間、4フェーズに亘りロックダウンを実施。
(3) ビハール州では求職世帯数が5月と6月に急増した。仕事を得た世帯も急増し、得られなかった世帯の割合に変化はなかったとのことだ。
(4) ただし財源を十分に確保できず、殆どの州で再開は部分的になり、一方ジョブ・カード申請者数は増加したという。
(5) PDSは市場価格を下回る極めて低い価格で基本穀物を配給する制度である。1997年の改訂でTPDS（受益者選別的PDS）が導入され、主な受益者は最貧困のAAY（アンチョダヤ食料計画）該当世帯とそれ以外のBPL（貧困線以下）世帯とで、APL（貧困線以上）世帯も含まれるが、配給の制度は州間で違いがある。さらに2013年、中央政府主導による食の安全保障を目的にNFSA（全国食料安全保障法）が成立し、同法下では、AAYとPHH（優先世帯）対象の2種類の配給カードが発行されることになった。AAYカード所持世帯には1世帯あたり月に35kg、PHHには一人あたり月5kgの食料穀物が低価で配給される。インドのPDSの仕組み・議論については、例えば

220

近藤（2017）に詳しい。また BPL 世帯認定の難しさについては、山崎（2014）参照のこと。

(6) 保険料は不要。厚生労働省『2021 年海外情勢報告』第 4 章 . https://www.mhlw.go.jp（2023 年 11 月 7 日）。RSBY はその前身。

(7) 年間 1 万ルピーまでの無担保の運転資金融資である。ローンの定期返済に対し、利子補助やキャッシュバックにより、借入者の負担が軽減される。融資対象は都市およびその周辺地域の許可証・身分証をもつ露天商で、持たない場合は発行される。インド政府ポータル . https://www.india.gov.in/spotlight/pm-street-vendors-atmanirbhar-nidhi-pm-svanidhi (2023 年 11 月 18 日）

(8) 氏名、住所、学歴、技能を本人がポータルに登録し、その情報をもとに、将来的には職業マッチングや社会保障給付の提供を行うことを想定している。登録者には非組織部門労働者を対象とした PMSBY（障害保険制度）の保険料（通常年 12 ルピー）を 1 年間無料にする措置をとっている。厚生労働省『2022 年海外情勢報告』第 5 章. https://www.mhlw.go.jp（2024 年 4 月 29 日）。2022-23 年度の『経済白書』によると、2022 年 12 月 31 日時点で 2 億 8500 万超が登録していた [GoI 2023, p.154]。ただしシステムや運用の適切さ等については議論もあり、取得にはアーダール（個人識別番号 = ID）に紐付けられた携帯電話の番号が必要である。アーダールの登録は任意だが、多くの国民が登録済みといわれている。

(9) アフマダーバード市では、ロックダウン期の 5 月 7 〜 14 日の間は、食料・野菜の販売や配給も停止するという厳しい措置がとられた [Mahadevia and Desai 2020]。

(10) 所得水準から考えると予想外だったが、本人は BPL ではなく APL だからと理由を述べた。ただしグジャラート州では、配給量は異なるが、AAY, BPL, APL のカード、そして NFSA 下で発給されたカード（注 5 参照）、すべての配給カード所有者および非所有者にも無料配給の追加措置をとったが、それにも拘わらず配給には大きな漏れがあったとの指摘もある。CSO（市民社会組織）等により 2019 年に結成された団体が、ロックダウン期の翌 4 月 27 日〜 5 月 22 日にアフマダーバードのスラムや低所得地域で 759 世帯（配給カード所持は約 4 分の 3）を対象に行った緊急調査によると、無料の配給を受けた世帯は 59%，受けなかった世帯が 37%、無回答が 4% だった。また配給カード所持しながら受けなかった世帯も 22.8% で、その多くは APL カテゴリーだったという。回答者もその一例といえるだろう。報告書では、こうした事態が生じた原因に関する考察や、配給日数の実態なども記されている [Mahadevia and Desai 2020]。

(11) Mukhyamantri Amrutum（州首相のネクター）計画という、2012 年に始まったグジャラート州の公的健康保険制度。もとは貧困層を対象とし保険料は不要で、対象は後に下位中所得層まで拡大された。最大 5 人の家族が保険対象となる。

(12) 2,000 ルピーの支援を受けたとのことだった。登録手続きの負担もあり、登録者数の割合やこの臨時補助金の実際の受給率については、当初から議論があった。

あとがき

　人びとは働いてきた。そしてその積み上がる労働に支えられて、インドの高成長や貧困緩和は進展し、また開発のためのインフラ建設、生活・住環境の改善、中間層・富裕層消費市場の拡大、教育の普及等々の変化も目に見えて進んできた。しかし、成長の恩恵を受けて豊かさを享受する人びとが確実に拡大してきた一方で、労働対価が貧弱で、労働者としての権利や保障を欠き、貧しさから抜け出せない労働者が今も多く存在する。成長は均霑するのではなく、変化の乏しい「働く貧困層」と併存するという矛盾を孕んできた。そこで本書では、マクロデータからインドの経済・労働市場の現状を改めて整理し、人材育成を中心に労働市場における取り組みを紹介した上で、都市インフォーマル・セクターというフィールドから、個々の労働者の労働と生活の実態を、そして変化の構造を具体的事例で示そうとした。

　第1章で述べたように、好調な経済成長を遂げながら、まともな仕事また組織部門雇用は伸び悩み、雇用・労働条件、労働環境や労働対価が不十分な労働者は今も多い。その成長が、「雇用なき成長」と表現されてきた所以である。経済グローバル化と飛躍的な技術革新という時代的環境、インドの産業政策を受け、「未成熟な脱工業化」という問題も浮かび上がってきた。雇用効果への期待を込めてメイク・イン・インディアが進められてきたものの、その効果も雇用面では現状不十分と言わざるを得まい。人口が増え続けているインド。労働力人口の増加ペースに沿ってまともな仕事・雇用機会が創出されるときにこそ、人口ボーナスの効果は発揮されよう。

　そこで、労働生産性の上昇ひいては労働の価値評価上昇に期待し、労働者の開発という点から注目したのが、第2章で紹介した人材育成だった。就学率は上昇し、質的格差が大きく残るとはいえ教育の普及・進展は明らかだろう。人びとの教育熱も高まっている。その一方で、労働市場の構造的特質を受けて若者の高学歴失業問題が益々深刻化してきた。また職業・技能訓練は官民両者によりさまざまな取り組みが行われ、ITIは急増し、NGOの取り

組みも実に盛んだ。しかし事例から浮かびあがったのは、労働市場における
スキル需給の質量的ミスマッチという問題であった。高等教育進学率やスキ
ル開発の進展に需要が追いついていない、また教育の普遍化やスキル開発に
労働・雇用制度の変革が追いついていないといった点が改善されるとき、人
材育成の取り組みはまともな雇用につながり効果を発揮すると期待されるの
である。

　とはいえ第3章で示したように、都市インフォーマル・セクター労働者の
状況も変化を示してきた。アフマダーバードでのフィールド調査では、雇用・
所得・教育・生活面でのプラス変化がみられ、意識面でも多くが子ども時代
に比べて生活は上昇したと答えた。問題は、その変化の質でありレベルだろ
う。とくに注意すべき点として最後に述べたのは、技能訓練やマイクロクレ
ジットなどのスキームが彼らには必ずしも届いていないという点、そしてま
ともな仕事・雇用が十分に増えない中で進む世帯規模の拡大という現実が、
インドの「人口ボーナス」の背後になお無数に存在するという点であった。

　第4章では、労働者・世帯の変化と不変が、どのような個々の取り組みと
経験から生じているのかを、2010/11年と2017/18年の聞き取り調査から具
体的に述べた。そして最後の補章で紹介したように、コロナ禍を経て厳しい
環境下で働き暮らしてきた人びとの中にも、政府のスキーム等も活用し、労
働・生活面でさらなるプラス変化を生み出す人もいた。経済面だけでなく社
会開発面でも多様な取り組みが官民あげて行われてきた中、必要とする人び
とが正確な情報を知り、アクセスし、実際の活用につながるまでの仕組みの
重要性を改めて実感する。

　最後に、この場を借りて改めてインドの人々に感謝の意を伝えたい。

　筆者が最初にインドを訪ねたのは1980年の12月末である。翌年にかけて
の3週間、大学院の指導教授や他の院生とともに、東部のベンガル州と州都
コルカタ、重工業都市ジャムシェドプル、首都デリー、さらに北部のパン
ジャーブ地方を汽車等で移動し、町を歩き村を訪ねた。その旅は私に学びや
経験とともに多くの発見と深い共感を与えてくれた。その後時を経て、二度
にわたってニューデリーにあるジャワハール・ラルー・ネルー大学で客員

あとがき　223

研究員として受け入れていただき、長期滞在の機会もいただいた。その間も
含めて、文献収集に始まり、フィールド調査、大学、研究機関、企業、工
場、職業訓練所等々での聞き取りなど、インドに滞在している間は、本当に
多くの人々から協力を得、学ぶ機会を与えられてきた。とくに工場労働者調
査、日雇い建設労働者調査、日系企業の調査、都市インフォーマル・セク
ター労働者調査、公・民職業訓練所調査等々、労働・訓練の現場や生活の場
を訪ねる中で、多くの人々が時間を割き熱心に対応してくださった。また
1991年以降、フィールド調査の重要な拠点としてきた西部グジャラート州
の調査では、さまざまな調査員の協力も得てきた。そして、グジャラート語
の通訳兼アシスタントとして同地でのほぼすべてのフィールド調査に関わっ
たハリシュ・ジョシ氏の協力なくして実現困難な調査だったことは間違いな
い。フィールド調査の目的、意味、方法を常に議論し共有できたことが、そ
れを可能にしたと思っている。また、明石書店の佐藤和久氏にも大変お世話
になった。2019年に本書の構想をお話ししたもののコロナ禍もあって中断
したが、数年を経て刊行は実現した。研究へのご理解と本書の主旨を踏まえ
た丁寧な編集作業に感謝したい。

　なお本書で述べたインフォーマル・セクター労働者の初回調査は、日本学
術振興会の科学研究費補助金をいただき行った研究（基礎研究（C）課題番号
21530278、2009～11年度）の一部であり、現地調査員の協力を得て実施でき
たことも改めて申し添えておく。

文献リスト

〈日本語文献〉

アジビット・V・バナージー／エスター・デュフロ著、村井晶子 訳（2020）『絶望を希望に変える経済学』日本経済新聞社。

アジビット・V・バナージー／エスター・デュフロ著、山形浩生 訳（2012）『貧乏人の経済学』みすず書房。

アマルティア・セン著、石塚雅彦 訳（2000）『自由と経済開発——倫理なき経済学への警鐘』日本経済新聞社。

泉輝孝（1989）「日本における技能者養成と訓練政策」尾高煌之助編『アジアの熟練——開発と人材育成』アジア経済研究所。

伊藤高弘（2016）「初等教育の就学における社会階層間格差——ビハール州農村の事例から」押川文子・南出和余 編著『「学校化」に向かう南アジア——教育と社会変容』昭和堂。

牛尾直行（2012）「インドにおける『無償義務教育に関する子どもの権利法（RTE 2009）』と社会的弱者層の教育機会」『広島大学現代インド研究——空間と社会』第2号。

内川秀二（2023）「インド製造業の雇用創出力——労働規制と二重構造がもたらす限界」佐藤隆広 編著『経済大国インドの機会と挑戦』白桃書房。

絵所秀紀・佐藤隆広 編著（2014）『激動のインド——経済成長のダイナミズム』日本経済評論社。

岡田亜弥・山田肖子・吉田和浩 編（2008）『産業スキルディベロップメント——グローバル化と途上国の人材育成』日本評論社。

岡本真理子（2008）「南アジアにおける低所得階層のための社会的保護システムの発展」『日本福祉大学経済論集』第36号。

押川文子（2016）「インドの教育制度——国民国家の教育制度とその変容」押川文子・南出和余 編著『「学校化」に向かう南アジア——教育と社会変容』昭和堂。

辛島昇、ほか 監修（1992）『南アジアを知る事典』平凡社。

木曽順子（1992）「請負労働者——権利拡大への険しい道」『日本労働協会雑誌』第32巻第2号。

——（2003）『インド 開発のなかの労働者——都市労働市場の構造と変容』日本評論社。

——（2012）『インドの経済発展と人・労働』日本評論社。

——（2015）「インドにおける『中間層』の形成と実態」『歴史と経済』第277号。

——（2016a）「労働市場の構造と実態」（第2章）労働政策研究・研修機構 編『インドの労働・雇用・社会——日系進出企業の投資環境』労働政策研究・研修機構。

——（2016b）「人材育成への取り組み」（第3章）労働政策研究・研修機構 編『インド

の労働・雇用・社会——日系進出企業の投資環境』労働政策研究・研修機構。

———（2016c）「日系企業における労働事情」（第10章第2節）労働政策研究・研修機構 編『インドの労働・雇用・社会——日系進出企業の投資環境』労働政策研究・研修機構。

———（2018）「人材育成と雇用創出—インドの新たな挑戦—」『現代インド・フォーラム』第36号。

———（2019）「〈研究ノート〉インフォーマル・セクター労働者の7年後——インド、アフマダーバードの事例」『国際交流研究』第21号。

———（2021）「〈研究ノート〉インドの労働者と技能開発」『福岡大学商学論叢』第66巻第2・3号。

———（2022）「ジェンダーと労働市場——インドの『働く』女性たち」『現代インド・フォーラム』第55号。

北見創・山口あづ希（2022）「新型コロナ禍2年目のアジアの賃金・給与水準動向」JETRO. https://www.jetro.go.jp/biz/areareports/2022/ea6f8923fcf2600a.html（2023年12月3日）。

清川雪彦（1989）「インド製糸業における高格糸生産の可能性と熟練労働力の育成」尾高煌之助 編『アジアの熟練——開発と人材育成』アジア経済研究所。

ギリ・ラム（2020）「インド製造業振興策『Make in India』の行方」三井物産戦略研究所。https://www.mitusi.com/mgssi/ja（2021年8月13日）。

熊谷章太郎（2024）「インドの対内直接投資が減少している理由」『アジア・マンスリー』（日本総研）、2024年4月、https://www.jri.co.jp（2024年5月14日）。

厚生労働省『2021年海外情勢報告』https://www.mhlw.go.jp/wp/hakusyo/kaigai/22/dl/c4-09.pdf（2023年11月7日）。

———『2022年海外情勢報告』https://www.mhlw.go.jp/stf/toukei_hakusho/kaigai23.html（2024年4月29日）。

———「南アジア地域における厚生労働施策の概要と最近の動向 第1節インド」厚生労働省『2022年海外情勢報告』https://www.mhlw.go.jp/stf/toukei_hakusho/kaigai23.hml。

国際労働機関（ILO）著、田村勝省 訳（2014）『世界雇用情勢2014——雇用なき回復のリスク？』一灯社。

国連開発計画（UNDP）著、横田洋三・秋月弘子・二宮正人 監修（2016）『人間開発報告書2015年——人間開発のための仕事』CCCメディアハウス。

近藤則夫（2017）「岐路に立つ公共配給制度」佐藤創・太田仁志 編『インドの公共サービス』アジア経済研究所。

近藤則夫・辻田裕子（2023）「揺らぐ政治的自由・遅れる雇用創出」『アジア動向年報2023年』。

佐々木宏（2011）『インドにおける教育の不平等』明石書店。

佐藤創（2017）「インドにおける生活用水の供給」佐藤創・太田仁志 編『インドの公共サービス』アジア経済研究所。

ジェトロニューデリー事務所（2021）「インド新労働法制の概要」JETRO. https://www.

jetro.go.jp/ext-images/-Reports/02/2021/a94e915978f275c6/rp202103-in.pdf（2023 年 8 月 23 日）。

ジェフリー・サックス 著、鈴木主税・野中邦子 訳（2014）『貧困の終焉』（文庫版）早川書房。

篠田隆（1995）『インドの清掃人カースト』春秋社。

辻田祐子（2017）「公立校における義務教育——基礎教育普遍化と私立校台頭のはざまで」 佐藤創・太田仁志 編『インドの公共サービス』アジア経済研究所。

ティルタンカル・ロイ 著、水島司 訳 (2019)『インド経済史——古代から現代まで』名古 屋大学出版会。

二階堂有子（2013）「インド製造業の成長を阻害している要因 (1)」『武蔵大学論集』第 61 巻第 1・2 号。

広瀬公巳（2019）『インドが変える世界地図——モディの衝撃』文藝春秋。

フランコ・ミラノヴィッチ 著、村上彩 訳（2012）『不平等について——経済学と統計が語 る 26 の話』みすず書房。

湊一樹（2021）「『世界最大の公的雇用プログラム』の政治経済学」堀本武功・村山真弓・ 三輪博樹 編『これからのインド——変貌する現代世界とモディ政権』東京大学 出版会。

村上和哉（2023）「『中所得国の罠』再考——アジアを中心に」『三井住友信託銀行 調査月報』 2023 年 5 月号。

山崎幸治（2014）「貧困削減と社会開発」絵所秀紀・佐藤隆広 編『激動のインド——経済 成長のダイナミズム』日本経済評論社。

リチャード・コール（OECD）編著、及川裕二 訳（2004）『開発途上国におけるグローバ ル化と貧困・不平等』明石書店。

〈外国語文献〉

Abraham, R. Basole A. and S. Kesar (2021) "Tracking Employment Trajectories in the Covid-19 Pandemic: Evidence from Indian Panel Data" Azim Premji University, Centre for Sustainable Employment Working Paper No.35. https:// cse.azimpremjiuniversity, edu.in（2021 年 4 月 4 日）。

Ahmedabad Municipal Corporation (AMC) (2008) *Statistical Outline for 2006-07.* https://ahmedabadcity.gov.in/SP/Statistical Outlinehttps（2009 年 12 月 24 日 ダウンロード）

Anand, R,, Tulin, V. and N. Kumar (2014) *India: Defining and Explaining Inclusive Growth and Poverty Reduction*, IMF Working Paper 14/63 https://www. imf.org/external/pubs/ft/wp/2014/wp1463.pdf#search=%27inclusive+coefficie nt%27

ASER Centre (2019) *Annual Status of Education Report (Rural) 2018.* http://img. asercentre.org（2020 年 8 月 18 日）

ASER Centre (2023) *Annual Status of Education Report (Rural) 2022.* http://img.

asercentre.org（2024 年 1 月 6 日）

Azim Premji University (2021) "Impact of COVID-19 on Livelihoods of Informal Sector Workers and Vulnerable Groups in Bengaluru: A View from the Ground," https://azimpremjiuniversity.edu.in/SitePages/pdf/covid19-impact-on-Informal-Sector-Bengaluru.pdf（2021 年 4 月 3 日）

Babu, M. Suresh (2022) "Durable Growth Revival: Changes in Income Distribution and Widening of Inequality Are a Major Hundle," *Economic & Political Weekly*, Vol.57, No.10.

Basole, Amit and Amay Narayan (2020) "Long-run Performance of the Organised Manufacturing Sector in Indian: An Analysis of Sub-periods and Industry-level Trends," *Economic & Political Weekly*, Vol.55, No.10.

Basu, Kaushik (2019) "Technology, Labour and Globalization: Contemporary Challenges," *The Indian Journal of Labour Economics*, Vol.62.

Baxi, Himani (2019) "Social Expenditure and Human Development in Gujarat," *Economic & Political Weekly*, Vol. 54, No.14.

Bhatkal, T., Avis, W. and S. Nikolai (2015) *Towards A Better Life? A Cautionary Tale of Progress in Ahmedabad*, Overseas Development Institute (ODI), www.odi.org/sites/odi.org.uk/files/odi-assets/publications-opinion-files/9664.pdf（2018 年 10 月 12 日）

Bhattacharya, Soham (2022) "Is Extreme Poverty Declining?: Findings from Agriculture Households in India," *Economic & Political Weekly*, Vol. 57, No.49.

Bhatty, Kiran, Saraf, R. and Vrinda Gupta (2017) "Out-of-School Children: Some Insights on What We Know and What We Do Not," *Economic & Political Weekly*, Vol. 52, No.49.

Breman, J. (2004) *The Making and Unmaking of an Industrial Working Class: Sliding Down the Labour Hierarchy in Ahmedabad*, India, Amsterdam University Press.

Chakraborty, Shiney (2020) "Bihar: How Successful has MGNREGA been, Before and After the Lockdown?," *NewsClick*, https://www.newsclick.in/Bihar-How-Successful-MGNREGA-Before-After-Lockdown（2021 年 3 月 21 日）

Chakraborty, Shiney (2020) "COVID-19 and Women Informal Sector Workers in India," *Economic & Political Weekly*, Vol. 55, No.35.

Chakravorty, Bhaskar and Arjun S. Bedi (2019) "Skill Training and Employment Outcomes in Rural Bihar," *The Indian Journal of Labour Economics*, Vol.62.

Chandra, N. Kumar (2010) "Inclusive Growth in Neoliberal India: A Façade?," *Economic & Political Weekly*, Vol.45, No.8.

Chancel, L., Piketty, T., Saez, E. and G. Zucman et.al. (2022) *World Inequality Report*

2022. https://wir2022.wid.world/www-site/uploads/2023/03/D_FINAL_WIL_ RIM_RAPPORT_2303.pdf（2023 年 12 月 5 日）

Dandekar, A. and R. Chai (2020) "Migration and Reverse Migration in the Age of COVID-19," *Economic & Political Weekly*, Vol.55, No.19.

Darokar, Shaileshkumar (2020) "The Complexities of Liberation from Caste: Manual Scavenging in Maharashtra," *Economic & Political Weekly*, Vol.55, No.9.

Das, Anamika and Rajib Sutradhar (2020) "Handloom Weavers and Lockdown in Sualkuchi Cluster of Assam" *Economic & Political Weekly*, Vol.55, No.39.

Dash, N.R. and S. Kumar (2015) "Economic Geography of Gujarat: Regional Development Perspectives," in Rao, A.S. and A. Nanavati eds., *Gujarat Economy: Structure and Performance*, Wisdom Publications, Delhi.

Daya, Hasina and Philip Mader (2018) "Did Demonetisation Accelerate Financial Inclusion?," *Economic & Political Weekly*, Vol 53, No.45.

Desai, Renu (2012) "Governing the Urban Poor: Riverfront Development, Slum Resettlement and the Politics of Inclusion in Ahmedabad," *Economic & Political Weekly*, Vol. 47, No. 2.

DGET (Directorate General of Employment and Training), MOLE (2010) *Skill Development Initiative Scheme (SDIS), Implementation Manual.*

Dixit, A. K. (2014) "A Balanced Critique of the Gujarat Growth Model," *Economic & Political Weekly*, Vol.49, No.39.

D'souza, Sonal Ann and Panchendra K. Naik (2018) "Trade Liberalisation, Capital-Intensive Export and Informalisation: A Case Study of India's Manufacturing," *The Indian Journal of labour Economics*, Vol.61.

Farooqi, Farah (2017) "Silenced and Marginalised: Voices from a Sarkari-aided School of Delhi" *Economic & Political Weekly*, Vol. 52, No.38.

Garg, Ajay (2018) *Labour Laws: One Should Know*, Delhi, Nabi Publications.

―――― (2021) *Labour Laws: One Should Know*, Part II, Delhi, Nabi Publications.

―――― (2023) *Labour Laws: One Should Know*, Part I, Delhi, Nabi Publications.

Ghate, Prabhu (2008) "Urban Microfinance," in Ghate, P. ed., *Micro Finance in India: A State of the Section Report 2007*, Sage Publications India Pvt Ltd., New Delhi.

Ghose, Ajit K. (2014) *India Needs Rapid Manufacturing-Led Growth*, Institute of Human Development, Working Paper No.WP 01/2015.

Ghosh, Saibal (2017) "Did MGNREGS Improve Financial Inclusion?," *Economic & Political Weekly*, Vol.52, No.12.

GoI (Govt. of India), Ministry of Finance (2003) *Economic Survey 2002-03.*

―――― (2010) *Economic Survey 2009-10.*

―――― (2013) *Economic Survey 2012-13.*

—— (2014) *Economic Survey 2013-14.*

—— (2016) *Economic Survey 2015-16.*

—— (2019) *Economic Survey 2018-19*, Vol.1, New Delhi. https://www.indiabudget. gov.in（2020 年 8 月 13 日）

—— (2020) *Economic Survey 2019-20*, Vol.2. https://www.indiabudget.gov.in（2020 年 8 月 13 日）

—— (2021) *Economic Survey 2020-21*, Vol.2, New Delhi. https://www.indiabudget. gov.in（2022 年 4 月 24 日）

—— (2022) *Economic Survey 2021-22*, Vol.2, New Delhi. https://www.indiabudget. gov.in（2022 年 3 月 3 日）

—— (2023) *Economic Survey 2022-23*, New Delhi, https://www.indiabudget.gov.in（2023 年 7 月 25 日）

—— (2024) *Economic Survey 2023-24*, New Delhi, https://www.indiabudget.gov.in（2024 年 8 月 30 日）

Govt. of Gujarat (2006) *Socio-Economic Reviews, Gujarat State, 2005-06*, Gandhinagar.

—— (2012) *Socio-Economic Reviews, Gujarat State, 2011-12*, Gandhinagar.

—— (2016) *District Human Development Report: Ahmedabad 2016.* http://www. inundp.org（2024 年 4 月 30 日）

—— (2017) *Statistical Abstract of Gujarat State 2017.*

—— (2018) *Socio-Economic Reviews, Gujarat State, 2017-18.*

—— (2020) *Statistical Abstract of Gujarat State 2020*, Gandhinagar. https:// gujecostat.gujarat.gov.in（2024 年 4 月 3 日）

—— (2023) *Socio-Economic Reviews, Gujarat State, 2022-23.* https:data.opencity.in（2024 年 3 月 21 日）

Green, Russell (2019) "Structural Change Forecasts for India: Exploring the Feasibility of 'Make in India'," *Economic & Political Weekly*, Vol.54 No.12.

Haokip, H., Haokip, A, and T. Gangate (2020) "Negotiation Livelihood during COVID-19: Urban Tribal Women Vendors of Manipur," *Economic & Political Weekly*, Vol.55, No.46.

Hirway, I., Shah A. and G. Shah (2014) "Growth and Development in Gujarat: An Introduction," in Hirway, I., Shah A. and G. Shah eds., *Growth or Development: Which Way Is Gujarat Going?*, New Delhi: Oxfort University Press.

Hirway, I., Shah, A. and G. Shah eds (2014) *Growth or Development: Which Way Is Gujarat Going?*, Oxford University Press, New Delhi.

Hirway, I., Shah, N. and R. Sharma (2014) "Political Economy of Subsidies and Incentives to Industries in Gujarat" in Hirway, I., Shah A. and G. Shah eds. *Growth or Development: Which Way Is Gujarat Going?*, New Delhi: Oxfort

University Press.

ILO (2018) *India Wage Report: Wage Policies for Decent Work and Inclusive Growth*, ILO. https://www.ilo.org/publications/india-wage-report-wage-policies-decent-work-and-inclusive-growthhttps://c（2021 年 12 月 17 日）

ILO (2023) *World Employment and Social Outlook: Trends 2023*, ILO. https://www.ilo.org/wcmsp5/groups/ public/---dgreports/---inst/documents/publication/wcms_865332.pdf（2023 年 12 月 6 日）

ILO and Institute for Human Development (2024) *India Employment Report 2024: Youth Employment, Education and Skills*, ILO and Institute for Human Develop-ment, New Delhi.

Institute of Applied Manpower Research (2009) *Manpower Profile India Yearbook, 2009*, Delhi.

Iqbal, Nushaiba (2023) "34 Million or 373 Million: Do We Know How Many in India are Poor? ," IS (India Spend). https:www.indiaspen（2023 年 8 月 23 日）

Jajoria, Deepika and Manoj Jatav (2020) "Is Periodic Labour Force Survey, 2017-18 Comparable with Employment-Unemployment Survey, 2011-12?," *Economic & Political Weekly*, Vol. 55, No.3.

Jayaraj, D. and S. Subramanian (2013) "On the Inter-Group Inclusiveness of India's Consumption Expenditure Growth" *Economic & Political Weekly*, Vol.48, No.10.

Jayaram, Nivedita (2019) "Protection of Workers' Wages in India: An Analysis of the Labour Code on Wages, 2019," *Economic & Political Weekly*, Vol.54, No.49.

JICA『貧困プロファイル インド』2012 年度版』JICA. https://openjicareport.jica.go.jp/pdf/12115044_01.pdf（2023 年 7 月 28 日）

JILPT (2013)「国別基礎情報 インド」JILPT. https://www.jil.go.jp/foreign/basic-information/india/index.html（2023 年 8 月 16 日）

Joop de Wit (2017) *Urban Poverty, Local Governance and Everyday Politics in Mumbai*, Routledge, Oxon.

Jose, Secki P. (2022) "India's Labour Refoms: The Informalisation of Work and Growth of Semi-formal Employment," *Economic & Political Weekly*, Vol. 57, No.46.

Joshi, S. (2015) "Gujarat Economy: A Review of Its Economic Performance," in Rao, A. S. and A. Nanavati eds., *Gujarat Economy: Structure and Performance*, Wisdom Publications, Delhi.

Kannan, K. P. (2015) "Growth without Inclusion: the Gujarat 'Model' for India's Development Exposed," *The Indian Journal of Labour Economics*, Vol 58, Issue 4, Oct-Dec 2015.

Kannan, K. P. and M. Imram Khan (2022) "Loss of Job, Work, and Income in the Time of COVID-19: An Analysis of PLFS Data," *Economic & Political Weekly*,

Vol.57, No.2.

Kannan, K.P. (2020) "A Low Growth, No Employment and No Hope Budget for 'Aspirational India," *Economic & Political Weekly*, Vol.55, No.9.

Kannan, K.P. and G. Raveendran (2019) "From Jobless to Job-loss Growth: Gainers and Losers during 2012-18," *Economic & Political Weekly*, Vol. 54, No.44.

Kapoor, Amit and Jessica Duggal (2022) *The State of Inequality in India Report*. IFC (Institute for Competitiveness) https://www.competitiveness.in/wp-content/uploads/2022/05/Report_on_State_of_Inequality-in_India_Web_Version.pdf（2022 年 6 月 13 日）

Kapoor, Radhicka (2015) "Creating Jobs in India's Organized Manufacturing Sector," *The Indian Journal of Labour Economics*, Vol.58, Issue 3.

Kiso, J (2023) "Mobility between Formal and Informal Sectors and Inclusiveness: A Study of Ahmedabad," in Awaya, T. and Tomozawa eds., *Inclusive Development in South Asia*, Routledge, Oxon.

Kujur, Sandeep Kumar and Diti Goswami (2021) "National Manufacturing Policy: A Reality Check," *Economic & Political Weekly*, Vol. 56, Nos.45 & 46.

Kumar, Manish (2020) "Choking the lifeline of the Rural Economy: MGNREGS during the COVID-19 Lockdown," SSER Monograph 20/2. https://www.networkideas.org/wp-content/uploads/2020/06/sserwp2003.pdf（2021 年 4 月 30 日）

Labour Bureau, Govt. of India (1998) *Annual Survey of Industries 1992-93, Summary Report on Absenteeism, Labour Turnover, Employment and Labour Cost in the Census Sector*, Calcutta.

―――― (2004) *Annual Survey of Industries 2001-02, Summary Report on Absenteeism, Labour Turnover, Employment and Labour Cost in the Census Sector*, Kolkata.

―――― (2014) *Annual Survey of Industries 2010-11, Statistics on Employment and Labour Cost*, Chandigarh/Shimla.

―――― (2021) *Quarterly Report on Employment Scenario (As on 1st July, 2021)*. https://labourbureau.gov.in（2022 年 2 月 16 日）

―――― (2023) *Report on Minimum Wages Act, 1948 for the Year 2019*. https://labourbureau.gov.in（2024 年 3 月 25 日）

Laura B Nolan, David E. Bloom, Ramnath Subbaraman (2018) "Legal Status and Deprivation in Urban Slums over Two Decades," *Economic & Political Weekly*, Vol.53, No.15.

Lele, U., Bansal, S. and J.V. Meenakshi (2020) "Health and Nutrition of India's Labour Force and COVID-19 Challenges," *Economic & Political Weekly*, Vol. 55, No. 21.

Mahadevia, D., Mishra, A. and S. Vyas (2014) *Home-Based Workers in Ahmedabad, India*, (IEMS Informal Economy Monitoring Study), WIEGO.

Mahadevia, Darshini (2012) "Decent Work in Ahmedabad: An Integrated Approach," ILO Asia-Pacific Working Paper Series, ILO, https:ideas.repec.org（2019 年 7 月 28 日）

Mahadevia, Darshini and R. Desai (2020) *Access to Relief Entitlements and Implementation of Central Government Directives: A Survey of Low-Income Settlements in Ahmedabad during Lockdown due to COVID-19*, CISHAA, Ahmedabad, https://www.researchgatenet/publication/345242728（2023 年 11 月 8 日）

Majumdar, A, and S. Borbora (2013) "Social Security System and the Informal Sector in India: A Review," *Economic & Political Weekly*, Vol.48, No.42.

Mamgain, Rajendra P. and Shivakar Tiwari (2017) "Regular Salaried Employment Opportunities in India: Nature, Access and Inclusiveness," *The Indian Journal of Labour Economics*, No.60.

Mathur, Navdeep (2012) "On the Savarmati Riverfront: Urban Planning as Totalitarian Governance in Ahmedabad," *Economic & Political Weekly*, Vol.47, Nos. 47&48.

Mehrotra, Santosh (2020) "'Make in India': The Component of a Manufacturing Strategy for India," *The Indian Journal of Labour Economics*, Vol. 63, No.1.

Mehrotra, Santosh ed. (2020) *Reviving Jobs: An Agenda for Growth*, Rethinking India Series, Penguin Random House India Pvt.Ltd, Haryana.

Michael & Susan Dell Foundation (2020) "Skilling India: Shifting Gears with Changing Aspirations." https://www.del.org/impact/#reports（2021 年 8 月 13 日）

Ministry of Education, Govt. of India (2022a) *All India Survey on Higher Education 2021-22.* https://aishe.gov.in（2024 年 6 月 29 日）

——— (2022b) *Report on Unified District Information System for Education Plus (UDISE+), 2021-22, Flash Statistics.* https://www.education.gov.in（2024 年 1 月 10 日）

Mitra, Arup and Jitender Singh (2019) "Rising Unemployment in India: A Statewise Analysis from 1993-94 to 2017-18," *Economic & Political Weekly*, Vol.54, No.50.

Mohanan, P. C. and A. Kar (2022) "Impact of Lockdown on Employment and Earnings," *Economic & Political Weekly*, Vol. 57, No. 40.

MOHFW (Ministry of Health & Family Welfare), Govt of India (2007) *National Family Health Survey (NFHS-3), 2005-06*, Volume 1. https://dhsprogram.com/pubs/pdf/frind3/frind3-vol1andvol2.pdf（2022 年 9 月 20 日）

——— (2017) *National Family Health Survey (NFHS-4), 2015-16.* https://dhsprogram. com/pubs/pdf/FR339/FR339.pdf（2022 年 9 月 21 日）

——— (2022a) *National Health Profile 2022*, 17th Issue, https://cbhidghs.mohfw.gov.in

（2024 年 2 月 29 日）
——— (2022b) *National Family Health Survey (NFHS-5), 2019-21*. https://dhsprogram.com/pubs/pdf/FR375/FR375_II.pdf
MOLE (Ministry of Labour and Employment), Govt. of India (2010) *SDIS Implementation Manual*. https://unevoc.unesco.org（2021 年 8 月 25 日）
——— (2013) *Annual Report 2012-13*.
——— (2015) *Annual Report 2014-15*.
——— (2018) *Occupational Wage Survey Seventh Round (2017): Report on Ten Manufacturing Industries (Sep.2017-Dec.2017)*.
——— (2021a) *Report on Minimum Wages Act, 1948 for the Year 2016*. https://labourbureau.gov.in（2022 年 2 月 2 日）
——— (2021b) *Annual Report 2020-21*. https://labour.gov.in（2024 年 8 月 2 日）
——— (2023) *Report on Minimum Wages Act, 1948 for the Year 2019*. https://labourbureau.gov.in（2024 年 3 月 25 日）
MOSPI (Ministry of Statistics and Programme Implementation), Govt. of India (2017) *Statistical Year Book India 2017*. https://mospi.nic.in（2021 年 9 月 10 日）
——— (2023) *National Account Statistics 2023*. htttps://www.mospi.gov.in（2024 年 1 月 25 日）
——— (2024) *National Account Statistics 2024*. htttps://www.mospi.gov.in（2024 年 8 月 30 日）
MSDE (Ministry of Skill Development and Entrepreneurship), Govt. of India (2017) *Annual Report 2016-17*. https://msde.gov.in（2021 年 9 月 6 日）
——— (2019) *Annual Report 2018-19*.
——— (2021) *Annual Report 2020-21*.
NCEUS (National Commission for Enterprises in the Unorganised Sector), Govt. of India (2008) *Report on Conditions of Work and Promotion of livelihoods in the Unorganised Sector*, New Delhi: Academic Foundation.
NITI Aayog, Govt. of India (2023) *India: National Multidimensional Poverty Index: A Progress Review 2023*. https://niti.gov.in（2023 年 12 月 11 日）
NSDC (National Skill Development Corporation), Government of India (2019) *Impact Evaluation of Pradhan Mantri Kaushal Vikas Yojana (PMKVY) 2.0*. https://skillsip.nsdcindia.org（2021 年 8 月 15 日）
NSO (National Statistical Office), MOSPI, Govt. of India (2019a), *Key Indictors of Household Social Consumption on Education in India 2017-18*, NSS 75th Round. https://www.mospi_gov.in（2020 年 8 月 15 日）
——— (2019b) *Annual Report, Periodic Labour Force Survey (PLFS) 2017-18*. https://mospi.gov.in（2020 年 6 月 5 日）
——— (2020) *Household Social Consumption on Education in India 2017-18*, NSS

―――― 75th. Round. https://www.mospi_gov.in（2020 年 8 月 15 日）

―――― (2021a) *Annual Report, Periodic Labour Force Survey (PLFS) 2019-20*. https://mospi.gov.in（2021 年 8 月 28 日）

―――― (2021b) *Quarterly Bulletin: Periodic Labour Force Survey (PLFS): July-September 2020*. https//dge.gov.in（2023 年 11 月 15 日）

―――― (2022a) *Quarterly Bulletin: Periodic Labour Force Survey (PLFS): April-June 2021*. https//dge.gov.in（2023 年 11 月 15 日）

―――― (2022b) *Quarterly Bulletin: Periodic Labour Force Survey (PLFS): January-March 2022*. https//dge.gov.in（2023 年 11 月 15 日）

―――― (2022c) *Annual Report, Periodic Labour Force Survey (PLFS) 2020-21*. https://dge.gov.in（2023 年 11 月 15 日）

―――― (2023) *Quarterly Bulletin: Periodic Labour Force Survey (PLFS): January-March 2023*. https://dge.gov.in（2023 年 11 月 15 日）

―――― (2024) *Annual Survey of Industries 2021-22, Summary Results for Factory Sector*, https://microdat.gov.in（2024 年 7 月 17 日）

NSSO (National Sample Survey Office), Govt. of India (2008) *Employment and Unemployment Situation in India, July 2005 - June 2006*, Report No.522.

―――― (2011) *Key Indicators of Employment and Unemployment in India, 2009-10*.

―――― (2013) *Key Indicators of Employment and Unemployment in India, 2011-12*.

―――― (2014) *Employment and Unemployment Situation in India, 2011-12*, Report No.554, New Delhi.

―――― (2015) *Employment and Unemployment Situation in Cities and Towns in India: 2011-2012*. Report No.564.

―――― (2018) *Annual Survey of Industries 2015-2016*, Volume 2, Kolkata. https://microdata.gov.in（2024 年 7 月 19 日）

―――― (2019) *Annual Survey of Industries 2016-2017*, Volume 1, Kolkata.

―――― (2023a) *Annual Report, Periodic Labour Force Survey (PLFS) 2021-22*. https://mospi.gov.in（2023 年 11 月 15 日）

―――― (2023b) *Annual Report, Periodic Labour Force Survey (PLFS) 2022-23*. https://mospi.gov.in（2023 年 11 月 14 日）

NSSO (National Sample Survey Organisation), Govt. of India (2000) *Employment and Unemployment in India 1999-2000: Key Results*.

―――― (2001a) *Employment and Unemployment Situation in India, 1999-2000*, Report No.458.

―――― (2001b) *Employment and Unemployment Situation in Cities and Towns in India: 1999-2000*. Report No.462.

―――― (2007) *Employment and Unemployment Situation in Cities and Towns in India: 2004-2005*. Report No.520.

Padhi, Balakrushna and Venkatanarayana Motkuri (2021) "Labour Force and Employment Growth in India: Evidence from the EUS (2011-12) and PLFS (I and II)," *Economic & Political Weekly*, Vol.56, No.47.

Parulkar, Ashwin and Anhad Imaan (2021) "Understanding the Skills and Livelihood Aspirations of the Working Homeless Men of Yamuna Pushta," *Economic & Political Weekly*, Vol.56, No.43.

Patel, Sejal, Sliuzas, R. and Navdeep Mathur (2015) "The Risk of Impoverishment in Urban Development-Induced Displacement and Resettlement in Ahmedabad," *International Institute for Environment and Urbanization*, Vol 27(1).

Planning Commission, Govt. of India (2008) *Eleventh Five Year Plan: 2007-12*, Vol.1, New Delhi, Oxford University Press.

Raj, S.N.Rajesh and Kunal Sen (2020) "The 'Missing Middle' Problem in Indian Manufacturing: What Role Do Institutions Play?," *Economic & Political Weekly*, Vol.55, No.16.

Ranganathan, T., Tripathi, A. and G.Panday (2017) "Income Mobility among Social Groups," *Economic & Political Weekly*, Vol.52, No.41.

Rao, A.S. (2015) "Growth and Structural Change in Gujarat Economy," in Rao, A. S. and A. Nanavati eds., *Gujarat Economy: Structure and Performance*, Wisdom Publications, Delhi.

Rao. A.S. and Arti Nanavati eds. (2015) *Gujarat Economy: Structure and Performance*, Wisdom Publications, Delhi.

Reserve Bank of India (2023) *Handbook of Statistics on the Indian Economy 2022-23*. https://rbidocs.rbi.org.in/rdocs/Publications/PDFs/HBS20222023FULLDOCU MENT2FB950EDD2A34FE2BAE3308256EAE587.PDF（2024 年 5 月 13 日）

Roy, Satyaki (2016) "Faltering Manufacturing Growth and Employment: Is 'Making' the Answer?," *Economic & Political Weekly*, Vol. 51, No.13.

Sadgopal, Anil (2016) "'Skill India' or Deskilling India: An Agenda of Exclusion," *Economic & Political Weekly*, Vol. 51, No.35.

Sadhukhan, Amit and S. R. Chowdhury (2021) "Export-induced Losses in Employment and Earnings during the First Year of the COVID-19 Pandemic," *Economic & Political Weekly*, Vol.56, No.41.

Saha, Debdulal (2017) *Informal Markets, Livelihood and Politics: Street Vendors in Urban India*, Routledge, New York.

Sapkal, R. S. (2020) "Saving Jobs and Averting Lay-offs amdidst COVID-19 Lockdown," *Economic & Political Weekly*, Vol.55, No.19.

Satish, P. (2018) "Excluding the Poor from Credit: Lessons from Andhra Pradesh and Telangana," *Economic & Political Weekly*, Vol. 53, No. 30.

Shukla, V. and U.S. Mishra (2014) "Is the Recent Reduction in India's Poverty

Inclusive?," *Economic & Political Weekly*, Vol.49, No.47.

Singh, Hemant (2019) "Microfinance Institutions in India: Salient Features," Jagrangosh HP. https://www.jagranjosh.com/general-knowledge/microfinance-institutions-in-india-1448530197-1 (2021 年 3 月 29 日)

Singh, S.K., Patel, V., Cahaudhary, A. and N. Mishra (2020) "Reverse Migration of Labours amidst COVID-19," *Economic & Political Weekly*, Vol.55, Nos.32 & 33.

Srivastava, Ravi (2019) "Emerging Dynamics of Labour Market Inequality in India: Migration, Informality, Segmentation and Social Discrimination," *The Indian Journal of Labour Economics*, Vol. 62.

Suryanarayana, M. H. and Mousumi Das (2014) "How Inclusive is India's Reform(ed) Growth?," *Economic & Political Weekly*, Vol.49, No.6.

The World Bank (2015) *Labor Market Impacts and Effectiveness of Skills Development Programs in 5 States in India: Assam, Andhra Pradesh, Madhya Pradesh, Odisha and Rajasthan.* https://documents.worldbank.org (2021 年 8 月 16 日)

Thomas, Jayan Jose (2020) "Labour Market Changes in India, 2005-18: Missing the Demographic Window of Opportunity?," *Economic & Political Weekly*, Vol. 55, No.34.

UNDP (2022) *Human Development Report 2021/22.* https://hdr.undp.org/system/files/documents/global-report-document/hdr2021-22pdf_1.pdf (2023 年 12 月 7 日)

Unni, J. and R. Naik (2014) "Gujarat's Employment Story: Growth with Informality," in Hirway, I., Shah A. and G. Shah eds., *Growth or Development: Which Way is Gujarat Going?* New Delhi: Oxfort University Press.

Unni, Jeemol (2020) "Impact of Lockdown Relief Measures on Informal Enterprises and Workers," *Economic & Political Weekly*, Vol.55, No.51.

Vakulabharanam, V. and Sripad Motiram (2012) "Understanding Poverty and Inequality in Urban India since Reforms," *Economic & Political Weekly*, Vol.47, Nos. 47 & 48.

Wolfson, Paul (2019) *A Reviews of the Consequences of the Indian Minimum Wage on Indian Wages and Employment*, ILO Asia-Pacific Working Paper Series, ILO. https://researchrepository.ilo.org/ (2024 年 3 月 25 日)

〈その他〉

・"At a Glance: India's Major Welfare Programmes" Centre for Policy Research. https://accountabilityindia.in/blog/know-your-scheme/ (25 Jan. 2023).

・"Counselling Must for Skill Course Students to Increase Job Opportunities," *The Times of India*, Aug 23, 2021. https://timesofindi.indiatimes.com (2021 年 8 月 26 日)

- "Expert Group Responsible for Determining Mimimum Wages Reconstituted," *The Economic Times*, Sep.28, 2021.
- "How the Middle Class Will Play the Hero in India's Rise as World Power," *The Economic Times*, 07 Dec.2023. https://economictimes.indiatimes.com（2023 年 12 月 7 日）
- "India's New Industrial Policy Deemed to Fail, To Cost the Country Billions," *Business Standard*, Jul.16, 2021.
- "More than 40.82 Crore Loans Amounting to ₹23.2 Lakh Crore Sanctioned under Pradhan Mantri MUDRA Yojana since Inception," 08 Aprl 2023. Ministry of Finance. https://pib.gov.in/PressReleasePage,aspx?PRID-1914739.（2023 年 9 月 3 日）
- "PMKVY Fails to Achieve Its Target" *Deccan Chronicle* 01.Jul.2019. https://www.dccanchronicle.com（2021 年 8 月 14 日）
- "Poor Excluded in Ahmadabad's Urban Development Model: Study" *The Economic Times*, Jun 08, 2015.
- "328 cos Invested Rs 1,653 cr for Skilling, Training in 5 Years of Mandatory CSR: Report," *The Economic Times*, Mar. 19, 2021,（2021 年 8 月 13 日）

〈ホームページ〉
- 労働政策研究・研修機構のホームページ　https://www.jil.go.jp
- Apprenticeship のポータルサイト　　https://apprenticeshipindia.gov.in
- JSS のホームページ https://www.jss.gov.in
- Labour Bureau, India のホームページ　http://labourbureaunew.gov.in
- PMKVY のホームページ　https://www.pmkvyofficial.org
- UNDP のホームページ　https://www.undp.org.

索　引

【ア行】

アフマダーバード　72, 98, 220
インフォーマル・セクター　27, 34, 43,
　　61, 71, 73, 80, 97
インフォーマル・セクター労働者　65,
　　71, 80, 82, 97, 211
インフォーマル居住区　210
インフォーマル訓練　68
インフォーマル雇用　28, 80, 84
インフォーマル労働者　27, 34, 67
請負人　64
請負労働（規制・廃止）法　64
請負労働者　64, 84, 100
オートリキシャ　100
オンザジョブ・トレーニング　51, 54

【カ行】

外需　14
家事使用人　89, 101
カースト　82, 210
カリヤナ・ショップ　100, 212
間接雇用労働者　19
技術集約的製品　20
季節的移住労働者　34
既得技能の認定　56, 58
技能開発イニシアティブ・スキーム
　　→ SDIS
希望退職　75
行商　100
拠点訓練所　52
グジャラート州　72, 98, 220
クリーン・インディア　23, 78, 92, 96

グローバル・バリューチェーン　20
経済グローバル化　32
経済特区　14, 79
経常収支　11
ケーララ州　77
健康指数　77
建築その他建設労働者（雇用・勤務条件規
　　定）法→ BOCW　218
高額紙幣廃止　102
高学歴失業　36, 49
工業団地　11, 79
後期中等教育修了認定→ HSC
公共配給制度→ PDS
工場閉鎖　39, 75, 78, 101, 201
工場法登録工場　17, 75
高度専門人材　38, 50
国際収支　11
小口融資　65
国内総生産→ GDP
国民総所得→ GNI
個人属性　32
国家技能開発政策→ NSDP
国家技能資格枠組み→ NSQF
国家教育政策　44
雇用なき成長　9, 29, 37, 67, 75, 201,
　　202
雇用の非正規化　27, 39, 75
雇用流動化　39

【サ行】

サービス収支　12
最低賃金法　62
産業訓練所→ ITI

産業構造　　10
産業別就業構造　　15, 24, 74, 79
自営業者　　25, 28, 30, 33, 75
自営女性協会→ SEWA
ジェネリック薬　　17, 110
事業者組合　　101, 109
失業者　　24, 36, 209
失業率　　33, 49, 209
指定カースト　　34, 46, 78, 98
指定部族　　34, 46, 78, 98
児童労働　　101, 200
ジニ係数　　22
死亡率　　21, 77
資本集約的産業　　19
社会開発　　77
社会集団　　33, 46, 78
借金　　89, 101, 102
シャトルリキシャ　　104, 127
従業員国家保険法　　101, 108
従業上の地位　　25, 75, 79
宗教　　33, 46, 78, 82, 210
宗教暴動　　103
就職率　　57, 58
州内純生産→ NSDP
州内粗付加価値→ GSVA
首相の技能開発スキーム→ PMKVY
首相の国民医療計画→ PM-JAY
首相の雇用創出プログラム→ PMEGP
首相の資金計画→ PMMY
首相の貧困層食料福祉計画→ PMGKAY
首相の露天商自立基金→ PM SVANidhi
出生時平均余命　　21
出生率　　21
奨学金　　46, 102
消費者物価指数→ CPI
常用雇用者　　25, 30, 31, 33, 75
職業訓練　　51, 102, 214
職業的世襲　　34

職業別就業構造　　25
職工訓練制度　　52
初等教育の質　　46
書面による雇用契約　　26
新型コロナウィルス感染症（COVID-19）
　　　9, 207
人口ボーナス　　21, 40, 95
人材育成　　43
人材需給ギャップ　　50
新時代職業訓練所　　59
人的資本集約的製品　　20
人民の教育制度→ JSS
スキル・インディア・ミッション　　52
スラム　　80, 97
スラム・クリアランス　　91
スラム脱出　　102
スラム撤去　　102
生活インフラ　　23, 72, 91
生産年齢人口　　21, 200
生産連動インセンティブ・スキーム　　20
正式の職業・技術訓練　　50, 102
制度的職業訓練　　51
世襲的職業　　101
世帯員 1 人当たり所得　　89, 95
世代間モビリティ　　82
世帯所得　　86
世代内モビリティ　　82
全国都市生活ミッション→ NULM
全国徒弟訓練促進計画→ NAPS
総就学率　　44
組織部門　　27, 31, 71, 73
組織部門製造業　　17, 27
その他後進諸階級　　34, 46, 98
粗付加価値→ GVA

【タ行】

退職準備基金法　　101, 108, 214
対内直接投資　　13

第二次所得収支　12
多次元貧困　21
短期訓練　56, 58
単純労働集約的製品　20
中小零細企業　38
中等教育修了認定→ SSC
貯蓄　89, 99, 102
賃金・収入　30, 76, 85
ディーセント・ワーク→まともな仕事
底辺賃金　62
ディワーリー特別手当　101
出稼ぎ労働者　211
出来高給　106
デジタル革命　32
転職　82, 84, 101, 200
テンポ　114, 215
統一進歩連合→ UPA
独立 50 周年記念年雇用計画→ SJSRY
徒弟訓練制度　54

【ナ行】

内需　13
内職　101
日給　30
人間開発指数　21, 73
人間の基本的必要→ BHN
認定証（職業訓練修了）　57, 60
ノンフォーマル教育　56
ノンフォーマル訓練　68

【ハ行】

働く貧困層　72
バドゥリ労働者　101
非識字　44, 77, 81, 83, 90
非正規雇用　38, 39, 91
非政府組織→ NGO
非組織部門　27, 71, 212
非組織部門雇用　71

1 人あたり GNI（国民総所得）　15, 21
ビハール州　77
日雇い雇用者　25, 33, 75
日雇い雇用者の日給　29, 30, 76
標準的な教育制度　35
非労働力　35, 209, 210
貧困線以下→ BPL
貧困率　73, 77
フォーマル・セクター　27, 73, 80
フォーマル労働者　27
普通の人びと　72
復興アパート　81
物品・サービス税　102
ブルーカラー　25
貿易赤字　12
ボーナス支給法　101
ホワイトカラー　25

【マ行】

マイクロクレジット　94, 202
マイクロファイナンス　65, 212, 214
マイクロファイナンス機関　65
まともな仕事　29, 40, 43, 61, 72, 97,
　　　214, 219
マハートマー・ガンディー全国農村雇用保
　　　障計画→ MGNREGS
マメル　162
未成熟な脱工業化　16, 38
無給の家族労働者　89, 101
無償義務教育　44
無償義務教育に関する子どもの権利法
　　　（RTE 法）　44
無料の学校給食　45
無料配給　212, 213, 214, 215, 216, 220
メイク・イン・インディア　15, 38, 51

【ヤ行】

融資スキーム　102, 213

索　引　*241*

輸出　　*12, 19*
輸入　　*12*
寄せ場　　*34, 64, 101, 124*

【ラ行】

リストラ　　*39, 75, 79, 170, 201*
留保政策　　*34, 124*
零細事業者　　*65*
労働組合　　*101, 107, 111*
労働市場の需給ミスマッチ　　*36*
労働者のための成人教育→ SVP
労働集約的産業　　*17*
労働分配率　　*31, 32*
労働法改革　　*61, 65*
労働力率　　*24, 49, 209*
ロックダウン　　*10, 210*
露天商　　*65, 200, 214*

【A～Z】

BHN（人間の基本的必要）　　*3*
BOCW → 建築その他建設労働者（雇用・勤務条件規定）法
BPL（貧困線以下）　　*213*
BPL カード　　*57, 213, 216, 217*
CPI（消費者物価指数）　　*85, 212*
e-Shram（e- 労働）　　*212*
GDP（国内総生産）　　*9*
GNI（国民総所得）　　*15, 21*
GST →物品・サービス税
GSVA（州内粗付加価値）　　*73*
GVA（粗付加価値）　　*10*
HDI →人間開発指数
HSC（後期中等教育修了認定）　　*44, 58, 90*
ITI（産業訓練所）　　*51, 153, 181*
JSS（人民の教育制度）　　*56*
MFIs →マイクロファイナンス機関
MGNREGS（マハートマー・ガンディー全国農村雇用保障計画）　　*67, 207, 211*
MSMEs →中小零細企業
NAPS（全国徒弟訓練促進計画）　　*54*
NGO（非政府組織）　　*56, 59, 212*
NPE →国家教育政策
NSDP（国家技能開発政策）　　*51*
NSDP（州内純生産）　　*73*
NSQF（国家技能資格枠組み）　　*51, 53*
NULM（全国都市生活ミッション）　　*66*
OBC →その他後進諸階級
OJT →オンザジョブ・トレーニング
PDS（公共配給制度）　　*212*
PLI スキーム→生産連動インセンティブ・スキーム
PM SVANidhi（首相の露天商自立基金）　　*66, 212*
PMEGP（首相の雇用創出プログラム）　　*66*
PMGKAY（首相の貧困層食料福祉計画）　　*212*
PM-JAY（首相の国民医療計画）　　*212*
PMKVY（首相の技能開発スキーム）　　*52, 55, 58*
PMMY（首相の資金計画）　　*66*
SBLP（SHG -銀行連携プログラム）　　*65*
SC →指定カースト
SDIS（技能開発イニシアティブ・スキーム）　　*51, 55*
SEWA（自営女性協会）　　*65, 164*
SJSRY（独立 50 周年記念雇用計画）　　*66*
SSC（中等教育修了認定）　　*37, 44, 82, 84, 90*
ST →指定部族
SVP（労働者のための成人教育）　　*56*
UPA（統一進歩連合）　　*16*

本書の大部分は書き下ろしだが、第2章と第3章では下記の既発表論文を
一部使用し、加筆修正している。
　　・「〈研究ノート〉インドの労働者と技能開発」『福岡大学商学論叢』第66
　　　巻第2・3号、2021年。
　　・「〈研究ノート〉インフォーマル・セクター労働者の7年後―インド、ア
　　　フマダーバードの事例」『国際交流研究』第21号、2019年。

【著者紹介】
木曽 順子（きそ じゅんこ）
1955 年　神戸市に生まれる
1989 年　大阪市立大学（現、大阪公立大学）大学院経済学研究科博士課程単位修得退学、在バングラデシュ日本国大使館専門調査員（1987 〜 89年）、熊本学園大学経済学部教授、フェリス女学院大学国際交流学部教授を経て、現在、フェリス女学院大学名誉教授。博士（経済学）
主著：『インド 開発のなかの労働者——都市労働市場の構造と変容』日本評論社、2003 年、『インドの経済発展と人・労働』日本評論社、2012年、労働政策研究・研修機構 編『インドの労働・雇用・社会——日系進出企業の投資環境』（共著）労働政策研究・研修機構、2016 年、"Mobility between Formal and Informal Sectors and Inclusiveness: A Study of Ahmedabad." in Awaya, T. and K. Tomozawa eds., *Inclusive Development in South Asia*, Routledge, 2023、ほか。

労働とインドの発展
―― もう一つのフィールドから

2025年3月25日　初　版 第1刷発行

著　者	木 曽 順 子
発行者	大 江 道 雅
発行所	株式会社 明石書店

〒101–0021 東京都千代田区外神田 6–9–5
電話　03（5818）1171
FAX　03（5818）1174
振替　00100–7–24505
https://www.akashi.co.jp

組版	明石書店デザイン室
印刷	株式会社文化カラー印刷
製本	本間製本株式会社

（定価はカバーに表示してあります）
ISBN978-4-7503-5881-9

JCOPY 〈出版者著作権管理機構　委託出版物〉
本書の無断複製は著作権法上での例外を除き禁じられています。複製される場合は、そのつど事前に、出版者著作権管理機構（電話 03-5244-5088, FAX 03-5244-5089, e-mail: info@jcopy.or.jp）の許諾を得てください。

インドを旅する55章
エリア・スタディーズ183
宮本久義、小西公大編著
◎2000円

インド北東部を知るための45章
エリア・スタディーズ209
笠井亮平、木村真希子編著
◎2000円

インドの女性と障害
世界人権問題叢書102
アーシャ・ハンズ編
古田弘子監訳
女性学と障害学が支える変革に向けた展望
◎4500円

南インドの芸能的儀礼をめぐる民族誌
生成する神話と儀礼
古賀万由里著
◎4800円

インド・パキスタン分離独立と難民
移動と再定住の民族誌
中谷哲弥著
◎6800円

自分探しするアジアの国々
揺らぐ国民意識をネット動画から見る
小川忠著
◎2200円

スリランカの歴史
世界の教科書シリーズ47
スリランカ中学歴史教科書
W.D.バドミニ・ナリカほか著
田中義隆訳
◎5000円

近代アジアのユダヤ人社会
世界歴史叢書
ロテム・コーネル編著
滝川義人訳
共同体の興隆、終焉、そして復活
◎6000円

不平等・所得格差の経済学
ケネー、アダム・スミスからピケティまで
ブランコ・ミラノヴィッチ著、立木勝訳
梶谷懐解説
◎4500円

図表でみる教育　OECDインディケータ(2024年版)
経済協力開発機構(OECD)編著
◎8600円

図表でみる世界の社会問題4
経済協力開発機構(OECD)編著
高木郁朗監訳
麻生裕子訳
OECD社会政策指標　貧困・不平等・社会的排除の国際比較
◎3000円

教育の経済価値
経済協力開発機構(OECD)編著
濱田久美子訳
質の高い教育のための学校財政と教育政策
◎4500円

共生の哲学
世界人権問題叢書118
赤林英夫監訳
朴光駿、村岡潔、若尾典子、武内一、鈴木勉編著
誰ひとり取り残さないケアコミュニティをめざして
◎2800円

ウェルビーイングな社会をつくる
循環型共生社会をめざす実践
草郷孝好編
◎2200円

現代アジアをつかむ
佐藤史郎、石坂晋哉編
社会・経済・政治・文化35のイシュー
◎2700円

変容するアジアの家族
シンガポール、台湾、ネパール、スリランカの現場から
田村慶子、佐野麻由子編著
◎2800円

〈価格は本体価格です〉